今注本二十四史

晉書

七

志〔五〕

唐 房玄齡等 撰
梁滿倉 主持校注

中國社会科学出版社

晋書　卷二〇

志第十

禮中

五禮之别，二曰凶。自天子至于庶人，身體髮膚，受之父母，其理既均，其情亦等，生則養，死則哀，故曰三年之喪，[1]天下之達禮者也。[2]漢禮，天子崩，自不豫至於登遐及葬，[3]喪紀之制，與夫三代變易。魏晋以來，大體同漢。然漢文革喪禮之制，後代遵之，無復三年之禮。及魏武臨終，遺令"天下尚未安定，未得遵古。百官當臨殿中者，[4]十五舉音，[5]葬畢便除。其將兵屯戍者，不得離部"。魏武以正月庚子崩，辛丑即殯，是月丁卯而葬，是爲不逾月也。

[1]三年之喪：古代喪服制度。清秦蕙田《五禮通考》引諸家論曰：

"蕙田案：'《周禮·大宗伯》以凶禮哀邦國之憂，其别有五，而首云以喪禮哀死亡，蓋惟送死可以當大事。故先王制禮，吉禮而外莫詳於喪。凡五等之服，疏衰之制，輕重之宜，變除之節，皆本親疏貴賤以進退損益之。非從天降也，非從地出也，人情而已矣。《儀禮·喪服》《士喪》《既夕》《士虞》諸篇皆玄公手筆，義理精微，條縷明晰。徐氏《通考》喪禮最詳，顧《儀禮》經文與諸經及子史相雜，兹編吉、嘉、賓《儀禮》已全載於前，特取《喪服》以下四篇輯入凶禮，以存十七篇之本經，而儒先之説有徐氏所未見者亦附録焉。'"

關於斬衰三年，同書論曰：

"郝氏敬曰：'《易》云古者喪期無數。《書》云百姓如喪考妣，三年喪服，唐虞世已然，至周乃有五服之等，衰麻哭踴之數，如是篇所傳，後人益推廣之耳。'

……

"敖氏繼公曰：'他篇之有記者多矣，未有有傳者也。有記而復有傳者，唯此篇耳。先儒以傳爲子夏所作，未必然也。今且以記明之。《漢藝文志》言，《禮經》之記，顏師古以爲七十子後學者所記，是也。而此傳則不特釋經文而已，亦有釋記文者焉，則是作傳者又在於作記者之後明矣。今考傳文其發明禮意者固多，而其違悖經義者亦不少。然則此傳亦豈必皆知禮者之所爲乎？而先儒乃歸之子夏，過矣。夫傳者之於經記固不盡釋之也，苟不盡釋之則必間引其文而釋之也。夫如是，則其始也必自爲一編而置於記後，蓋不敢與經記相雜也。後之儒者見其爲經記作傳而别居一處，憚於尋求而欲從簡便，故分散傳文而移之於經記每條之下焉。疑亦鄭康成爲之。'

"盛世佐曰：'此篇體例與他篇絶異。他篇止據一禮而言，此則總論尊卑、貴賤、親疏、男女之服制，若今之律令。然自斬衰以至緦麻，服雖止於五，而其中有正、有降、有義、有從服、有報服、有名服、又有生服。有推而遠之者，有引而進之者，或加服以伸恩，或抑情以伸義，委曲詳盡，廣大精微。故先賢特爲作傳。《中庸》云："期之喪達乎大夫，三年之喪達乎天子，諸侯以上絶旁期，至於爲高曾祖、父母、父母妻、長子之屬，則貴賤一而已。”曾子云：“哭泣之哀，齊斬之情，饘粥之食，自天子達。”孟子云：“三年之喪，齊疏之服，飦粥之食，自天子達於庶人，三代共之。”《喪服》亦安有貴賤之等哉！所異者或絶或降耳。其不絶不降則固無以異也。傳文雖間有與經不合，而閎深簡净得經意者居多。相傳以爲子夏所作，良不誣。敖氏以此傳並釋記文爲疑，是不足疑也。記者，所以補經之未備，不必皆出於七十子後學者。子夏釋經而兼及之，則記作於孔子以前明矣。愚故曰記有與經並行者，周公之徒爲之，此類是也。若其初本自爲一編，而後儒乃移之於經記每條之下，則漢以前釋經之例類然，如孔子之傳《易》，左氏之傳《春秋》亦其徵也。'

“蕙田案：'郝京山以服制斷自大夫以下，天子諸侯缺焉，非也。盛説爲是。'

……

“陸氏德明曰：'斬者，不緝也。縗以布爲之，長六寸廣四寸，在心前縗之。言摧也，所以表其中心摧痛。'

“朱子曰：'革帶是正帶，以束衣者，不專爲佩而設。大帶乃申束之耳，申，重也。故謂之申。'

“楊氏復曰：'斬衰絞帶用麻，齊衰絞帶用布，大功以上絰有纓，小功以下絰無纓也。'

“敖氏繼公曰：'苴絰杖者，謂絰帶用苴麻，杖用竹也。絞帶所以束衣。代，革帶也。齊衰以下用冠布，則此其用牡麻與菅茅類也。凡喪服，衰裳冠帶之屬，皆因吉服而易之。若首絰則不然，蓋古者未有喪服之時，但加此絰以表哀戚。後世聖人因而不去，且異其大小之制以爲輕重云。斬衰自卒哭以至練祥，服有變除，經皆不著之，惟言初服者，喪服之行於世其來久矣。節文纖悉人所習見，故經但舉大略以記之耳。後放此。'

“張氏爾岐曰：'苴，惡貌，又黎黑色也。注齊衰以下用布，單指絞帶一事而言。'

“盛世佐曰：‘衰、裳、絰、帶、冠、纓六者皆以麻爲之，而立文各異，則皆有義焉。斬者取其痛甚，苴者狀其粗惡，云絞與繩見其不織而成也，不言麻可知也。絰兼在首在要而言，杖以竹爲之亦蒙苴文者，見其不削治也。絞帶絞麻以象革帶，所以束衣也。要絰加於其外未成服，散帶垂三日乃絞之，絞帶與要絰自别。’

“傳曰：‘斬者何不緝也。’贾公彦疏：‘此對下疏衰裳齊，齊是緝，此則不緝也。’

“敖氏繼公曰：‘此釋經斬衰裳之文也。不緝，謂不齊之也。其領袖亦有純。’

“‘苴絰者，麻之有蕡者也。苴絰大搹，左本在下，去五分一以爲帶。’鄭玄注：‘盈手曰搹。搹，扼也。中人之扼圍九寸，以五分一爲殺者，象五服之數也。’賈公彦疏：‘案《爾雅·釋草》云蕡，枲實，孫氏注云蕡，麻子也。以色言之謂之苴，以實言之謂之蕡。下言牡者，對蕡爲名；言枲者，對苴生稱也，是以云斬衰貌若苴，齊衰貌若枲也。若然，枲是雄麻，蕡是子麻，《爾雅》云“蕡，枲實”者，舉類而言，若圓曰簞，方曰笥。鄭注《論語》云：“簞、笥，亦舉其類也。”下傳云：“牡麻者，枲麻也。”不連言絰，此苴連言絰者，欲見苴絰别於苴杖。故下傳别云苴杖，後傳牡麻不連言絰，此苴連言絰者，彼無他物之嫌，獨有絰，故不須連言絰也。云“苴絰大搹，左本在下”者，《士喪禮》文與此同，彼此皆云“苴絰大搹”，連言苴者，但經連言苴絰，絰中有此二，言絰大搹，先據首絰而言也。雷氏以搹，搤不言寸數，則各從其人大小爲搤，非鄭義。據鄭注無問人之大小，皆以九寸圍之爲正。若中人之迹，尺二寸也。云左本在下者，本謂麻根，案《士喪禮》鄭注云：“下本在左，重服統於内，而本陽也。”以其父是陽，左亦陽，言下是内，故云重服統於内，以言痛從心内發故也。此對爲母右本在上，輕服統於外，而本陰也。’

“《語類》：‘問絰帶之制。朱子曰：“首絰大一搤，衹是拇指與第二指一圍。腰絰較小，絞帶又小於腰絰。腰絰象大帶，兩頭長垂

下。絞帶象革帶，一頭有扣子，以一頭串於中而束之。”’

“敖氏繼公曰：‘此釋苴絰之文也。麻有蕡，則老而粗惡矣，故以爲斬衰之絰，重服之絰，以麻之有本者爲之。又有纓，此絰左本而在下，所以見其以本爲纓也。去五分一，五分其絰之大，而去其一也。絰大帶小，見輕重也。《閒傳》曰：“男子重首，婦人重帶，絰帶大小之義主於男子。”’

“郝氏敬曰：‘《詩》云“有蕡其實”，麻結實者根幹粗䩶，故曰苴。首絰以麻連根屈爲兩股並絞以根，居左向下，左爲陽，向下爲天，以象父也。母喪反是。’

“張氏爾岐曰：‘以麻根置左，當耳上，從額前遶項後復至左耳上，以麻之末加麻根之上，綴束之也。去首絰五分之一，以爲要絰之數。首絰九寸，則要絰七寸二分也。’

……

“黄氏榦曰：‘案本朝淳化五年，贊善大夫胡旦奏議曰：“《小記》篇有絰帶差降之數，斬衰葛帶與齊衰初死麻之絰同，故云絰俱七寸五分寸之一。所以然者，就苴絰九寸之中五分去一，以五分分之去一分，故云七寸五分寸之一。其帶又就葛絰七寸五分寸之一之中，又五分去一，故五寸二十五分寸之十九也。齊衰既虞變葛之時，又漸細，降初喪一等，與大功初死麻絰帶同，俱五寸二十五分寸之十九也。其帶五分，首絰去一，就五寸二十五分寸之十九之中去其一分，故餘有四寸一百二十五分寸之七十六也。大功既虞變葛之時，又漸細，降初喪一等，與小功初死麻絰同，俱四寸一百二十五分寸之七十六，其帶五分，首絰又五分去一，就四寸一百二十五分寸之七十六之中五分去其一分，得三寸六百二十五分寸之四百二十九。小功既虞變葛之時，又降初喪一等，與緦麻初死麻絰同，其帶五分，首絰去其一，就三寸六百二十五分寸之四百二十九之中又五分去其一分，故其餘有二寸三千一百二十五分寸之二千九百六十六分。是緦麻以上變麻服葛之數也。”詔五服差降，宜依所奏。’

“敖氏繼公曰：‘傳主言斬衰之絰帶，此則連言之耳。’

“郝氏敬曰：‘齊衰之絰以下，明五服皆有絞帶之制，以補經文之未備。齊衰之絰，斬衰之帶，謂母服之首絰，即父服之要絰。凡首絰大於要絰，母服降於父服也。五服皆有絰，而要絰皆居首絰五分之四以爲差，分必以五服有五等也。帶即要絰以爲帶，即以爲本服之要絰也。’

……

“敖氏繼公曰：‘此主釋苴杖而並及削杖也。竹杖而謂之苴者，以其不修治故也。削杖齊衰之杖也，用桐木而又削之，所以别於斬衰者。杜元凱曰：“員削之象，竹是已。”《小記》曰“杖大如絰”，則是二杖皆如其首絰之度矣。各齊其心者，謂其長短以當每人之心爲節也。皆者，皆二杖也。下本所以别於吉，凡吉杖下末。《曲禮》曰：獻杖者執末，謂吉杖也。’

……

“敖氏繼公曰：‘此因廣言用杖不用杖之義。無爵者謂大夫以下，其子之無爵者及庶人也。傳意蓋爲此杖初爲有爵者，居重喪而設，所以優貴者也。其後乃生擔主、輔病之義焉。童子與婦人皆謂非主者也。故但以不能病而不杖。然此章著妻妾女子子之服異者，布緫箭笄髽衰也，是其絰杖之屬如男子矣。妾與女子子非主也，而亦杖，則似與不能病而不杖之義異。’

“張氏爾岐曰：‘疏云《禮記》諸文説婦人杖者甚衆，何言無杖？愚意《禮記》雜出漢儒，當據此傳爲正。’

“汪氏琬曰：‘“或問禮無爵者，非擔主不杖。然則庶人居三年之喪亦有不杖者與？”曰：“無之。古人之居喪也，哭踴無筭，水漿不入口者三日。既殯食粥，朝一溢米，暮一溢米。如是則無不病者，故曰非擔主而杖，爲輔病也。夫安得有不杖者與？今人之居喪也，哭泣不哀，飲食居處如故，其違禮也多矣。而又逆億古人之不能病，不亦悲夫！”或問：“婦人可以不杖乎？”曰：“婦人之不杖也，傳謂其不能病故也。假令哀毀而能病，則聖人許之矣。豈遂禁其以杖即位乎？然則傳也，《喪服小記》也，或言杖，或言不杖者，

蓋兩相發明也。”或又問：“婦人謂童女，孔穎達之説亦可信乎?”曰：“不然也。婦之言服也，服事其夫也，非未嫁女子之稱。”’

“盛世佐曰：‘杖所以扶病也。傳乃以爵釋之者，見其自貴者始也。《四制》云：三日授子杖，五日授大夫杖，七日授士杖，亦可見矣。據疏所引《禮記》諸文，則童子婦人俱有杖。例傳云，不杖者禮之正也，所以然者，聖人不以成人之禮責稚弱也。其有杖者，變例也。傳言正，記言變，吾見其相備而未見其相違異也。婦人不言童子，蒙上文也。童女亦稱婦人者，下經云爲侄、庶孫、丈夫、婦人之長殤，是其徵矣。此章著妻妾女子子之服異者，布總箭笄髽衰耳。其經杖之屬皆與男子同，指成人者言也。此則謂其未成人者，傳又曷嘗與經異哉?’

……

“敖氏繼公曰：‘此釋絞帶之文。經言絞帶而傳以繩帶釋之者，蓋絞之則爲繩矣。絞者，糾也。先儒以此絞帶象革帶，則其博當二寸。齊衰以下之布帶，其博宜亦如之。《玉藻》曰革帶博二寸。’

……

“敖氏繼公曰：‘此釋菅屨之文也。菲者後世喪屨之名，故云。然傳釋經文止於此，其下因言孝子居喪之禮云。’

“郝氏敬曰：‘菲屝同，草履也，一名不藉，以其惡賤，曰菲。納，收也。收其草緒向外曰外納，猶冠之外畢也。’

“張氏爾岐曰：‘菅屨即菅菲，以菅草爲屨也。外納謂編屨畢，以其餘頭向外結之。’

……

“聶氏崇義曰：‘初喪居廬堊室，子爲父，臣爲君，各依親疏貴賤之序。案唐大歷年中有楊垂撰《喪服圖》，説廬形制及堊室、幕次、序列、次第云：設廬次於東廊，下無廊於墻下，北上。凡起廬，先以一木横於墻下，去墻五尺，卧於地爲楣。即立五椽於上，斜倚東墉上，以草苫蓋之。其南北面亦以草屏之，向北開門。一孝一廬，門簾以縗布，廬形如偏屋，其間容半席。廬間施苫凷，其廬南爲堊室，以墼壘三面，上至屋，如於墻下。即亦如偏屋，以瓦覆之，西向户。室施薦木枕，室南爲大功幕次，次中施蒲席，次南又爲小功、緦麻，次施床並西户。如諸侯始起，廬門外便有小屏，餘則否。其爲母與父同，爲繼母慈母不居廬，居堊室。如繼母有子即隨子居廬。爲妻準母，其堊室及幕次不必每人致之，共處可也。婦人次於西廊下。'

"張氏爾岐曰：'居倚廬一段言居三年喪之大節，自居倚廬至不脱絰帶，言未葬時事。'

……

"張氏爾岐曰：'據疏則傳言哭晝夜無時，謂未殯前哭不絶聲。卒哭前哀至則哭也。'

"盛世佐曰：'此謂在廬中因思憶而哭也。晝夜無時者，哀甚不可爲節也。始死未殯以前，哭不絶聲。既練之後，或十日或五日一哭，於是云晝夜無時，少殺於未殯前，而視既練後則戚矣。張説誤。是時亦有朝夕哭，不言者以其不在廬也。朝夕哭於殯宫，無時之哭在次。'

……

"陸氏繼明曰：'王肅、劉逵、袁準、孔衍、葛洪皆云，滿手曰溢。'

"敖氏繼公曰：'溢未詳，小。《爾雅》曰："一手之盛謂之溢，兩手謂之掬，一升也。"'

"徐氏師曾曰：'溢，一手所握也。握容隘必有溢於外者，故曰溢米。'

"郝氏敬曰：'溢搤通。米盈握言食少也。'

"姜氏兆錫曰：'朝夕一溢米，王肅諸儒皆訓爲滿手曰溢，溢如字讀，有盈溢之象，其義最當。而鄭注乃訓爲二十兩曰溢，則以水旁之溢而訓爲金旁之鎰，義既曲矣。又以二十兩輕重之權數，而轉爲一升又二十四分升之一大小之量數，是益之曲也。'

……

“敖氏繼公曰：‘喪莫重於絰帶，非變除之時及有故，則雖寢猶不敢脱，明其頃刻不忘哀也。’

“盛世佐曰：‘自居倚廬至此，皆既殯後未葬已前事。’

……

“郝氏敬曰：‘虞，既葬始祭之名。既虞則翦除倚廬屏蔽之草，加柱楣下略修飾也。’

“張氏爾岐曰：‘既虞謂葬畢卒哭後。’

……

“蕙田案：‘凡哭之疏數，皆隨其哀之盛殺以爲節。賈疏爲哭有三無時一有時之説，已覺著迹。敖氏分爲三無時二有時，盛氏又分爲四變，皆屬支離。又案自居倚廬至此，皆言三年喪居處飲食哭泣之節，然亦其大略而已。喪與其易也，寧戚高子皋泣血三年，未嘗見齒，君子不以非也。’

……

“敖氏繼公曰：‘云何以斬衰？怪其重也。凡傳之爲服而發問，有怪其重者，有怪其輕者。讀者宜以義求之。’

“郝氏敬曰：‘父不言親，人皆知父親而不知父尊，知父尊而不知其爲至尊也。一氣初化，乾道資始，雖母亦後之，故曰至尊。凡禮主敬而尚尊，聖人爲禮以義制恩，人道所以別於禽獸此也。故禮絶於事父，尊之至也。臣之事君，資之而已。’

“王氏志長曰：‘三年之喪達乎天子，古今之通義也。喪服首斬而父爲斬中之正。考其服制別無尊卑差降之法，自後有士服、大夫服之説，父母之喪以爵之貴賤爲降殺，此後世禮壞樂崩之論，豈可訓哉！《喪服》固周公之舊也。’

“郝氏敬曰：‘此所謂資於事父以事之者也。’

“王氏昭禹曰：‘《春官·司服》，凡喪，爲天王斬衰。天王有父道，故諸侯及諸臣服斬衰，以王爲天也。若諸侯之大夫自天其君，則爲王繐衰而已。’

“胡氏安國曰：‘諸侯爲天子服斬衰，禮當以所聞先後而奔喪也。或謂萬國至衆，封疆至重，天王之喪不得越境而奔，而修服於國禮乎？康王之誥，大保率西方諸侯入，應門左。畢公率東方諸侯入，應門右。此奔成王之喪者也。安得以爲修服於國而可乎？'

"范氏祖禹曰：'君喪三年古未之改。漢文率情變禮，雖欲自損以便人，而不知使人入於異類也。自是以後，民不知戴君之義，而嗣君遂亦不爲三年之服。唐之人主鮮能謹於禮者，故有公除而議婚，亮陰而舉樂，忘父子之親，固不可矣。然如漢文之制，志寧之議是亦有父子而無君臣也。爲國家者必務革漢文之薄制，遵三代之隆禮，教天下士大夫以方喪三年則衆著於君臣之義矣。'

"胡氏寅曰：'漢文減節喪紀，固負萬世譏矣。然遺詔所諭謂吏民耳。太子嗣君豈吏民比，而景帝冒用此文，乃自短三年之制，是不爲君父服斬衰自景帝始也。且天子之所以不遂服三年者何謂哉？謂妨政事耶？謂費財用耶？謂防攝政之人耶？謂妨政事孰先於國家之大憂？謂費財用，財用固所以行禮也。謂防攝政之人，則虞夏殷周未聞有攝政之人奪喪君之國者。揆之以禮，稽之以事，無一而可乃不法堯舜三代而以刻薄之景帝爲師，何哉？寥寥千載惟晋武欲行古制，而尼於裴傅之邪説。獨魏孝文天性仁厚，斷以不疑，雖不盡合禮文，而哀戚之情溢於杖絰。讀史者猶惻然感動，想見其爲人。'

"劉氏攽曰：'漢文帝制此喪服，斷自已葬之後，其未葬之前則服斬衰。漢諸帝自崩至葬有百餘日者，未葬則服不除矣。《翟方進傳》後母終，既葬三十六日起視事，以身備漢相，不敢逾國家之制，此其證也。説者遂以日易月，又不通計葬之日，皆大謬也。文帝詔既葬除重服，大紅十五日，小紅十四日，纖七日，所以漸即吉耳。'

"朱子曰：'漢文葬後三易服，三十六日而除。差賢於後世之自始遭喪便計二十七日而除者。然大者不正，其爲得失不過百步五十步之間耳。孝宗服高宗，既葬，白布衣冠視朝，此爲甚盛之德，足破千載之繆。前世人君自不爲服，故不能復古，當時有此機會而儒臣禮官不能有所建，明以爲一代之制，遂至君服於上，臣除於下，

因陋踵訛，深可痛恨也。’

……

“敖氏繼公曰：‘諸侯及公卿大夫士有臣者皆曰君，此爲之服者，諸侯則其大夫士也，公卿大夫士則其貴臣也。此亦主言士禮，以關上下，下放此。’

……

“敖氏繼公曰：‘爲之三年者，異其爲嫡，加隆之也。此嫡子也，不云嫡而云長者，明其嫡而又長，故爲之服此而不降之也。疏衰三年章放此，後凡言嫡者亦皆兼長言之，經文互見之耳。’

……

“《語録》：‘有問：“周制有大宗之禮，乃有立適之義。立適以爲後，故父爲長子三年。今大宗之禮廢，無立適之法，而子各得以爲後，則長子少子當爲不異，庶子不得爲長子三年者，不必然也。父爲長子三年者，亦不可以適庶子論也。”朱子曰：“宗子雖未能立，然服制自當從古，是亦愛禮存羊之意，不可妄有改易也。如漢時宗子法已廢，然其詔令猶存，賜民當爲父後者爵一級，是此禮意猶在也。豈可謂宗法廢而衆子皆得爲父後乎？”’

“敖氏繼公曰：‘祖謂别子也，繼祖者，大宗子也。記曰，别子爲祖，繼别爲宗，是也。此云不繼祖者，唯指大宗之庶子而言，若《小記》所謂不繼祖與禰者，則兼言大宗小宗之庶子也。然經但云父爲長子耳。傳記乃有庶子不繼祖禰，不得爲長子三年之説，亦似異於經。《殤小功》章云，大夫公之昆弟爲庶子之長殤，公之昆弟爲其庶子服，與大夫同，則爲其適子服亦三年，與大夫同明矣。公之昆弟不繼祖禰者也，而其服乃若是，則所謂庶子不得爲長子三年者，其誤矣乎？’

“盛世佐曰：‘子爲父母三年，父母爲子期，服之正也。爲長子三年以其承祖之重而加隆焉爾，此尊祖敬宗之義通乎上下者也。云正體於上者，明其父之爲適長也。云又乃將所傳重也者，明其子之亦爲適長也。重謂宗祀也，庶子不得祭，即不得爲長子三年，以其無重可傳也。庶子不爲父後者也。云不繼祖者，指其子而言也。然則爲長子三年，五宗皆得行之矣。雖繼禰之宗亦得爲長子三年者，以身既繼禰，即得主禰廟之祭，是亦有傳重之道故也。《小記》所謂不繼祖與禰者，亦謂庶子不繼禰，而庶子之長子不繼祖耳。先儒考之弗審，因謂適適相承，必至四世乃得三年，失其義矣。經但云父爲長子，而不別父之適庶，故傳記爲發明之，此傳記之所以有功於經也。'

"蕙田案：'尊祖故敬宗，繼祖之嫡，尊祖也。繼禰之嫡，敬宗也。《小記》實補經之未備，非別有義也。'

……

"敖氏繼公曰：'不言爲所後之父者，義可知也。禮，大宗子死而無子，族人乃以支子爲之後。'

"敖氏繼公曰：'此釋經意也。重謂宗廟之屬，尊服謂斬衰。'

"郝氏敬曰：'傳問何以三年，疑其與親生者有間也。受重謂繼宗祀。'

"敖氏繼公曰：'此言當以同宗爲後也。自是以下又復言爲人後之義。'

"郝氏敬曰：'爲後者必同宗，爲其初本一體也。'

……

"敖氏繼公曰：'必支子者，以其不繼祖禰也。'

"蕙田案：'據此則可知繼禰者與繼祖同。'

"敖氏繼公曰：'言妻之昆弟以見從母，言妻之昆弟之子以見從母昆弟也。此於尊者惟言所後者之祖父母於親者，惟言所後者之妻，蓋各舉其一，以見餘服也。至於其妻之父母以下，乃備言之者，嫌受重之恩主於所後者而或略於其妻黨也。其妻黨之服且如是，則於所後者之親服益可知矣。經見爲人後者如子之服，僅止於父。故傳爲凡不見者言之又詳，此傳言爲人後者爲所後者祖父母服，則是所後者死而其祖父若父或猶存，於祖父若父猶存而子孫得置後者以其爲宗子故爾。蓋尊者已老，使子孫代領宗事，亦謂之宗

子。所謂宗子不孤者也非是，則無置後之義。’

“顧氏炎武曰：‘此因爲人後而推言之，所後者有七等之親，皆當如禮而爲之服也。所後之祖，我之曾祖也。父母，我之祖父母也。妻，我之母也。妻之父母，我之外祖父母也。因妻而及，故連言之，取便文也。昆弟，我之世叔父也。昆弟之子，我之從父昆弟也。若，及也。若子我之從父昆弟之子也。正義謂“妻之昆弟，妻之昆弟之子”者非。’

……

“盛世佐曰：‘祖，祖父母也。唯言祖文省耳。所後者之祖父母爲後者，當服齊衰三月，若所後者及所後者之父皆没，則爲曾祖父服斬、曾祖母齊衰三年。曾祖父在則爲曾祖母服，如父在爲母，父母爲後者當服，不杖期。若所後者已没，則爲祖父服斬，祖母齊衰三年。祖父在則爲祖母服，如父在爲母，爲人後矣。而傳乃陳爲所後者之祖若父之服，所以見爲宗子而死，雖祖若父猶存，亦得置後也。且容有生而置後者也，妻爲後者當服齊衰、杖期，若所後者已没則爲之齊衰三年。妻之父母爲後者當服小功，於所後者之妻黨，舉一父母則其他可知矣。言此於本宗之上，文便也。昆弟爲後者當服不杖期，所後者大宗子也。昆弟之子爲後者當服大功。若，如也。如子者，謂爲後者，爲此六等之親，服皆如所後者之親子也。傳因爲人後者之服連類及之，以補經之未備，而其言之詳略亦各有義焉。於正统之親悉數之於旁親，舉一昆弟以例夫與父同行者，舉一昆弟之子以例夫與己同行者，下此則略而不言。尊卑之差也，六者之中本宗居其五，外親居其一，内外之辨也。注疏及顧説互有得失，故備論之。’

……

“敖氏繼公曰：‘妾與臣同，故亦以所事者爲君。《春秋傳》曰：“男爲人臣，女爲人妾。”’

……

“敖氏繼公曰：‘女子猶言婦人也。云女子子者，見其有父母

也。在室，在父之室也。與不杖期章適人者對言。'

"郝氏敬曰：'男女稱子，對父母爲子也。女子重稱子，别於男子之爲子也。'

"盛世佐曰：'女子子在室與男子同，未嫁無可降也。此謂成人而未嫁者也。其未成人者服同，唯不杖爲異。《小記》云："女子子在室爲父母，其主喪者不杖，則子一人杖。"然則未成人而有男昆弟者皆不杖可知矣。'

……

"方氏慤曰：'男子所以冒首者謂之冠，婦人所以貫髮者謂之笄，此特言其吉而已。及凶而變焉，男子則去冠而免，婦人則去笄而髽也。故曰男子免而婦人髽，蓋有冠則首服，去冠則免，故去冠以麻繞之，謂之免。有笄則髮立去笄則髽，故去笄以麻繞之，謂之髽。若夫男子成服則亦有冠焉，所謂厭冠是也。婦人成服則亦有笄焉，所謂惡笄是也。然則喪之或免或髽者，豈有他哉？特以辨男女之義而已。'

"黄氏榦曰：'自斬至緦，成服皆布總，其布之升數象男子冠數。箭篠，竹也，以箭篠爲笄也。始死將斬衰，婦人去笄，至男子括髮著麻髽之時，猶不笄。今成服始用箭笄，箭笄長尺，婦人箭笄終喪。婦人有除無變也。'

"敖氏繼公曰：'髽者，露紒之名也。此主言成服以後之禮。然當髽者，自小斂之時則然矣。故《士喪禮》"卒，斂，婦人髽於室"，自此以至終喪不變也。'

"盛世佐曰：'髽與括髮，免皆以麻。若布繞額而露其髽髻之名，制同而名異，所以别男女也。《既夕》云"丈夫髽"，《喪服四制》云"秃者不髽"，是髽又男女之通稱矣。男子之括髮，免皆因事而爲之。婦人則髽以終喪。婦人少變也。括髮免者，必去冠。髽可以不去笄，亦其異也。'

……

"郝氏敬曰：'總止六寸，取覆髽耳。喪笄比吉笄短二寸，獨於

此詳者，因明婦人爲斬衰首服所異於男子者。’

“張氏爾岐曰：‘總六升，注云象冠數謂象斬衰冠之數，餘服當亦各象其冠布之數。長六寸注知其指紒，後者以其束髮處，人所不見無寸可言也。’

……

“敖氏繼公曰：‘子女子子也，承上經而言。故但云子，省文耳。非經之正例也。又云嫁則爲女子子無嫌，亦可以不必言女。經於他處凡言子者，皆謂男子，言“反在父之室”，明其見出於父存之時也。著之者，嫌與未嫁者異也。此喪父與未嫁者同，則其爲母以下亦如之。可知經特於此發之也。’

“馬氏融曰：‘爲犯七出，還在父母之家。’

“王氏肅曰：‘嫌已嫁而反與在室不同，故明之。’

……

“蕙田案：‘此明女子子既嫁而反，爲父之服。讀義疏可以知其大義，觀注疏可以知其節文經旨乃圓。’

“盛世佐曰：‘女子嫁而降其本宗之服，婦人之義，内夫家而外父母家也。被出而歸，仍與未嫁者同，以其與夫絶族也。此經所陳兼未遭喪而出及遭喪未練而出者言也。言三年而不言所服容，遭喪而出則其初喪之服或不盡同於在室者也。若其遭喪而出，出而復反者，變除之節則《小記》論之詳矣。記云爲父母喪未練而出則三年，既練而出則已未練而反，則期既練而反則遂之。’

……

“敖氏繼公曰：‘此亦以其異，故著之。且明異者之止於是也。公即所謂諸公也，公卿大夫亦仕於諸侯者也，其衆臣爲之布帶繩屨，降於爲君之正服，所以辨貴臣而不敢與之同也。蓋此君之尊殺於國君，故其臣之爲服者，得以别貴賤也。’

“郝氏敬曰：‘公士謂諸侯之士，與大夫之衆、家臣各爲其君斬衰三年，但加布帶與齊衰以下同。屨，麻繩不用菅，與不杖期以下同。蓋爵貴者恩重盡服，爵卑者恩殺服損也。’

“姜氏兆錫曰：‘注疏殆誤。本章緣臣有貴賤，故服有隆殺。經蓋言衆臣非貴臣比，故帶屨與苴帶菅屨殊，而傳因言其非貴臣比，故雖服杖亦不與之俱即位耳。若謂卿大夫厭於君而降之，必無降衆臣而反不降貴臣之理。若又謂其君卑衆臣乃即位，尊即不即位，則又豈君尊即不爲王侯厭，而君卑獨爲厭乎？其誤甚矣。’

“盛世佐曰：‘公士，公家之士。《玉藻》云“公，士擯是也”。大夫兼公卿，而言大夫之衆臣謂私臣之賤者，其君謂此二等之人之君也。公士君諸侯，大夫之衆臣君大夫，二者亦斬衰三年而於其帶與屨少殺之者，則以其疏且賤故也。舊解誤。今依郝説正之。’

……

“敖氏繼公曰：‘室老，家臣之長者也。士，凡士之爲家臣者，皆是也。衆臣杖，不以即位，亦異於貴臣也。然則貴臣得以杖與子同，即位者亦以其尊少貶故也。經唯言公卿大夫爾，而傳以有地者釋之，則無地者其服不如是乎？似失於固矣。近臣君服斯服，乃諸侯之近臣從君服者也。傳言於此，亦似非其類。’

“郝氏敬曰：‘公卿，諸侯之卿大夫，室老，大夫家臣之長、士大夫之邑宰，此皆貴臣，得盡服。餘皆衆臣，布帶繩屨也。有地謂諸侯有社稷，大夫有采邑。衆臣布帶繩屨皆杖，但不以杖即位異於貴臣杖即位也。近臣閽寺之屬，恩禮又殺於衆臣，服無等唯視嗣君。服，服耳。非即屨也。’

“盛世佐曰：‘公卿大夫，諸侯之貴臣也。室老，士大夫之貴臣也。貴臣於其君恩深義重，故其服一同於父而無所殺，若其餘則不能無所殺矣。公士亦諸侯之衆臣也，故其服諸侯與大夫之衆臣爲大夫服同。有地者兼諸侯大夫言也，衆臣杖不以即位見其異於貴臣者，不止於帶與屨也。此唯謂諸侯之衆臣耳。若大夫之衆臣，則不杖。《檀弓》云“公之喪，諸達官之長杖”。喪《大記》云“君之喪三日，子夫人杖五日。既殯，授大夫世婦杖。”《四制》云：“三日授子杖，五日授大夫杖，七日授士杖”。是諸侯之貴臣、衆臣同有杖，而衆臣不以即位爲異也。《大記》又云：“大夫之喪，三日之朝既殯。主人、主婦、室老皆杖。”孔疏云：“死後三日既殯，之後乃杖，應杖者三日悉杖也。”此於家臣之杖，唯言室老而不及其餘，則大夫之衆臣不杖明矣。近臣亦謂諸侯之親臣，左右僕從皆是。君，嗣君也。“君服斯服”者，從君而服不得有異也。近臣卑於貴臣，恩義亦淺，而其服乃無所降者，以其從君故不從衆臣之例也。傳於衆臣之中又别出近臣一等，亦補經所未備。《服問》云：“君之母非夫人，則群臣無服。唯近臣及僕驂乘從服，唯君所服，服也。”是亦近臣從服與群臣異之事也。’

“觀承案：‘此傳與上經文互相足也。上以公之士與大夫之衆臣爲非貴臣，故此傳謂公之卿大夫之室老與士皆爲貴臣也。蓋士仕於公家爲賤臣者，在大夫之家則爲貴臣矣。如此解則經文士字與此傳中士字一般，但彼仕於公則爲衆臣，此仕於大夫則即貴臣耳。故當以公卿二字爲句，大夫室老士爲句。公卿者，公侯之卿，即諸侯之上大夫也。大夫室老士者，大夫之家相邑宰也。故以貴臣二字總承之，向來句讀似欠分明。’”

關於齊衰三年，同書論曰：

“敖氏繼公曰：‘此冠布纓亦條屬，右縫。又下傳曰“帶緣各視其冠”，以此推之則凡布纓皆當同於冠布也。屨云疏者亦謂粗也。以其爲之者不一，故不偏見其物。而以疏言之，此衰裳與屨皆言疏，則斬衰者可知矣。又經列削杖布帶皆在冠布纓之下，與前章杖帶之次異者，此杖之文無所蒙，而帶與冠纓之縷數同，宜復其常處而在此也。’

“郝氏敬曰：‘斬衰布三升及三升半，未成布至四升，始成粗布，故曰疏衰裳。斬衰先言斬，齊衰後言齊者，斬則不復緝，齊則先斷後緝。牡麻，無子之麻。麻無子者根榦稍細，異於苴也。絰首要絰冠，用布爲武垂，爲纓外加麻絰。削木爲杖，不以苴竹。布帶以同冠七升布爲大帶，不言絞帶者，麻絰包舉矣。疏屨亦以草，但菅則未成屨，此成屨而粗惡，猶疏衰之於斬衰也。斬衰不言三年齊衰言三年者，斬皆三年，齊有不三年者。三年齊重比於斬者也。又曰古者衣必有帶，帶用帛。《雜記》云，麻者不伸不帛，帶垂紳如吉也。今世齊功以下皆以麻帶代大帶，與斬衰同，非古也。據經唯斬無布帶，齊衰以下布帶加絞帶。布帶即禮衣大帶，絞帶代禮衣之革帶也。'

"張氏爾岐曰：'以四升粗布爲衰裳，而緝之牡麻爲首絰、要絰，冠以七升布爲武，垂下爲纓，削桐爲杖，七升布爲帶，以象革帶。疏草爲屨服，此服以至三年者，下文所列者其人也。'

"姜氏兆錫曰：'斬衰不言三年者，斬衰無不三年，不待言也。齊衰有三年，有期，有五月，故言之。舊謂齊衰稍輕，故表其年者似非。'

"盛世佐曰：'此於衰裳則齊之，杖則削之，以無子之麻爲絰纓，帶以成布爲之，皆殺於斬也。年月同而服少異者，殊尊卑也，以父餘尊之所厭故也。布帶與絞帶對，亦所以象革帶也。郝以是爲大帶，非。'

……

"朱子曰：'首絰右本在上者，齊衰絰之制，以麻根處著頭右邊，而從額前向左圍向頭後却就右邊元麻根處相接，即以麻尾藏在麻根之下，麻根搭在麻尾之上。綴殺之有纓者，以其加於冠外，故須著纓方不脱落也。'

"敖氏繼公曰：'牡麻者，無實之麻也。傳以枲麻釋之，亦前後名異也。牡麻比苴爲善，故齊衰以下之絰用之。此絰右本而在上，所以見其不以本爲纓，而纓亦在左也。上言左本在下，此言右本在上，是其爲制蓋屈一條繩爲之，自額上而後交於項中，一端垂於左之下而爲纓，一端止於右之上而前鄉。其不纓者則左端不垂而在上爲異耳。冠布纓之制，與繩纓同，已見於前。傳故此惟言冠布也。不見升數者，言沽功則爲大功之首，可知。郝氏敬曰枲麻、苧麻、可績、有子、無子均爲枲，非苴麻外别有牡麻，但實不實耳。以牡麻連根屈爲兩股，並絞麻根，居右向在上。右爲陰，向上爲地，象母也。'

……

“敖氏繼公曰：‘父在爲母期，父卒則三年云者，對父在而立文也。其女子子在室者爲此服亦惟笄總髽衰異耳。下及後章放此。注尊得伸者，謂至尊不在則無所屈而得伸其私尊也。’

“姜氏兆錫曰：‘經云父卒則爲母，不云父服卒則爲母。而疏乃以臆亂經，此大惑也。夫女子二十而嫁，有故則二十三而嫁，此約計父母三年之喪而言也。喪所以謂之三年者，据大祥則二十五月，据禫則二十七月，其時固已閱三年矣。此所以謂之三年。而二十有故不嫁，則以二十三年而嫁約之也。且如以父喪遭母喪者言之，其父以二月女將嫁之前正月卒，而其女於初喪即遭母喪，則所云二十三而嫁者，亦猶約詞也。或明年小祥遭母喪，亦猶二十三而嫁也。又或其後年將終喪遭母喪，則二十四而嫁也。故所云二十三而嫁者乃約計父母三年之喪，而非如疏者之惑也。’

“敖氏繼公曰：‘此禮乃聖人之所爲，而傳謂孝子不敢殊者，明聖人因人情以制禮。’

“郝氏敬曰：‘因母即適母，適爲繼因，因適有繼，適繼相因，故不敢殊。’

“顏氏曰：‘繼母如母，以配父也。慈母如母，以貴父之命也。然於其黨則不同矣。《服問》曰：“母出則爲繼母之黨服，母死則爲其母之黨服。爲其母之黨服則不爲繼母之黨服。”鄭氏注曰：“雖外親亦無二統。夫禮者所以别嫌明微，非聖人莫能制之此類是矣。”’

“汪氏琬曰：‘繼母亦母也，謂之如母，本非骨肉與因母有辨故也。先儒云：“繼母何以如母？明其不同也。是同之中有殊者焉。”或問父在則皆服齊衰期，父殁則皆齊衰三年矣，於禮亦有不同者與？曰：“有之。母出則爲繼母之黨服，母死則爲其母之黨服。爲其母之黨服則不爲繼母之黨服，此不同者也。母出則爲母服期，繼母出則不服。父殁母嫁亦服期，繼母嫁不從則不服，此又不同者也。喪禮如母者二，繼母慈母是也。是則繼母與慈母無等差也。三年之喪於禮爲加服，非正服也。今律文凡適繼慈養母殺子者，加祖父母父母一等，視親母有間故也。大哉聖人之律！不亦與禮服相發明與！然則史糜有言，繼母與己無名，徒以親撫養己，故亦喪之如母，信如是也。設有前妻之子不爲繼母所撫，甚則如孝己伯奇之屬，將遂不之服乎？"曰："何爲其然也？""非出也，非嫁也。孝子緣父之心不敢不三年也。先儒謂子當以父服爲正父，若服以爲妻，則子亦應服，故曰與因母同也。"'

……

"盛世佐曰：'女君与妾子本为母子，自不假父命，当云不命女君之子与妾为母子。'

"敖氏繼公曰：'言喪之三年者，以其見於此章，故惟據父卒者言也。注云其使養之不命爲母子，則亦服庶母慈己之服者，謂妾或自有子，或子之母有他故不能自養其子，是以不可命爲母子，但使慈之而已。若是則其服惟加於庶母一等可也。庶母慈己者，服見小功章。'

"吴氏澄曰：'慈母有二，其一大夫士之子無母，父使庶母之無子者以爲子。《喪服》所稱慈母如母是也。其一國君子生擇諸母使爲子師，其次爲慈母，其次爲保母。《内則》及《曾子問》孔子所稱者是也。而後世於二者之等未之審也，或執喪慈母如母之文而施於君命所使教子之慈母，則失矣。'

"顧氏炎武曰：'慈母者何也？子幼而母死，養於父妾，父卒，爲之三年，所以報其鞠育之恩也。然而必待父命者，此又先王嚴父而不敢自專其報之義也。父命妾曰："女以爲子。"謂憐其無母，親之如子長之育之，非立之以爲妾後也。《喪服小記》以爲爲慈母後，則未可信也。《禮記·曾子問》篇："子游問曰：'喪慈母如母，禮與？'孔子曰：'非禮也。古者男子外有傅，内有慈母。君命所使教子也，何服之有？昔者魯昭公少喪其母，有慈母良，及其死也，公弗也，欲喪之。有司以聞，曰：古之禮，慈母無服。今也君爲之服，是逆古之禮而亂國法也。若終行之，則有司將書之以遺後世，無乃不可乎！公曰：古者天子練冠以燕居，吾弗忍也。遂練冠以喪慈母。’”喪慈母，自魯公始也。然但練冠以居，則異於如母者矣，而孔子以爲非禮。《南史·司馬筠傳》：梁天監七年，安成國太妃陳氏薨，詔禮官議皇太子慈母之服。筠引鄭玄説：“服止在夫，不宜施之皇子。”武帝以爲不然，曰：“禮言慈母有三條：一則妾子無母，使妾之無子者養子，命爲子母，服以三年，《喪服·齊衰章》所言‘慈母如母’是也。二則嫡妻子無母，使妾養之，雖均乎慈愛，但嫡妻之子，妾無爲母之義，而恩深事重，故服以小功，《喪服·小功章》所以不直言慈母，而云‘庶母慈己’者，明異於三年之慈母也。其三則子非無母，擇賤者視之，義同師保，而不無慈愛，故亦有慈母之名，師保無服，則此慈母亦無服張。《内則》云：‘擇於諸母與可者，使爲子師；其次爲慈母，其次爲保母。’此其明文言擇諸母，是擇人而爲此三母，非謂擇取兄弟之母也。子游所問，自是師、保之慈，非三年小功之慈也。故夫子得有此答，豈非師保之慈母無服之證乎？鄭玄不辯三慈，混爲訓釋，引彼無服以注慈己。後人致謬，實此之由。”於是筠等請依制改定嫡妻之子，母没爲父妾所養，服之五月，貴賤並同，以爲永制。’

“張氏爾岐曰：‘愚嘗疑爲祖庶母後之説，陳氏注云，若父之妾有子而子死，已命己之妾子後之亦可。故云爲祖庶母可也。徐氏注云，凡妾之有子者，稱庶母，祖庶母其無子者則稱父妾祖妾而已。但爲庶母後即後此母，爲祖庶母後即後其子之受室者，此爲不同耳。’

“姜氏兆錫曰：‘爲慈母後及爲庶母後皆是後於其母，若爲祖庶母後自是後其死子，以爲之後而或者不明斯理，則以孫禰祖之論與説《春秋》乃多異義而大倫滅矣。父母之喪，自天子下達期以下，諸侯絶大夫降此，所謂諸侯絶旁期也。況於君使教子之慈母乎！若庶子生母之服，則又不可一例言者。禮，子爲母齊衰三年，父在則期，此母爲父降，無貴賤一也。妾之子士以下其子爲其母如母，大夫則父在爲其母大功，父卒亦三年。諸侯以上則父在爲其母無服，父卒爲之大功。此庶爲嫡降貴，與賤異也。今所稱古者天子練冠以燕居，初不言爲其生母。注疑其如此，疏以其無明文而指爲異代之制，似得矣。然考下章記云，公子爲其母練冠、麻衣、縓緣，既葬除之。傳曰何以不在五服之中也？君之所不服，子亦不敢服也。注云諸侯之妾子厭於父，不得伸權爲制，此服不奪其恩也。則此練冠之制，蓋公子於其生母爲國君所厭之權服，非言國君自爲其生母，更非言天子爲其生母也。又考《大功》章云"公之庶昆弟爲其母大功"。傳曰"先君餘尊之所厭，不得過大功"也。《緦麻》章云"庶子爲父後者爲其母緦"，傳曰"與尊者爲一體，不敢服其私親也"。有死於宫中者則爲之三月不舉祭，因是以服緦也。然則諸侯之妾子，父卒，爲其母大功，而其或爲父後則惟服緦也。以此推之，則庶子王乃天子之庶子爲父後者，而其於禮亦當用緦之正，服衰絰以服之，又豈用五服以外父在厭抑而練冠縓緣之權制者哉？夫親喪下達庶子之生母，君在既厭於君矣，比君卒又以餘尊厭而僅爲之大功，其或爲君之後者，又以喪者不祭而不敢服，僅得緣死於宫中三月不舉祭者之例以伸其緦，則其情之爲禮抑者固已多矣，而謂庶子王反逆禮而靳爲之緦乎？傳言母以子貴，以父妾而尊爲君夫人，此《公羊氏》之説亂嫡妾之分，禮之所不與也。若庶子王爲其母練冠，乃注疏之臆詞，而不爲之考辨，是又滋禮之惑也。然則公之所引者果何指也？考記中凡引《家語》入記者，多截去首尾，如此條《家語》所載本云"古者天子喪慈母，練冠以燕居"，則公固不免託於古以文其過矣。疏既知以《家語》之孝公辨注昭公之疑，而獨不以《家語》之喪慈母辨其爲生母之惑，何哉？'

……

"盛世佐曰：'子夏作傳時本自爲一編，後儒移之分屬傳經記每條之下，遂加傳曰以别之。而於其答問之辭重舉傳曰者，亦後儒所加也。如孔子《十翼》既被後人分散而於《繫詞》《文言》二傳中，往往添入子曰。字亦其類矣。疏云是子夏引舊傳，非。'"

[2]天下之達禮者也：中華本校勘記："《拾補》：'者'字衍。按：《禮記·檀弓》及下文並無'者'字。"

[3]不豫：帝王有病的諱稱。　登遐：特指帝王之死。

[4]百官當臨殿中者：原本、宋本、殿本無“殿”字，據中華本補。

[5]舉音：放聲哀哭。

及宣帝、景帝之崩，並從權制。文帝之崩，國内服三日。武帝亦遵漢魏之典，[1]既葬除喪，然猶深衣素冠，[2]降席撤膳。太宰司馬孚、[3]太傅鄭沖、太保王祥、[4]太尉何曾、[5]司徒領中領軍司馬望、[6]司空荀顗、車騎將軍賈充、[7]尚書令裴秀、[8]尚書僕射武陔、[9]都護大將軍郭建、[10]侍中郭綏、中書監荀勖、[11]中軍將軍羊祜等奏曰：[12]“臣聞禮典軌度，豐殺隨時，虞夏商周，咸不相襲，蓋有由也。大晋紹承漢魏，有革有因，期於足以興化而已，故未得皆返太素，[13]同規上古也。陛下既以俯遵漢魏降喪之典，以濟時務，而躬蹈大孝，[14]情過乎哀，素冠深衣，降席撤膳，雖武丁行之於殷世，[15]曾閔履之於布衣，[16]未足以逾。方今荆蠻未夷，[17]庶政未乂，[18]萬機事殷，動勞神慮，豈遑全遂聖旨，以從至情。臣等以爲陛下宜割情以康時濟俗，輒敕御府易服，内者改坐，太官復膳，諸所施行，皆如舊制。”詔曰：“每感念幽冥，而不得終苴絰於草土，[19]以存此痛，况當食稻衣錦，誠詭然激切其心，非所以相解也。本諸生家，傳禮來久，何心一旦便易此情於所天！[20]相從已多，可試省孔子答宰我之言，[21]無事紛紜也。言及悲剥，[22]奈何！奈何！”孚等重奏：“伏讀聖詔，感以悲懷，輒思仲尼所以抑宰我之問，聖思所以不能以已，甚深甚篤。然今者干戈未戢，[23]武事未偃，萬機至重，天下至衆。陛下以萬乘之尊，履布衣之禮，服粗席稿，水飲蔬食，殷憂内盈，毁悴外表。然而躬勤萬機，[24]坐而待旦，降心接下，仄不遑食，[25]所以勞力者如斯之甚。是以臣等悚息不寧，誠懼神氣用損，以疢大事。[26]輒敕有司，[27]改坐復常，率由舊典。惟陛下察納愚款，以慰皇太后之心。”又詔曰：“重覽奏議，益以悲剥，不能自勝，奈何！奈何！三年之喪，自古達禮，誠聖人稱情立衷，明恕而行也。神靈日遠，無所訴告，[28]雖薄於情，食旨服美，所不堪也。不宜反覆，重傷其心，言用斷絶，奈何！奈何！”帝遂以此禮終三年。後居太后之喪亦如之。

[1]漢魏之典：典，宋本作“興”。

[2]素冠：古代服喪時所戴的白色帽子。

[3]太宰：官名，即太師，因避司馬師名諱而改名太宰。八公之一，居上公之首，爲宰相之任。一品。　司馬孚：字叔達。本書卷三七有傳。

[4]王祥：字休徵，本書卷三三有傳。

[5]何曾：字穎考，本書卷三三有傳。

[6]中領軍：官名，東漢建安中曹操改領軍置。與中護軍皆典禁兵，屬丞相府。三品。　司馬望：字子初。本書卷三七有傳。

[7]車騎將軍：官名，魏晋南北朝時位次於驃騎將軍，在諸名號將軍之上，多作爲軍府名號，以加授大臣及重要州郡長官。二品，開府位從公者一品。　賈充：字公閭，本書卷四〇有傳。

[8]裴秀：字季彦，本書卷三五有傳。

[9]尚書僕射：原本、宋本無“射”字，殿本有，據殿本補。

武陔：字元夏，本書卷四五有傳。

[10]都護大將軍：不開府非持節都督，位在鎮軍大將軍之上，俸禄與特進同。二品，開府位從公者一品。

[11]中書監：官名，中書省長官之一。三國魏文帝初年分秘書置中書省，長官爲中書監、中書令。掌收納奏章、草擬詔令。平常不分高下，入朝時監略高於令。三品。　荀勖：字公曾，本書卷三九有傳。

[12]中軍將軍：官名，西晋時統左右衛、前後左右驍騎等宿衛七營禁軍，主管京師及朝廷警衛。泰始四年（268）罷，置北軍中候代其職。後爲將軍名號，與鎮軍將軍、撫軍將軍並爲三名號將軍，不統禁兵。三品。　羊祜：字叔子，本書卷三四有傳。

[13]太素：原始狀態。

[14]躬蹈大孝：蹈，原本、宋本、殿本作“踴”，據中華本改。

[15]武丁：又稱殷武，商王，名昭，小乙之子。曾被父置於民間，知稼穡之艱難、百姓之疾苦。即位後求賢覓才，以傅説爲相，使王朝興盛。死後尊爲高宗。

[16]曾閔：曾參與閔損（閔子騫）的並稱。皆孔子弟子，以有孝行著稱。

[17]荆蠻：荆楚地區的少數民族。

[18]庶政未乂：各種政務還没有安頓好。

[19]終苴絰於草土：爲親人自始至終服喪。苴絰，喪服中麻布製的無頂冠與腰帶，亦指居喪。草土，爲親人服喪。

[20]何心一旦便易此情於所天：心，原本、宋本作“止”，殿本作“至”，據中華本改。

[21]孔子答宰我之言：《論語·陽貨》：宰我問：“三年之喪期已久矣。君子三年不爲禮，禮必壞；三年不爲樂，樂必崩。舊穀既没，新穀既升，鑽燧改火，期可已矣。”子曰：“食夫稻，衣夫錦，於女安乎？”曰：“安。”“女安則爲之。夫君子之居喪，食旨不甘，

聞樂不樂，居處不安，故不爲也。今女安則爲之。”

［22］悲剥：悲傷欲裂。剥，原本、宋本、殿本作“殺”，據中華本改。

［23］戢：止息。

［24］萬機：機，殿本作“幾”。

［25］仄不遑食：太陽偏西都没時間吃飯。

［26］以疚大事：損害大事。疚，損害。

［27］輒敕有司：擅自對有關部門下指示。

［28］無所訴告：訴，原本、宋本、殿本作“訊”，據中華本改。

泰始二年八月，詔曰：“此上旬，先帝棄天下日也，便以周年。吾煢煢，[1]當復何時一得叙人子之情邪！思慕煩毒，[2]欲詣陵瞻侍，以盡哀憤。主者具行備。”太宰安平王孚、尚書令裴秀、尚書僕射武陔等奏：“陛下至孝蒸蒸，[3]哀思罔極。衰麻雖除，哀毁蔬食，有損神和。今雖秋節，[4]尚有餘暑，謁見山陵，悲感摧傷，群下竊用竦息，以爲宜降抑聖情，以慰萬國。”詔曰：“孤煢忽爾，日月已周，痛慕摧感，[5]永無逮及。欲瞻奉山陵，[6]以叙哀憤，[7]體氣自佳耳。又已凉，便當行，不得如所奏也。主者便具行備。”[8]又詔曰：[9]“漢文不使天下盡哀，亦帝王至謙之志。[10]當見山陵，何心而無服，其禮以衰絰行。”秀等重奏曰：“臣聞上古喪期無數，後世乃有年月之漸。漢文帝隨時之義，制爲短喪，傳之于後。陛下以社稷宗廟之重，[11]萬方億兆之故，既從權制，除衰麻，群臣百姓吉服，今者謁陵，以叙哀慕，若加衰絰，[12]進退無當。不敢奉詔。”詔曰：“亦知不在此麻布耳。然人子情思，爲欲令哀喪之物在身，蓋近情也。群臣自當案舊制。”秀等又奏曰：“臣聞聖人制作，必從時宜。故五帝殊樂，三王異禮，此古今所以不同，質文所以迭用也。[13]陛下隨時之宜，既降心克己，俯就權制，既除衰麻，而行心喪之禮，今復制服，義無所依。若君服而臣不服，亦未之敢安也。參議宜如前奏。”詔曰：“患情不能跂及耳，衣服何在。諸君勤勤之至，豈苟相違。”

[1]煢煢：孤零貌。

[2]思慕煩毒：被懷念思緒所煩擾。

[3]蒸蒸：形容孝心。

[4]今雖秋節：原本、宋本、殿本無“秋節”二字，據中華本補。

[5]摧感：摧，原本、宋本作“推”，殿本作“摧”，據殿本改。

[6]瞻奉山陵：瞻奉，原本、宋本乙作“奉瞻”，殿本作“瞻奉”，據殿本改。

[7]哀憒：憒，殿本作“情”。

[8]行備：行裝。

[9]又詔曰：清盧文弨《晋書禮志校正》：“《宋志》此下云：‘昔者哀適三十日，便爲梓宫所棄，遂離衰絰，感痛豈可勝言。’”

[10]至謙之志：清盧文弨《晋書禮志校正》：“《宋志》下有‘是以自割，不以副諸君子。有三年之愛，而身禮廓然’二十字。”

[11]陛下以社稷宗廟之重：以，原本、宋本、殿本無此字，據中華本補。

［12］若加衰絰：清盧文弨《晋書禮志校正》："下脱八字：'近臣期服，當復受制'，按詔有群臣自當按舊制語，則此八字必不可節。"

［13］質文：本質與文飾。

泰始四年，皇太后崩。有司奏："前代故事，倚廬中施白縑帳、蓐、素床，[1]以布巾裹革，軺輦、版轝、細犢車皆施縑裹。"[2]詔不聽，但令以布衣車而已，其餘居喪之制，不改禮文。有司又奏："大行皇太后當以四月二十五日安厝。[3]故事，虞著衰服，[4]既虞而除。其内外官寮皆就朝晡臨位，御除服訖，[5]各還所次除衰服。"詔曰："夫三年之喪，天下之達禮也。受終身之愛，而無數年之報，奈何葬而便即吉，情所不忍也。"有司又奏："世有險易，道有洿隆，[6]所遇之時異，誠有由然，非忽禮也。方今戎馬未散，王事至殷，更須聽斷，[7]以熙庶績。[8]昔周康王始登翌室，[9]猶戴冕臨朝。降于漢魏，既葬除釋，諒闇之禮，[10]自遠代而廢矣。惟陛下割高宗之制，從當時之宜。"詔曰："夫三年之喪，所以盡情致禮，葬已便除，所不堪也。[11]當叙吾哀懷，言用斷絶，奈何！奈何！"有司又固請。詔曰："不能篤孝，[12]勿以毁傷爲憂也。誠知衣服末事耳，然今思存草土，率當以吉物奪之，乃所以重傷至心，非見念也。每代禮典質文皆不同耳，何爲限以近制，使達喪闕然乎！"群臣又固請，帝流涕久之乃許。文明皇后崩及武元楊后崩，天下將吏發哀三日止。

[1]倚廬：古人爲父母守喪時居住的簡陋棚屋。　縑帳：細絹做的帳子。　蓐：草席、草墊。

[2]軺輦：皇后所乘的輕便的車子。　版轝：木製的輕便坐車。

[3]安厝：安葬。

[4]虞：安葬之後舉行的祭祀。

[5]御除服訖：原本、宋本、殿本無“除”字，據中華本補。

[6]洿隆：高與低，盛與衰。

[7]更須聽斷：須，原本、宋本、殿本作“交”，據中華本改。

[8]以熙庶績：使各種事業興旺。

[9]翌室：帝王居所正廳兩邊的偏房。

[10]諒闇：皇帝居喪。

[11]所不堪也：原本、宋本、殿本“所”下有“以”字，據中華本删。

[12]篤孝：原本、宋本作“篤學”，殿本作“篤孝”，據殿本改。

穆帝崩，哀帝立。帝於穆帝爲從父昆弟，[1]穆帝舅褚歆有表，[2]中書答表朝廷無其儀，詔下議。尚書僕射江彪等四人並云，[3]閔僖兄弟也，[4]而爲父子，則哀帝應爲帝嗣。衛軍王述等二十五人云：[5]“成帝不私親愛，越授天倫，康帝受命顯宗。[6]社稷之重，已移所授，纂承之序，宜繼康皇。”尚書謝奉等六人云：“繼體之正，宜本天屬，考之人情，宜繼顯宗也。”詔從述等議，上繼顯宗。

[1]從父昆弟：同祖叔伯兄弟。

[2]褚歆：褚裒子，字幼安，以學行知名，歷散騎常侍、祕

書監。

[3]江虨：字思玄，本書卷五六有傳。

[4]閔僖兄弟：閔即魯閔公，名開，魯莊公之子。僖即魯僖公，名申，亦爲莊公之子，閔公之弟。二人先後繼承君位。

[5]衛軍：衛將軍的省稱。位在諸名號將軍之上，多作爲軍府名號，以加大臣、重要州郡長官。東晋南朝甚重之，常以中書監、尚書令等權臣兼任，統兵出征。二品，開府位從公者一品。　王述：字懷祖，本書卷七五有傳。

[6]顯宗：即成帝司馬衍，顯宗爲其廟號。

寧康二年七月，簡文帝崩再周而遇閏。博士謝攸、孔粲議："魯襄二十八年十二月乙未，楚子卒，實閏月而言十二月者，附正於前月也。[1]喪事先遠，則應用博士吴商之言，以閏月祥。"[2]尚書僕射謝安、[3]中領軍王劭、[4]散騎常侍鄭襲、右衛將軍殷康、[5]驍騎將軍袁宏、[6]散騎侍郎殷茂、[7]中書郎車胤、[8]左丞劉遵、[9]吏部郎劉耽意皆同。[10]康曰："過七月而未及八月，豈可謂之逾期。必所不了，則當從其重者。"宏曰："假值閏十二月而不取者，此則歲未終，固不可得矣。《漢書》以閏爲後九月，明其同體也。"襲曰："中宗、肅祖皆以閏月崩，祥除之變皆用閏之後月。先朝尚用閏之後月，今閏附七月，取之何疑，亦合遠日申情之言。[11]又閏是後七而非八也，豈逾月之嫌乎！"尚書令王彪之、侍中王混、[12]中丞譙王恬、[13]右丞戴謐等議異，[14]彪之曰："吴商中才小官，非名賢碩儒、公輔重臣、爲時所準則者。又取閏無證據，直攣遠日之義，[15]越祥忌，限外取，不合卜遠之理。又丞相桓公嘗論云，[16]《禮》二十五月大祥。何緣越期取閏，乃二十六月乎？”於是啓曰：“或以閏附七月，宜用閏月除者。或以閏名雖附七月，而實以三旬別爲一月，故應以七月除者。臣等與中軍將軍冲參詳，[17]一代大禮，宜準經典。三年之喪，十三月而練，[18]二十五月而畢，《禮》之明文也。《陽秋》之義，[19]閏在年内，則略而不數。明閏在年外，則不應取之以越期忌之重，禮制祥除必正期月故也。”己酉晦，帝除縞即吉。[20]徐廣論曰：“凡辨義詳理，無顯據明文可以折中奪易，則非疑如何。[21]禮疑從重，喪易寧戚，[22]順情通物，固有成言矣。彪之不能徵援正義，[23]有以相屈，但以名位格人，[24]君子虛受，心無適莫，豈其然哉！執政從而行之，其殆過矣。”

[1]附正於前月也：宋本無“也”字。

[2]祥：古代居父母、親人之喪，满一年或二年而祭的統稱。祥分大祥和小祥，父母、親人死後兩年舉行大祥之祭，死後一年舉行小祥之祭。

[3]謝安：字安石，本書卷七九有傳。

[4]王劭：字敬倫，本書卷六五有傳。

[5]右衛將軍：官名，三國魏咸熙二年（265），司馬炎即晋王位，分中衛將軍爲左、右衛將軍。掌佽飛虎賁及前驅、由基、强弩三部司馬，屬下還有虎賁、羽林、上騎、異力、命中共五部督，負責宫禁侍衛。西晋屬中軍將軍，後屬領軍將軍。爲禁衛軍主要統帥之一，權任很重。四品。

[6]驍騎將軍：官名，三國魏爲内軍將領，統營兵。兩晋與領軍、護軍、左右衛、游擊諸將軍合稱六軍，擔當宿衛之任，是護衛

宫廷的主要將領。四品。　袁宏：字彦伯，本書卷九二有傳。

[7]殷茂：東晋人，歷任太常、散騎侍郎。桓玄之亂中，曾受朝廷之命曉喻開導殷仲堪及桓玄。

[8]中書郎：官名，隸屬中書令。掌草擬詔書、外出執行重要使命等。亦作爲中書通事郎、中書侍郎的省稱。五品。

[9]左丞：即尚書左丞。六品。

[10]吏部郎：官名，尚書省吏部曹長官通稱。亦稱郎中，資深者可轉侍郎。屬吏部尚書，主管官吏選任、銓叙、調動事務，對五品以下官吏之任免有建議權。六品。

[11]合遠日申情之言：情，殿本作“請”。

[12]王混：東晋人，任侍中、丹楊尹，曾和車胤侍奉孝武帝讀《孝經》，時論榮之。

[13]中丞：官名，即御史中丞，御史大夫副手，掌監察、執法，爲京師顯官，職權甚重。四品。　譙王恬：字元愉，本書卷三七有傳。

[14]右丞：官名，即尚書右丞，尚書省佐官，位次尚書，居尚書左丞下。與左丞共掌尚書都省庶務，率諸都令史監督稽核諸尚書曹、郎曹政務，糾舉彈劾百官。右丞又掌本省庫藏廬舍，督録遠道州郡文書章奏，凡兵士百官名籍、内外庫藏穀帛、刑獄訴訟、軍械、田地、州郡租布、行政區劃、州郡縣長官免贈收捕等文書奏事皆屬之。六品。

[15]擥（lǎn）：收取，采取。

[16]丞相桓公：即桓温，字元子，本書卷九八有傳。

[17]冲：即桓冲，字幼子，本書卷七四有傳。

[18]練：即大小祥之祭。大小祥時孝子可以穿練過的布帛，故大小祥之祭也稱“練”。

[19]《陽秋》：即《春秋》。東晋時因避簡文帝母鄭太后阿春諱，改春爲“陽”。

[20]除縞即吉：脱去白色喪服，穿日常衣服。縞，白色喪服。

[21]非疑如何：清周家禄《晋書校勘記》："'非疑如何'句疑有脱誤。"

[22]寧戚：處家持喪服，示悲傷。

[23]徵援：原本、宋本、殿本作"徵拔"，據中華本改。

[24]格人：至道之人；有识之人。《尚書·西伯戡黎》："天既訖我殷命，格人元龜，罔敢知吉。"孔颖达疏："格訓爲至，至人謂至道之人，有所識解者也。"

魏武以正月崩，魏文以其年七月設妓樂百戲，是則魏不以喪廢樂也。武帝以來，國有大喪，輒廢樂終三年。惠帝太安元年，太子喪未除，及元會亦廢樂。穆帝永和中，爲中原山陵未修復，頻年元會廢樂。是時太后臨朝，后父褚裒薨，[1]元會又廢樂也。孝武太元六年，爲皇后王氏喪，[2]亦廢樂。孝武崩，[3]太傅録尚書會稽王道子議：[4]"山陵之後，通婚嫁不得作樂，以一期爲斷。"[5]

[1]褚裒：字季野，本書卷九三有傳。

[2]皇后王氏：名法慧，本書卷三二有傳。

[3]孝武崩：原本、宋本脱"孝"字，殿本有，據《宋書》卷一五《禮志二》、殿本補。

[4]録尚書：官名，即録尚書事。初爲職銜名，重臣加此名義始得總知國事，綜理政務，成爲真宰相。魏晋多以公卿權重者居之，總領尚書省政務，凡重號將軍、刺史皆得命曹授用，位在三公之上。　道子：司馬道子，字道子，本書卷本書卷六四有傳。

[5]一期：一周年。

漢儀，太皇太后、皇太后崩，長樂太僕、少府大長秋典喪事，[1]三公奉制度，他皆如禮。魏晋亦同天子之儀。

[1]長樂太僕：官名，掌皇太后車馬交通。三品。　少府：即長樂少府，掌皇太后宫中事務。三品。　大長秋：官名，宣達皇后旨意，領受皇帝詔命。魏晋南北朝時領諸宦者，管理宫闈。三品。

泰始十年，武元楊皇后崩，及將遷于峻陽陵，依舊制，既葬，帝及群臣除喪即吉。先是，尚書祠部奏從博士張靖議，[1]皇太子亦從制俱釋服。博士陳逵議，以爲"今制所依，蓋漢帝權制，興於有事，非禮之正。皇太子無有國事，自宜終服。"有詔更詳議。尚書杜預以爲：[2]"古者天子諸侯三年之喪始同齊斬，[3]既葬除喪服，諒闇以居，心喪終制，不與士庶同禮。漢氏承秦，天下爲天子修服三年。漢文帝見其下不可久行，而不知古制，更以意制祥禫，[4]除喪即吉。魏氏直以訖葬爲節，嗣君皆不復諒闇終制。學者非之久矣，然竟不推究經傳，考其行事，專謂王者三年之喪，當以衰麻終二十五月。嗣君苟若此，則天子群臣皆不得除喪。雖志在居篤，更逼而不行。[5]至今世主皆從漢文輕典，由處制者非制也。今皇太子與尊同體，宜復古典，卒哭除衰麻，以諒闇終制。於義既不應不除，又無取於漢文，乃所以篤喪禮也。"於是尚書僕射盧欽、尚書魏舒問杜預證據所依。[6]預云："傳稱三年之喪自天子達，此謂天子絶期，唯有三年喪也。非謂居喪衰服三年，與士庶同也。

故后、世子之喪，而叔嚮稱有三年之喪二也。[7]周公不言高宗服喪三年，而云諒闇三年，此釋服心喪之文也。叔嚮不譏景王除喪，而譏其燕樂已早，[8]明既葬應除，而違諒闇之節也。《春秋》，晋侯享諸侯，子産相鄭伯，[9]時簡公未葬，請免喪以聽命，君子謂之得禮。[10]宰咺來歸惠公仲子之賵，[11]傳曰'吊生不及哀'。[12]此皆既葬除服諒闇之證，先儒舊説，往往亦見，學者未之思耳。《喪服》，諸侯爲天子亦斬衰，豈可謂終服三年邪！上考七代，[13]未知王者君臣上下衰麻三年者誰；[14]下推將來，恐百世之主其理一也。非必不能，乃事勢不得，故知聖人不虚設不行之制。仲尼曰'禮所損益雖百世可知'，此之謂也。"於是欽、舒從之，遂命預造議，奏曰：

侍中尚書令司空魯公臣賈充、侍中尚書僕射奉車都尉大梁侯臣盧欽、[15]尚書新沓伯臣山濤、[16]尚書奉車都尉平春侯臣胡威、[17]尚書劇陽子臣魏舒、尚書堂陽子臣石鑒、[18]尚書豐樂亭侯臣杜預稽首言：禮官參議博士張靖等議，以爲"孝文權制三十六日之服，以日易月，道有污隆，禮不得全，皇太子亦宜割情除服。"[19]博士陳逵等議，以爲"三年之喪，人子所以自盡，故聖人制禮，自上達下。是以今制，將吏諸遭父母喪，皆假寧二十五月。[20]敦崇孝道，所以風化天下。皇太子至孝著於内，而衰服除于外，非禮所謂稱情者也。宜其不除。"

［1］尚書祠部：官署名，尚書省諸曹之一。掌宗廟祭祀、禮樂制度。領祠部、儀曹二郎曹。長官爲尚書，然不常授，如缺則由右僕射兼領。

［2］杜預：字元凱，本書卷三四有傳。

［3］齊（zī）斬：齊衰和斬衰。斬衰，五種喪服中最重的一種。用粗麻布製成，左右和下邊不縫。服制三年。子及未嫁女爲父母，媳爲公婆，承重孫爲祖父母，妻妾爲夫，均服斬衰。

［4］祥禫：喪祭名。語出《禮記·雜記下》："期之喪，十一月而練，十三月而祥，十五月而禫。"

［5］逼而不行：逼，原本、宋本、殿本作"通"，據中華本改。

［6］盧欽：字子若，本書卷四四有傳。　魏舒：字陽元，本書卷四一有傳。

［7］叔嚮：春秋時晋國大夫，羊舌氏，名肸。主張維護舊禮制，反對政治改革，曾寫信給子産，譴責他公布"刑書"。

［8］燕樂：宴會和音樂。

［9］子産：春秋時鄭國人，名僑，字子産，鄭穆公之孫，公子發之子，因又稱公孫僑。鄭簡公時執掌國政，作丘賦、鑄刑書、擇賢能、護鄉校，進行一系列改革。

［10］君子謂之得禮：鄭簡公去世後，送葬時有一個房子擋住了去路。如果拆掉，早上就可下葬，如果不拆繞道而行，得等到中午。子産主張不拆，認爲諸侯之賓，能來會吾喪，豈憚日中？無損於賓，而民不害，何故不爲？君子謂："子産於是乎知禮。禮，無毀人以自成也。"事見《左傳·昭公十二年》。

［11］宰咺來歸惠公仲子之賵：《左傳·隱公元年》載：周平王派遣宰咺來贈送魯惠公和仲子的吊喪禮品。這時惠公已經下葬，這是晚了，而仲子還没有死，向死者贈送東西没有趕上下葬，向生者吊喪没有趕上舉哀的時間，預先贈送有關喪事的東西，這都不合於禮。所以《春秋》直書宰咺名字。

［12］吊生不及哀：此爲《左傳》評論宰咺贈送吊喪禮品之語，

見《左傳·隱公元年》。

[13]上考七代：代，原本作“伐”，宋本、殿本作“代”，據宋本、殿本改。

[14]衰麻三年者誰：誰，原本、宋本、殿本作“諸”，據中華本改。

[15]奉車都尉：官名，魏晋時作加官，與駙馬都尉、騎都尉並號三都尉。六品。

[16]山濤：字巨源，本書卷四三有傳。

[17]胡威：字伯武，本書卷九〇有傳。

[18]石鑒：字林伯，本書卷四四有傳。

[19]除服：脱去喪服。

[20]假寧：爲父母守喪的假期。

臣欽、臣舒、臣預謹案靖、逵等議，各見所學之一端，未統帝者居喪古今之通禮也。自上及下，尊卑貴賤，物有其宜。故禮有以多爲貴者，有以少爲貴者，有以高爲貴者，有以下爲貴者，唯其稱也。不然，則本末不經，行之不遠。天子之與群臣，雖哀樂之情若一，而所居之宜實異，故禮不得同。[1]《易》曰“上古之世喪期無數”，[2]《虞書》稱“三載四海遏密八音”，[3]其後無文。至周公旦，乃稱“殷之高宗諒闇三年不言”。其傳曰“諒，信也；闇，默也”。下逮五百餘歲，而子張疑之，以問仲尼。仲尼答云：“何必高宗，古之人皆然，君薨，百官總己以聽於冢宰三年。”周景王有后、世子之喪，既葬除喪而樂。晋叔嚮譏之曰：“三年之喪，雖貴遂服，禮也。王雖弗遂，宴樂已早，亦非禮也。”此皆天子喪事見於古文者也。稱高宗不云服喪三年，而云諒闇三年，此釋服心喪之文也。譏景王不譏其除喪，而譏其宴樂已早，明既葬應除，而違諒闇之節也。堯崩，舜諒闇三年，故稱遏密八音。由此言之，天子居喪，齊斬之制，菲杖絰帶，當遂其服。既葬而除，諒闇以終之，三年無改父之道，故百官總已聽於冢宰。喪服已除，故稱不言之美，明不復寢苫枕塊，[4]以荒大政也。《禮記》：“三年之喪，自天子達。”又云：“父母之喪，無貴賤一也。”又云：“端衰喪車皆無等。”[5]此通謂天子居喪，衣服之節同於凡人，心喪之禮終於三年，亦無服喪三年之文。然繼體之君，猶多荒寧。自從廢諒闇之制，至令高宗擅名於往代，[6]子張致疑於當時，此乃賢聖所以爲譏，非譏天子不以服終喪也。

[1]故禮不得同：故，宋本作“敌”。

[2]上古之世喪期無數：《周易·繫辭下》：“古之葬者，厚衣之以薪，葬之中野，不封不樹，喪期無數。”

[3]三載四海遏密八音：《尚書·虞書》：“帝乃殂落，百姓如喪考妣，三載，四海遏密八音。”孔安國傳：“遏，絶；密，静也。”八音：泛指音樂。

[4]寢苫枕塊：居喪期間睡草席，枕土塊。《儀禮·既夕禮》：“居倚廬，寢苫枕塊。”鄭玄注：“苫，編藁；塊，塩也。”塩，土塊。原本無“塊”字，作一字空白，宋本、殿本作“土”，據中華本改。

[5]端衰喪車皆無等：《禮記·雜記上》：“端衰，喪車，皆無等。”孔穎達疏：“端衰，謂喪服上衣，以其綴六寸之衰於心前，故

衣亦曰衰。端，正也。”

[6]至令高宗擅名於往代：令，原本、宋本、殿本作“今”，據中華本改。

秦燔書籍，率意而行，亢上抑下。漢祖草創，因而不革。乃至率天下皆終重服，旦夕哀臨，經罹寒暑，禁塞嫁娶飲酒食肉，制不稱情。是以孝文遺詔，斂畢便葬，葬畢制紅禫之除。[1]雖不合高宗諒闇之義，近於古典，故傳之後嗣。於時預修陵廟，故斂葬得在浹辰之内，[2]因以定制。近至明帝，存無陵寢，五旬乃葬，安在三十六日。此當時經學疏略，[3]不師前聖之病也。魏氏革命，以既葬爲節，合於古典，然不垂心諒闇，同譏前代。自泰始開元，陛下追尊諒闇之禮，慎終居篤，允臻古制，超絶於殷宗，天下歌德，誠非靖等所能原本也。

[1]紅禫：除去喪服的祭祀。“紅”同“功”。

[2]故斂葬得在浹辰之内：原本“故”上有“故”字，宋本“故”上有“以”字，殿本均無，據殿本改。浹辰，古代以干支紀日，稱自子至亥一周十二日爲“浹辰”。

[3]疏略：粗疏簡略。

天子諸侯之禮，當以具矣。諸侯惡其害己而削其籍，今其存者唯《士喪》一篇，戴聖之記雜錯其間，[1]亦難以取正。天子之位至尊，萬機之政至大，群臣之衆至廣，不同之於凡人。故大行既葬，[2]祔祭于廟，[3]則因疏而除之。己不除則群臣莫敢除，故屈己以除之。而諒闇以終制，天下之人皆曰我王之仁也。屈己以從宜，皆曰我王之孝也。既除而心喪，我王猶若此之篤也。凡等臣子，亦焉得不自勉以崇禮。此乃聖制移風易俗之本，高宗所以致雍熙，[4]豈惟衰裳而已哉！

[1]戴聖：西漢梁國（今河南省商丘市）人，字次君。早年從后蒼學《禮》，宣帝時任博士。今本《禮記》據説爲戴聖所編纂。

[2]大行：古代稱剛死而尚未定謚號的皇帝、皇后。

[3]祔祭：此指帝王死後將神位入宗廟附於先祖旁而祭祀。此外，祔祭也是古代的祭祀制度。

[4]雍熙：和樂升平。

若如難者，更以權制自居，疑於屈伸厭降，[1]欲以職事爲斷，則父在爲母期，父卒三年，此以至親屈於至尊之義也。出母之喪，[2]以至親爲屬，而長子不得有制，[3]體尊之義，升降皆從，不敢獨也。《禮》：諸子之職，掌國子之倅。[4]國有事則帥國子而致之太子，[5]唯所用之。《傳》曰，[6]“君行則守，有守則從，從曰撫軍，守曰監國”，不無事矣。《喪服》母爲長子，妻爲夫，妾爲主，皆三年。内宫之主，可謂無事？揆度漢制，孝文之喪，紅禫既畢，孝景即吉於未央，薄后、竇后必不得齊斬於別宫，[7]此可知也。况皇太子配貳之至尊，與國爲體，固宜遠遵古禮，近同時制，屈除以寬諸下，協一代之成典。

[1]厭降：古喪禮，母亡，子服三年喪；父在母亡，則減一年，稱厭降。

[2]出母：被父休棄的生母。

[3]有制：守喪制度。

[4]倅：《周禮·天官·小宰》："王之庶子，職掌國子之倅。國有大事則帥國子而致於太子，唯所用之。"鄭玄注："倅謂副倅之倅。國子謂諸侯卿大夫士之子也，云國有大事則帥國子而致於太子，唯所用之者。"

[5]則帥國子：帥，原本作"師"，宋本不清，殿本作"帥"，據《周禮》、殿本改。

[6]《傳》：即《春秋左氏傳》。

[7]薄后：西漢景帝皇后，薄太后家女。景帝爲太子時，娶以爲妃，景帝即位後立爲皇后。　竇后：西漢文帝皇后，高后時，以良家子選入宮，後出宮賜代王，生劉啓（即景帝）。

君子之於禮，有直而行，曲而殺；[1]有經而等，[2]有順而去之，[3]存諸内而已。禮云非玉帛之謂，喪云唯衰麻之謂乎？此既臣等所謂經制大義，且即實近言，亦有不安。今皇太子至孝蒸蒸，發於自然，號咷之慕，匍匐殯宮，大行既奠，往而不反，必想像平故，彷徨寢殿。若不變從諒闇，則東宮臣僕，義不釋服。此爲永福官屬，當獨衰麻從事，出入殿省，亦難以繼。今將吏雖蒙同二十五月之寧，[4]至於大臣，亦奪其制。昔翟方進自以身爲漢相，[5]居喪三十六日，不敢踰國典，而況於皇太子？臣等以爲皇太子宜如前奏，除服諒闇制。[6]
於是太子遂以厭降之議，從國制除衰麻，諒闇終制。

[1]曲而殺：不合禮處則整改。殺，原本、宋本、殿本作“報”，據中華本改。

[2]經而等：用通行的準則衡量對照。

[3]有順而去之：清盧文弨《晋書禮志校正》：“按此皆《禮器》之文，本作‘順而討’，討者，去也。以‘去’易明，故易之耳。”

[4]今將吏雖蒙同二十五月之寧：原本、宋本、殿本“寧”上有“事”字，據中華本删。

[5]翟方進：西漢汝南上蔡（今河南省上蔡縣）人，字子威。以《春秋》起家，舉明經，遷議郎。成帝時爲博士後任朔方刺史，遷丞相司直，後任丞相。母終，既葬三十六日，除服起視事，以爲身備漢相，不敢逾國家之制。

[6]除服諒闇制：殿本“制”上有“終”字。中華本校勘記：“周校：‘制’上脱‘終’字。按：《通典》八三有‘終’字。下文‘諒闇終制’亦可證。”

于時外内卒聞預異議，多怪之。或者乃謂其違禮以合時。時預亦不自解説，退使博士段暢博采典籍，[1]爲之證據，令大義著明，足以垂示將來。暢承預旨，遂撰集書傳舊文，條諸實事成言，以爲定證，以弘指趣。其傳記有與今議同者，亦具列之，博舉二隅，明其會歸，以證斯事。文多不載。

[1]段暢：段，原本、宋本、殿本作“殷”，據中華本改。

武帝楊悼皇后既母養懷帝,[1]后遇難時，懷帝尚幼，及即位，中詔述后恩愛。及后祖載,[2]群官議帝應爲追制服，或以庶母慈己，依禮制小功五月,[3]或以謂慈母服如母服齊衰者,[4]衆議不同。閭丘沖議云："楊后母養聖上，蓋以曲情。今以恩禮追崇，不配世祖廟。王者無慈養之服，謂宜祖載之日，可三朝素服發哀而已。"於是從之。

[1]楊悼皇后：名芷，字季蘭，晋武帝皇后，本書卷三一有傳。

[2]祖載：將葬之際，以柩載車上行祖祭之禮。

[3]小功五月：喪服之第四等。其服以熟麻布製成，視大功爲細，較緦麻爲粗。服期五月。凡本宗爲曾祖父母、伯叔祖父母、堂伯叔祖父母，未嫁祖姑、堂姑，已嫁堂姊妹，兄弟之妻，從堂兄弟及未嫁從堂姊妹；外親爲外祖父母、母舅、母姨等，均服之。

清秦蕙田《五禮通考》引諸家論小功五月喪服制度：

"敖氏繼公曰：'小功布之縷粗於緦之縷矣，乃曰小功者，對大功立文也。不言牡麻與無受者可知也。'

……

"馬氏融曰：'本皆期服下殤，降二等，故小功也。'

……

"馬氏融曰：'成人服大功也，長殤降一等，故小功也。'

"敖氏繼公曰：'爲從父昆弟者，異人也。經文省爾。其姊妹之殤亦如之。'

……

"敖氏繼公曰：'大功之殤始見於此，而又不言中殤，故發問也。喪服之等其重者自大功而上，輕者自小功而下，已於麻。本有無之類見之矣。此復以二者之中殤各異，其從上從下之制亦因以見義。云從父昆弟之殤，丈夫與女子子在室者爲之同也，然則此傳亦

兼婦人之爲其親族之殤者言矣。'

"郝氏敬曰：'殤有長中下三等，功服惟大小二等。故傳以情輕重變通於上下之間。大功小功謂殤服降在大功者，情重寧以中從上。降在小功者情輕則以中從下可也。叔父以下中殤在大功，而此又云中殤從下，然則中殤十二三以下者，從小功亦可耳。又曰三殤之等，分疏煩瑣，故傳融會其旨。此章以殤服權其中，《緦麻章》又以成人服權其重。此言大小功緦麻亦可推矣。蓋以小功律大功，則小功之中殤從下，如以緦麻律小功，則小功之中殤又從上。以大功律齊衰，則大功之中殤又從下。情重者升，情輕者降，意自通融，不應如鄭注固執作解。'

"張氏爾岐曰：'成人當服大功者，其中殤與長殤同。成人當服小功者，其中殤與下殤同。凡不見於經者皆當以此例求之。此男子服殤者之法。若婦人爲夫族服殤法，又在後緦麻傳也。'

"盛世佐曰：'大功小功指成人之服而言，非謂殤服也。注説是。郝氏詆之過矣。殤《大功章》長殤中殤並見，則齊斬之殤中從上，經文已明。至此章但見長殤而不及中殤，《緦麻章》又或但見下殤而不及中殤，故傳發其例於此，以是大功之殤之第一條也。從上者，比本服降一等也。從下者，比本服降二等也。大功之殤中從上皆降爲小功，惟下殤緦麻也。小功之殤中從下皆降爲無服，惟長殤緦麻也。親者引而進之，疏者推而遠之，於中殤之從上從下而大功小功之隆殺判矣。'

"爲夫之叔父之長殤。鄭玄注：'不見中殤者，中從下也。夫之叔父義服，故次在此。成人大功，故長殤降一等，在小功。云不見中殤者中從下也者，下《傳》云"大功之殤中從下"，主謂此婦人爲夫之黨類，故知中從下，在緦麻也。'

"昆弟之子、女子子、夫之昆弟之子、女子子之下殤。賈公彦疏：'云"昆弟之子，女子子，夫之昆弟之子、女子子之下殤"者，此皆成人爲之齊衰期。長、中殤在大功，故下殤在此小功也。'

"馬氏融曰：'世叔父母爲之服也。成人在期，下殤降二等，故

服小功。'

"陳氏詮曰：'妻爲夫之昆弟之子、女子子與夫同。'

"黄氏幹曰：'妾服見《大功章》大夫之妾爲君之庶子條。'

……

"馬氏融曰：'適人姑還爲侄，祖爲庶孫，成人大功，長殤降一等，故小功也。言丈夫婦人者，明姑與侄，祖與孫疏遠，故以遠辭言之。'

"雷氏次宗曰：'前《大功章》爲侄已言丈夫婦人，今此自指爲庶孫言，不在侄。'

"敖氏繼公曰：'侄之殤服，亦姑之適人者爲之也。於庶孫之下言丈夫婦人者，明庶孫之文不可以兼男女，亦爲其與侄連文故也。'

"盛世佐曰：'案姑在室爲侄，與世叔父同。本服期長殤當降爲大功。今在此小功，明是已適人者也。丈夫婦人兼侄與庶孫言，雷説非。爲此二者之服異，人而連言之，以其皆大功之殤也。'

"馬氏融曰：'大夫以尊降，公之昆弟以尊厭，大夫子以父尊厭，各降在大功、長殤復降一等，故小功也。大夫無昆姊之殤，此言殤者，闕有罪。若畏厭溺當殤服之。'

"敖氏繼公曰：'其中殤亦從上，若下殤則不服之。蓋大夫無緦服也。公之昆弟於庶子而下，則爲以尊而降，於昆弟則亦以其父之所厭而降也。大夫之子所以降之意，前章詳之矣。此已爲大夫不應有昆與姊之殤，而此經乃爾，蓋以昆弟姊妹宜連文，且此條亦不專主於大夫故也。'

"盛世佐曰：'案古者五十而後爵，無大夫而殤死者，亦無既爲大夫而有兄若姊之殤也。注疏説泥，當以敖説爲正。'

……

"敖氏繼公曰：'上已言君之庶子，故此略之。爲君之女子子亦然，是雖大功之殤，亦中從上。蓋女君之爲此子與夫同，而妾爲君之黨服得與女君同，故皆宜中從上，不可以婦人之從服者例論也。其下殤亦不服之。'

……

“敖氏繼公曰：‘經不言澡可知也。此變麻即葛，乃不易衰者，爲無受布也。即葛不云三月者，已於《大功章》見之，故不言也。’

“郝氏敬曰：‘牡麻洗治之牡麻，不言澡，同也。經兼首要，不言冠纓屨，同也。即葛謂三月，既葬以葛帶易澡麻，帶所以異於降服小功也。衰不變而帶變，以故衰就葛帶，終五月之期。’

“盛世佐曰：‘案上章言澡麻而不言牡，此言牡麻而不言澡，文互備也。言澡於前者見其始異於大功以上，於是復云牡，則著其同也。’

……

“《朱子語類》：‘显道问服制。曰：“唐时添那服制，添得也有差异处。且如亲叔伯是期，堂叔须是大功，乃便降爲小功，不知是怎生地。”閎祖記朱子云：無大功尊父母本是期加成三年，祖父母、世父母、叔父母本是大功加成期，其曾祖父母小功，及從伯叔父母小功者，乃正服之不加者耳。’

“黄氏榦曰：‘祖父加至期，祖父之昆弟加所不及據期斷，是以五月。族祖父又疏一等，故緦。父爲衆子期兄弟之子宜九月，今亦期者，兄弟之子猶子也。從父昆弟之子服從世叔無加，故報亦小功也。祖爲孫大功以疏一等，故兄弟之孫小功。案從祖祖父者，祖之昆弟也。其子謂從祖父，又其子謂從祖昆弟。又其子謂從祖昆弟之子，凡四世上三世以祖父已旁殺之義推之，皆當服小功，名爲三小功。下一世以子旁殺之義推之，當服緦，此三小功，一緦與已同出曾祖。’

“敖氏繼公曰：‘此與爲之者尊卑雖異，亦旁尊也，故報之於此。即言報者，略輕服齊衰，大功重報服或别見之。’

“盛世佐曰：‘案爲從祖祖父者，昆弟之孫也。爲從祖父者，從父昆弟之子也。並服其妻者，以名服也。此四人皆報，故合言之。’

“華氏學泉曰：‘或問：“世叔父期則從祖父母，宜大功而服小功，何也?”曰：“親親以三爲五，以五爲九，故四世而緦服之窮也，五世祖免殺同姓也。是故曾伯叔祖無從，伯叔祖之服一從而止，伯叔之服再從而止，兄弟之服三從而止，其服則皆緦也。伯叔之服再從而緦，則從祖父母宜小功，從祖父母之報，其侄亦小功，至孫而緦，而親盡矣。若從祖父母宜大功，則再從小功三從，然後緦三從之，伯叔父則同六世祖矣，而何服之有？”曰：“然則《朱子語類》載朱子之疑之何也？”曰：“此非朱子之疑，乃其門人之問而朱子之答，未及載也。且此自是《儀禮》，何嘗是唐時所增也？”《朱子語類》門人所録非其手筆，多錯雜處，宜删節以一學者之聞見，此尤其較著者也。其前閎祖所録則固瞭然矣。’

……

“陳氏詮曰：‘從祖父之子同出曾祖也。’

“黄氏榦曰：‘兄弟期疏一等，故從昆弟大功，從祖昆弟小功，族昆弟緦。’

“盛世佐曰：‘案以上三小功皆云從祖者，言其從祖而分也。’

……

“張氏爾岐曰：‘疏説可疑，此當通下文孫適人者爲一節，皆爲出適而降小功也。’

“盛世佐曰：‘案女子子所逆降者，唯旁期耳。爲其嫁當及時，不可以旁親故妨之也。至於大功之末，可以嫁子於昏姻之時，固無害。故其成人而未嫁者，亦與未成人者同，無逆降例也。女子子既不逆降，其旁親大功已下而宗族顧可逆降之乎？此舊説所以難通也。敖、張二説皆合下節爲一得之。’

“馬氏融曰：‘祖爲女孫適人者降一等，故小功也。’

“敖氏繼公曰：‘三者適人其服同，云適人則爲女孫無嫌，故不必言女。’

“爲人後者，爲其姊妹適人者。鄭玄注：‘不言姑者，舉其親者而恩輕者降可知。’

“馬氏融曰：‘在室者齊衰期，適人大功，以爲大宗後疏之，降二等，故小功也。不言姑者，明降一體不降姑也。’

“陳氏詮曰：‘累降也，姑不見者同可知也。猶爲人後者爲昆弟而不載伯父，同降不嫌。’

“敖氏繼公曰：‘經於前章爲人後者惟見其父母昆弟姊妹之服，餘皆不見。是於本服降一等者，止於此親爾。所以然者，以其與已爲一體也。然則自此之外，凡小宗之正親旁親，皆以所後者之親疏爲服，不在此數矣。此姊妹之屬，不言報，省文也。記曰爲人後者於兄弟降一等報。’

“湛氏若水曰：‘姊妹期也，何以小功？以爲人後降也，以適人又降也。’

“盛世佐曰：‘案下記云，爲人後者於兄弟降一等報，爲經所不見者，言也。經惟見其父母昆弟姊妹之服，其餘皆没不言，文不具耳。《大功章》“爲人後者爲其昆弟”條下疏云，於本宗餘親皆降一等，得之敖説誤。’

……

“馬氏融曰：‘母之父母也，本服緦，以母所至尊加服小功。’

“汪氏琬曰：‘或問：“先儒言前母之黨當爲親，而不言其服，何以無服也？”曰：“禮爲其母之黨服，則不爲繼母之黨服。宗無二統，外氏亦無二統。前母之子不服後母之黨，則後子不逮，事前母者亦如之也。禮從服者所從亡，則已前母既亡，如之何其有從服與？”或問：“繼母如母，何以不服繼母之黨也？”曰：“鄭玄謂外氏不可二也。庾蔚之亦謂若服繼母之黨，則亂於己母之出故也。禮慈母與繼母同，《喪服小記》曰：爲慈母之父母無服，則其不服繼母之黨宜也。嗟乎！”爲人後者言若子，繼母言如母，夫謂之如與若者，蓋其父母之文同而情則異者也。故不得已而爲繼母之黨服。虞喜謂縱有十繼母，惟當服次其母者之黨，此説殆近是矣。’

“傳曰：‘何以小功也？以尊加也。賈公彦疏：外親之服不過緦麻，以祖是尊名，故加至小功。’

“敖氏繼公曰：‘尊云者，謂其爲母之父母也。子之從其母而服母黨者，當降於其母二等。母爲父母期，子爲外祖父母小功宜也。

非以尊加也。'

"徐氏乾學曰：'案外祖父母之名，總之則一，分之則十有三。爲母之父母一也，前母子爲後母之父母，二也。後母子爲前母之父母，三也。庶子爲適母之父母，四也。庶子爲繼適母之父母，五也。庶子爲生母之父母，六也。爲人後者爲所後之母之父母，七也。爲人後者爲所生母之父母，八也。庶女之子爲母之父母，九也。女之子爲母之生母，十也。慈母之子爲慈母之父母，十一也。出母之子爲母之父母，十二也。嫁母之子爲母之父母，十三也。凡若此者其在於古有服有不服，今則無有不服。所不服者惟庶子爲生母之父母而已。獨怪後母之子於前母之家，猶己外家也，乃以爲恩不相及而不服，甚至晋滿武秋爲曹彦真前母之兄而相見如路人，不亦可異之甚乎？蔡謨、江思悛以爲人疑服繼母之黨，不服前母者以不相及也，繼祖母亦有不相及者，而皆與其黨爲親，何至前母而獨疑之？其論當矣。人曰己母被出而服繼母之黨，虞喜謂縱有十繼母惟當服次其母之黨，不知次其母者久亡，此從服也，所從亡則已曷爲服之？竊謂當服在堂繼母之黨耳。'

……

"馬氏融曰：'言丈夫婦人者，異姓無出入降，皆以丈夫婦人成人之名名之也。'

"朱子曰：'姊妹於兄弟未嫁期，既嫁則降爲大功，姊妹之身知不降也。故姨母重於舅也。'又問：'從母之夫舅之妻皆無服，何也？'曰：'先王制禮，父族四，故由父而上爲族曾祖父緦麻，姑之子、姊妹之子、女子子之子皆由父而推之也。母族三，母之父，母之母，母之兄弟，恩止於舅，故從母之夫、舅之妻皆不爲服，推不去故也。妻族二，妻之父，妻之母。乍看時似乎雜亂無紀，子細看則皆有義存焉。'

"敖氏繼公曰：'從母之義與從父同，以其在母列故，但以從母爲稱。丈夫婦人即爲從母服者也，此爲加服。而從母乃報之者，以其爲母黨之旁尊，不足以加尊焉，故報之也。經凡三以丈夫婦人連

文，而所指各異，讀者詳之。'

"汪氏琬曰：'先王之制禮也，在父黨則父之昆弟爲重，而於父之姊妹則恩殺矣。故服諸父期，而服姑姊妹大功，在母黨則母之姊妹爲重，而於母之昆弟則恩殺矣。故服從母小功，而服舅緦。先王所以分内外、别男女、而遠嫌疑者也。唐太宗顧加舅服，使與姨母同，太宗知禮，孰不知禮？'

……

"馬氏融曰：'外祖從母其親皆緦也，以尊名加，故小功也。'

"雷氏次宗曰：'二親恩等而中表服異，君子類族辯物，本以姓分爲判，故外親之服不過於緦，於義雖當，求情未愜。苟微有可因，則加服以伸心，外祖有尊，從母有名，故皆得因此加以小功也。舅情同二人而名理闕無因，故有心而不獲遂也。然情不止於緦，亦以見於慈母矣。至於餘人雖有尊名而不得加者，服當其義，情無不足也。'

"庾氏蔚之曰：'男女異長，母之在室與其姊妹有同居共席之禮，故許其因母名以加服。'

"杜氏佑曰：'晋袁準論曰："從母小功五月，舅緦麻三月，禮非也。從母緦，時俗所謂姨母者也。舅之與姨，俱母之姊妹兄弟，焉得異服。從母者，從其母而爲庶母者也。親益重，故小功也。凡稱父母者，皆同乎父母之例者也。舅非父列，姨非母列，故舅不稱父，姨不稱母也。可稱姨，不應稱母。謂姨母爲從母者，此時俗之亂名，書之所由誤也。《春秋傳》蔡哀侯娶於陳，息侯亦娶焉。息嬀將歸，過蔡，蔡侯曰'吾姨也'，止而享之，《爾雅》曰'妻之姊妹同出爲姨'，此本名者也。《左傳》臧宣叔娶於鑄，生賈及爲而卒。繼室以其侄，穆姜之姨子也。以蔡侯、《爾雅》言之，穆姜焉得言姨？此缘妻姊妹之姨，因相謂爲姨也。姊妹相謂爲姨，故其子謂之姨子，其母謂之姨母。從其母而來，故謂之從母。從母、姨母，爲親一也，因復謂之從母，此因假轉亂而遂爲名者也。又《左傳》宋景曹卒，季康子使冉有吊且會葬，曰'以肥之得備彌甥'。

先儒曰‘彌，遠也，姊妹之孫爲彌甥’。此臨時説事，而遂可爲名乎？亦猶從母轉相假也。”或曰：“按準以經云從母是其母姊妹，從其母來，爲己庶母，其親益重，故服小功，非通謂母之姊妹也。”宣舒曰：“二女相與，行有同車之道，坐有同席之禮，其情親而比，其恩曲而至。由此觀之，姊妹通斯同矣，兄妹别斯異矣。同者親之本，異者疏之源也。”“然則二女之服，何其不重邪？兄妹之服，何其不輕邪？”曰：“同父而生，父之所不降，子亦不敢降，故二女不敢相與重。”“然則舅何故三月邪？從母何故小功邪？”曰：“故母取其愛，是以外王父之尊，禮無厭降之道。爲人子者，順母之情，親乎母之類，斯盡孝之道也，是以從母重而舅輕也。”曰：“姑與父異德異名，叔父與父同德同名，何無輕重之降邪？”曰：“姑與叔父，斯王父愛之所同也。父之所不降，子亦不敢降，此叔父與姑所以服同而無降也。”’

“蕙田案：‘從母之名因母而推，猶從父之因父而推，從祖之因祖而推也。袁准云：“從母者，從其母而爲庶母者也。”若然則從父從祖更當何説？恐未必然。’

“敖氏繼公曰：‘母爲姊妹大功，子從服當緦，以有母名，故加一等。而在此云外親之服皆緦，以見此爲加也。然外親之服有在緦者，則以其從與報而爲之，不得不然耳。非故輕之，令例皆緦也。又爲外祖父母亦從服之，常禮也。而在小功乃云皆緦，何哉？’

“郝氏敬曰：‘外親之服謂本非骨肉而恩誼相聯，特爲緦麻處之，故緦麻三月以厚外親，亦猶齊衰三月以隆内尊也。緦麻以聯其疏，齊衰以殊其卑，皆止於三月，酌天時通其變也。’

“顧氏炎武曰：‘外親之服皆緦。外祖父母以尊，加故小功；從母以名，加故小功。唐玄宗開元二十三年，制“令禮官議加服制”。太常卿韋縚請加外祖父母服至大功九月，舅服至小功五月，堂姨、堂舅、舅母服至袒免。太子賓客崔沔議曰：“禮教之設本於正家，家正而天下定矣。正家之道不可以貳，總一定義，理歸本宗。所以父以尊崇，母以厭降，内有齊斬，外服皆緦，尊名所加，不過一等，此先王不易之道，其來久矣。昔辛有適伊川，見被發而祭於野者，曰：‘不及百年，此其戎乎！其禮先亡矣。’貞觀修禮，特改舊章，漸廣渭陽之恩，不遵洙泗之典。及弘道之後，唐元之間，國命再侈於外族矣。禮亡徵兆儻見於斯。開元初，補闕盧履冰嘗進狀，論喪服輕重，敕令僉議。於時群議紛拏，各安積習。太常禮部奏依舊定，陛下運稽古之思，發獨斷之明，特降别敕，一依古禮，事符典故，人知向方，式固宗盟社稷之福。更圖異議，竊所未詳。願守八年明旨，以爲萬代成法。”職方郎中韋述議曰：“天生萬物，惟人最靈。所以尊尊親親，别生分類。存則盡其愛敬，殁則盡其哀戚。緣情而制服，考事而立言。往聖討論，亦已勤矣。上自高祖，下至玄孫，以及其身，謂之九族。由近而及遠，稱情而立文，差其輕重，遂爲五服。雖則或以義降，或以名加，教有所從，理不逾等，百王不易，三代可知。若以匹敵言之，外祖則祖也，舅則伯叔父之列也。父雖之恩不殊，而獨殺於外氏者，所以尊祖禰而異於禽獸也。且家無二尊，喪無二斬。持重於大宗者，降其小宗；爲人後者，減其父母之服；女子出嫁，殺其本家之喪。蓋所存者遠，所抑者私也。今若外祖及舅更加服一等，堂舅及姨列於服紀之内，則中外之制相去几何？廢禮徇情，所務者末。且五服有上殺之義，必循原本，方及條流。伯叔父母本服大功九月，從父昆弟亦大功九月，並以上出於祖，其服不得過於祖也。從祖祖父母、從祖父母、從祖昆弟皆小功五月，以出於曾祖，服不得過於曾祖也。族祖祖父母、族祖父母、族祖昆弟皆緦麻三月，以出於高祖，服不得過於高祖也。堂舅姨既出於外曾祖，若爲之制服，則外曾祖父母及外伯叔祖父母亦宜制服矣。外祖加至大功九月，則外曾祖父母合至小功，外高祖合至緦麻。若舉此而舍彼，事則不均；棄親而録疏，理則不順。推而廣之，則與本族無異矣。且服皆有報，則堂外甥，外曾孫侄女之子皆須制服矣。聖人豈薄其骨内，背其恩愛？蓋本於公者薄於私，存其大者略其細。義有所斷，不得不然。苟可加也，亦可減也。往聖可得而非，則《禮經》可得而隳矣。先王之制，謂之彝倫，奉以周旋，猶恐失墜，一紊其叙，庸可止乎！”禮部員外郎楊仲昌議曰：“按《儀禮》爲舅緦，鄭文貞公、魏徵議同從母，例加至小功五月。雖文貞賢也，而周、孔聖也；以賢改聖，後學何從？今之所請，正同徵論。如以外祖父母加至大功，豈不加報於外孫乎，外孫爲報服大功，則本宗庶孫又用何等服邪？竊恐内外乖序，親疏奪倫，情之所沿，何所不至。昔子路有姊之喪而不除，孔子曰：‘先王制禮，行道之人皆不忍。’子路除之，此則聖人援事抑情之明例也。《記》不云乎：‘毋輕議禮。’”時玄宗手敕再三，竟加舅服爲小功，舅母緦麻，堂姨堂舅袒免。宣宗舅鄭光卒，詔罷朝三日。御史大夫李景讓上言：“人情於外族則深，於宗廟則薄。所以先王制禮，割愛厚親。士庶猶然，况於萬乘親王公主宗屬也。舅氏，外族也。今鄭光輟朝日數與親王、公主同，非所以別親疏，防僭越也。”優詔報之，乃罷兩日。夫由韋述、楊仲昌之言，可以探本而尊經；由崔沔、李景讓之言，可以察微而防亂。豈非能言之士深識先王之禮，而亦目見武、韋之禍，思永監於將來者哉。宗廟之制，始變於漢明帝；服紀之制，始變於唐太宗。皆率一時之情，而更三代之禮，後世不學之主踵而行之。’

“華氏學泉曰：‘或問：“母之姊妹反重於母之兄弟之服，何也？”曰：“此從服也。子從母而服其母之黨降二等，故外祖父母，母爲之服期，子從母降二等，而爲之服小功。母爲姊妹亦期，子從服而爲之降二等，亦小功。母出室，降其兄弟大功，故子從母降二等，而爲之緦也。”’

……

“馬氏融曰：‘妻爲夫之姊妹服也，娣姒婦者，兄弟之妻相名也。長稚自相爲服，不言長者，婦人無所專。以夫爲長幼，不自以年齒也。妻雖小猶隨夫爲長也。先娣後姒者，明其尊敵也。報者，姑報侄婦也。言婦者廟見，成婦乃相爲服。’

“王氏肅曰：‘案《左氏傳》曰：魯之穆姜，晋子容之母，皆謂稚婦爲娣婦，長婦爲姒婦。此婦二義之不同者。今據傳文與左氏正

合，宜即而案之。’

“敖氏繼公曰：‘爲夫之姑姊妹從服也，乃小功者，唯從其夫之降服也。《記》曰：“夫之所爲兄弟服，妻降一等。”夫爲其姑姊妹在室者期，正服也。出嫁者大功，降服也。妻不隨其夫之正服降服而爲升降者，從服者宜有一定之制而不必隨時變易也。所以不從其夫之正服者，恐爲其出嫁者，或與夫同服則失從服之義也。此爲從服，故姑姊妹言報，娣姒婦固相爲矣。亦言報者，明其不以夫爵之尊卑而異也。先娣後姒，則娣長姒穉明矣。’

……

“譙氏周曰：‘父母既歿，兄弟異居，又或改娶，則娣姒有初而異室者矣。若不本夫爲論，唯取同室而已，則親娣姒與堂娣姒不應有殊。經殊其服以夫之親疏者，是本夫與爲倫也。婦人於夫之昆弟，本有大功之倫；從服其婦，有小功之倫；於夫從父昆弟，有小功之倫；從服其婦，有緦麻之倫也。夫以遠之而不服，故婦從無服而服之。然則初而異室，猶自以其倫服。’

“徐氏邈曰：‘報服在娣姒下，則知姑姊之服，亦是出自恩紀，同非從夫之服，報也所發在於姑姊耳。’

“庾氏蔚之曰：‘傳以同居爲義，豈從夫謂之同室，以明親近，非謂常須共居。設夫之從父昆弟，少長異鄉，二婦亦有同室之義，聞而服之緦也。今人謂從父昆弟爲同堂，取於此也。婦從夫服，降夫一等，故爲夫之伯叔父大功，則知夫姑姊妹皆是從服。夫之昆弟無服，自别有義耳。非如徐邈之言出自恩紀者。’

“敖氏繼公曰：‘婦人於夫之昆弟當從服，以遠嫌之故而止之，故無服。假令從服，亦僅可以及於其昆弟之身，不可以復及其妻也。然則娣姒婦無相爲服之義，而禮有之者，則以居室相親不可無服故爾。然二人或有並居室者，有不並居室者，亦未必有常共居者，而相爲服之義惟主於此者，蓋本其禮之所由生者言也。娣，長也。釋娣婦之爲長婦也，其下亦似有脱文。’

“郝氏敬曰：‘次適曰娣似，妣曰姒，以娣自謂，以姒謂彼，妯

娌之通稱，猶男子同輩呼彼曰兄，自稱曰弟也。傳以弟長釋之，言自弟而長彼也。生小功之親，言本非親，因同室相親爲小功也。’

“盛世佐曰：‘案云娣姒，婦者弟長也者，以弟解娣，以長解姒也。《爾雅》云，長婦謂稚婦爲娣婦，娣婦謂長婦爲姒婦。《公羊傳》亦云，娣者何？弟也。皆與此傳合。敖本弟長之弟誤作娣，因謂傳釋娣婦爲長婦，非婦人之義。從夫之爵坐以夫之齒，則其娣姒之稱亦以夫之長幼爲斷明矣。疏説誤。《左傳》穆姜謂聲伯之母爲姒，叔向之嫂謂叔向之妻爲姒，二者皆呼夫弟之妻爲姒者。朱子云，單舉則可通謂之姒，盖相推讓之義耳，是也。’

“蕙田案：‘疏文非是，諸家論之甚明。而娣姒之解則以郝氏盛氏爲的。其弟長也之義，盛稍優於郝，然語終欠條暢。敖氏以爲有脱文，近之。’

……

“敖氏繼公曰：‘此姑姊妹女子子再降，故其服在此不言適人而言適士者，所以見從父昆弟及庶孫亦謂爲士者也。經之例多類此。公之昆弟於其從父昆弟之不爲大夫者，乃小功者以其非公子也。周之定制，諸侯父死子繼，不立昆弟，於此亦可見矣。’

“馬氏融曰：‘適夫人庶子也，在室大功，出降一等，故服小功。’

“敖氏繼公曰：‘女子子不必言庶，文有脱誤也。經凡言庶子皆主於男子也。此非己子，故其服如此。若爲己之女子子，在室期適人亦大功。又考《喪服記》與《小記》，言妾爲君之長子之服，《大功章》及此章凡三見大夫之妾爲君之庶子，及其女子子之服。若其君之他親則無聞焉。然則凡妾之從乎？其君而服其君之黨者，止於此耳。是亦異於女君者也。’

“盛世佐曰：‘案女子子云庶者，别於己所生也。女君所生者亦存焉。己子在室期適人大功，妾不得體君爲其子得遂也。’

……

“蕙田案：‘此條馬融以出降一等爲説，王肅以適士降一等爲

説，馬説是也。經明言適人是以出降故小功，非以適士降故小功。'

……

"黄氏榦曰：'適婦大功，庶婦小功，兄弟子婦小功。貞觀十四年，侍中魏徵奏："適子婦舊服大功，請加爲周衆子婦舊服小功，今請與兄弟子婦同服大功九月。"問魏徵以兄弟子之婦同於衆子婦，先師朱文公曰："禮經嚴適，故《儀禮》適婦大功，庶婦小功，此固無可疑者。但兄弟子之婦，則正經無文。而舊制爲之大功，乃更重於衆子之婦。雖以報服使然，然於親疏輕重之間亦可謂不倫矣。故魏公因太宗之問而正之，然不敢易其報服大功之重，而但升適婦爲期，乃正得嚴適之義。升庶婦爲大功亦未害於降殺之差也。"前此未喻，乃深譏其兄弟子婦而同於衆子婦爲倒置人倫，而不察其實乃以衆子婦而同於兄弟子之婦也。幸更詳之。案《儀禮》婦服舅姑期，故舅姑服適婦大功。今加適婦爲期雖得嚴適之義，又非輕重降殺之義，當考今服制令舅姑爲適婦不杖期，爲衆子婦大功，爲兄弟子之婦大功。'

"敖氏繼公曰：'庶婦爲舅姑期，舅姑乃再降之爲小功者，所以别於適婦也。'

"馬氏融曰：'妾子爲之服小功也，自降外祖服緦麻，外無二統者。'

……

"馬氏融曰：'從君母爲親服也。君母亡，無所復厭，則不爲其親服也。自得伸其外祖小功也。'

"敖氏繼公曰：'君母在則不敢不從服者，以其配父尊之也。君母不在則不服者，别於己之外親也。此庶子雖服其君母之父母姊妹，彼於此子則無服也。蓋庶子以君母之故不得不服其親，而彼之視己實非外孫與姊妹之子，故略而不服。'

"郝氏敬曰：'服爲哀節，戚爲喪本。服由情生，貌以飾情。仁人之於喪非以不敢不服服也。欲服而不敢服則有之，不欲服而不敢不服則幾乎偷矣。君母在不敢不服，斯禮也，雖聖人無如之何。聖

人於禮，人情耳。人情所不敢，聖人因之，尊尊親親，所以不得不相爲用也。’

“盛世佐曰：‘案《服問》云：“母出則爲繼母之黨服，母死則爲其母之黨服。爲其母之黨服則不爲繼母之黨服。”注云：“雖外親亦無二統。”以是推之，則爲君母之黨服，亦不爲其母之黨服矣。疏云：“兼服之殆非。”君母不在，乃得伸馬説得之。’

……

“敖氏繼公曰：‘此服固適妻之子爲之，若妾子則謂其母或不在，或有他故不能自養其子，而庶母代養之，不命爲母子者也。’

“郝氏敬曰：‘君子謂君與女君所生子，是大夫公子適妻之子，重言子明異於士庶人與妾子之爲子也。庶母父衆妾，慈己謂非慈母而有慈養之恩者，然無父命爲母子之義，故與慈母殊。慈母如母，庶母緦麻，貴人降則絶。此慈已者，分不及慈母而情厚於庶母，故不從降例，爲之服小功。《禮記·曾子問》“疑慈母無服”，蓋誤以此母爲慈母如母者耳。’

“蕙田案：‘慈母有三，一則《齊衰章》“慈母如母”，謂妾之無子，妾子之無母者，父命爲子服齊衰三年。一則《小功章》庶母慈己者，謂大夫之適妻子，庶母慈養己者服小功。一則《内則章》擇於諸母與可者，其次爲慈母。《曾子問》内有“慈母，君命所以教子也”，此天子諸侯之子皆無服。此條鄭注引《内則》，非是。’

……

“戴氏聖曰：‘君子子爲庶母慈己者，大夫之嫡妻之子，養於貴妾，大夫不服賤妾，慈己則緦服也。其不言大夫之子而稱君子子者，君子猶大夫。’

“馬氏融曰：‘貴人者，嫡夫人也。子以庶母慈養己，加一等小功也。爲父賤妾服緦。父歿之後，貴賤妾皆小功也。’

“陳氏銓曰：‘君子子者，大夫之美稱也。貴人者，謂公卿大夫也。謂貴人之子，父歿之後，得行士禮，爲庶母緦也。有慈養己者，乃加服小功。’

“雷氏次宗曰：‘大夫不服凡妾，父所不服，子亦不敢服，安得爲庶母緦哉！大夫雖服侄娣，今所服者，將侄娣之庶母。’

“敖氏繼公曰：‘禮爲庶母緦，謂士及其子也。其慈己者恩宜有加，固小功矣。此云君子子者，明雖有貴者其服猶然也。大夫之子、公子之子於庶母亦當緦麻，以從其父而降，遂不服。其於慈己者加在小功，若又從父而降，則宜在緦麻。今乃不降而從其加服者，嫌其與凡父在而爲不慈己者之服同也。正者降之，加者伸之，其意雖異而禮則各有所當也。云君子子，則父在也。父在且伸此服，則父没可知矣。其爲父後者則但服緦，蓋不可以過於因母也。若爲大夫則不服之，以大夫於庶母本無服故也。’

“張氏爾岐曰：‘加謂於緦麻上加至小功也。注父没則不服，謂不服其加服，仍爲服緦，以此慈母本庶母也。國君子於三母無服，士妻自養其子，故注知爲大夫公子之適妻子也。’

……

“蕙田案：‘庶母緦麻，慈己者加一等，故小功。言慈己則非有慈母之名也。上之不同於《齊衰章》之“慈母如母”，下之不同於《内則》“其次爲慈母之無服”，善乎義疏之言，曰此庶母慈己者。經原不正名之曰慈母也，義劃然矣。’”

[4]慈母服如母：中華本校勘記：“李校：‘服’字衍。此用《喪服》文。”

康帝建元元年正月晦，成恭杜皇后周忌，[1]有司奏，至尊期年應改服。詔曰：“君親，名教之重也，權制出於近代耳。”於是素服如舊，固非漢魏之典也。

[1]成恭杜皇后：名陵，成帝皇后。本書卷三二有傳。　周忌：去世一周年。

興寧元年，哀帝章皇太妃薨，帝欲服重。[1]江虨啓：“先王制禮，應在緦服。”[2]詔欲降期，[3]虨又啓：“厭屈私情，所以上嚴祖考。”於是制緦麻三月。

[1]服重：服重孝。
[2]緦服：五服中之最輕者，孝服用細麻布製成，服期三月。
[3]降期：降低服孝等級。

孝武寧康中，崇德太后褚氏崩。[1]后於帝爲從嫂，或疑其服。博士徐藻議，以爲：“資父事君而敬同。又，禮，其夫屬父道者，其妻皆母道也。則夫屬君道，妻亦后道矣。服后宜以資母之義。魯譏逆祀，以明尊尊。今上躬奉康、穆、哀皇及靖后之禮，致敬同於所天。豈可敬之以君道，而服廢於本親。謂應服齊衰期。”於是帝制期服。

[1]崇德太后褚氏：名蒜子，康帝皇后，本書卷三二有傳。

隆安四年，孝武太皇太后李氏崩，[1]疑所服。尚書左僕射何澄、右僕射王雅、尚書車胤、孔安國、祠部郎徐廣議：[2]“太皇太后名位允正，體同皇極，理制備盡，情禮彌申。《陽秋》之義，母以子貴，既稱夫人，禮服從正。[3]故成風顯夫人之號，[4]昭公服三年之喪。子於父之所生，體尊義重。且禮，祖不厭孫，[5]固宜遂服無屈，而緣情立制。若嫌明文不存，則疑斯從重，謂應同於爲祖母後齊衰期。[6]永安皇后無服，但一舉哀，百官亦一期。”詔可。

[1]太皇太后李氏：名陵容，簡文帝皇后，本書卷三二有傳。

[2]何澄：字季玄，本書卷九三有傳。　右僕射：官名，即尚書右僕射，尚書令副手，掌拆閱封緘奏章文書、參議政事、諫諍駁議、監察百官。位在左僕射之下。三品。　王雅：字茂達，本書卷八三有傳。　孔安國：字安國，本書卷七八有傳。

[3]禮服從正：正，原本、宋本、殿本作“政”，據中華本改。

[4]成風顯夫人之號：春秋時魯文公四年（前623），夫人風氏卒，昭公爲之服喪三年。

[5]祖不厭孫：祖父母不能使孫子喪服厭降。

[6]同於爲祖母後齊衰期：中華本校勘記：“《考異》：《后妃傳》作‘齊衰三年’。《斠注》：《宋書·徐廣傳》亦作‘三年’。按：據《喪服小記》，作‘三年’是。”

孝武帝太元十五年，淑媛陳氏卒，皇太子所生也。有司參詳母以子貴，贈淑媛爲夫人，置家令典喪事。太子前衛率徐邈議：[1]“《喪服傳》稱與尊者爲體，[2]則不服其私親。又，君父所不服，子亦不敢服。故王公妾子服其所生母練冠麻衣，既葬而除，非五服之常，[3]則謂之無服。”從之。

[1]太子前衛率：官名，簡稱太子前率。西晋惠帝置，與左右後衛各率一軍，宿衛東宫，亦任征伐，地位頗重。五品。

[2]與尊者爲體：原本、宋本、殿本“尊”下有“卑”字，據中華本删。

[3]五服：古代從重到輕五種喪服規格：斬衰，齊衰，大功，

小功，緦麻。

太元二十一年，孝武帝崩，孝武太后制三年之服。

惠帝太安元年三月，皇太孫尚薨。有司奏，御服齊衰期。詔下通議。散騎常侍謝衡以爲：[1]“諸侯之太子，誓與未誓，[2]尊卑體殊。《喪服》云爲嫡子長殤，謂未誓也，已誓則不殤也。”中書令卞粹曰：[3]“太子始生，故已尊重，不待命誓。若衡議已誓不殤，則元服之子當斬衰三年；[4]未誓而殤，則雖十九當大功九月。誓與不誓，其爲升降也微；[5]斬衰與大功，其爲輕重也遠。而今注云‘諸侯不降嫡殤重’。[6]嫌於無服，以大功爲重嫡之服，則雖誓，無復有三年之理明矣。男能衛社稷，女能奉婦道，以可成之年而有已成之事，故可無殤，非孩亂之謂也。[7]謂殤後者尊之如父，猶無所加而止殤服，况以天子之尊，而爲無服之殤行成人之制邪！[8]凡諸宜重之殤，皆士大夫不加服，而令至尊獨居其重，[9]未之前聞也。”博士蔡克同粹。秘書監摯虞云：[10]“太子初生，舉以成人之禮，則殤理除矣。太孫亦體君傳重，由位成而服，全非以年也。天子無服殤之義，絶期故也。”於是從之。

[1]謝衡：東晋人，任散騎常侍、國子博士，多次議論禮制。

[2]誓：接受爵命。《周禮·春官·典命》：“凡諸侯之適子，誓於天子，攝其君，則下其君之禮一等。”鄭玄注：“誓，猶命也。言誓者，明天子既命以爲之嗣，樹子不易也。”

[3]中書令：官名，掌收納尚書奏事，傳達皇帝詔旨。三國魏

文帝初年分秘書置中書省，設中書監和中書令，職權甚重。三品。卞粹：字玄仁，本書卷七〇有傳。

[4]元服之子：中華本作“無服之子”。萬久富先生認爲，“元服”指冠，古稱行冠禮爲加元服，“元服之子”即行過冠禮的兒子。《漢書》卷七《昭帝紀》：“四年春正月丁亥，帝加元服。”唐顔師古注：“元，首也。冠者，首之所著，故曰元服。”（萬久富《〈晋書〉點校劄記》，《南通師範學院學報》1999年第3期）因此作元是。

[5]其爲升降也微：其爲，原本、宋本、殿本乙作“爲其”，據中華本改。

[6]諸侯不降嫡殤重：中華本校勘記：“《儀禮·喪服》鄭注作‘不降適殤者，重適也’。此‘重’字下當有‘適也’二字。”

[7]孩齔（chèn）：年幼的小孩。

[8]爲無服之殤：原本、宋本、殿本脱“無”字，據中華本改。

[9]獨居其重：獨，宋本、殿本作“猶”。

[10]秘書監：官名，秘書省長官，掌管藝文圖籍、課試署吏，統著作局，掌國史修撰並管理中外三閣圖書。三品。

魏氏故事，國有大喪，群臣凶服，以帛爲綬囊，以布爲劍衣。[1]新禮，以傳稱“去喪無所不佩”，明在喪則無佩也，更制齊斬之喪不佩劍綬。摯虞以爲“《周禮》武賁氏，[2]士大夫之職也，皆以兵守王宫，國有喪故，則衰葛執戈楯守門[3]，葬則從車而哭。又，成王崩，太保命諸大夫以干戈内外警設。明喪故之際，蓋重宿衛之防。去喪無所不佩，謂服飾之事，不謂防禦之用。宜定新禮布衣劍如舊，其餘如新制。”詔從之。

[1]劍衣：裹剑的缯帛。

[2]武賁氏：即《周禮·夏官》中的虎贲氏，“武”爲“虎”的避諱字。

[3]衰葛：喪服，衰衣葛絰。《周禮·夏官·旅賁氏》：“喪記，則衰葛，執戈盾。”鄭玄注：“葛，葛絰。”

漢魏故事，將葬，設吉凶鹵簿，[1]皆有鼓吹。新禮以禮無吉駕導從之文，臣子不宜釋其衰麻以服玄黄，除吉駕鹵簿。又，凶事無樂，遏密八音，除凶服之鼓吹。摯虞以爲：“葬有祥車曠左，[2]則今之容車也。既葬，日中反虞，[3]迎神而還。[4]《春秋》傳，鄭大夫公孫蠆卒，天子追賜大路，[5]使以行。《士喪禮》，葬有稿乘車，[6]以載生之服。此皆不唯載柩，兼有吉駕之明文也。既設吉駕，則宜有導從，以象平生之容，明不致死之義。臣子衰麻不得爲身而釋，以爲君父則無不可。《顧命》之篇足以明之。[7]宜定新禮設吉服導從如舊，其凶服鼓吹宜除。”詔從之。

[1]鹵簿：帝王扈從的儀仗隊。

[2]祥車曠左：用死者生前所乘之車送葬，駕車人把左邊空出來，以安死者之魂。祥車，死者生前所乘之車。

[3]日中反虞：正午時舉行虞祭。古代送葬返回時舉行虞祭，稱反虞。

[4]迎神而還：迎，殿本作“逆”。

[5]大路：即大輅，天子所乘之車。

[6]稿乘車：即稿車和乘車。稿車即死者生前田獵出游的車，用以裝載死者的蓑衣斗笠。乘車即死者生前日常乘車，載死者的衣

服和魂魄。

［7］《顧命》：《尚書》中的一篇。

漢魏故事，大喪及大臣之喪，執紼者輓歌。[1]新禮以爲輓歌出於漢武帝役人之勞歌，聲哀切，遂以爲送終之禮。雖音曲摧愴，[2]非經典所制，違禮設銜枚之義。[3]方在號慕，不宜以歌爲名，除不輓歌。[4]摯虞以爲："輓歌因倡和而爲摧愴之聲，銜枚所以全哀，此亦以感衆。雖非經典所載，是歷代故事。《詩》稱'君子作歌，惟以告哀'，以歌爲名，亦無所嫌。宜定新禮如舊。"詔從之。

［1］執紼：喪葬時手執牽引靈柩的大繩以助行進。《禮記·曲禮上》："助葬必執紼。"鄭玄注："葬，喪之大事。紼，引車索。"　輓歌：即挽歌。哀悼死者的喪歌。《通典》卷八六《禮典·凶禮》記述晋及之前歷代輓歌説：

"魯哀公十一年，吴子伐齊。將戰，齊將公孫夏命其徒歌虞殯。（杜元凱曰：'虞殯，送葬歌曲也。公孫夏示必死，故命其徒而歌之。'孔穎達曰：'虞殯者，謂啓殯將虞之歌也。今人謂之挽歌。'）

"漢高帝時，齊王田横自殺，其故吏不敢哭泣，但隨柩敘哀。而後代相承，以爲挽歌，蓋因於古也。

"晋成帝咸康七年，杜后崩，有司聞奏，依舊選公卿以下六品子弟六十人爲挽郎，詔又停之。

"摯虞云：'漢魏故事，大喪及大臣之喪，執綍者挽歌。新禮以爲挽歌出於漢武帝役人勞歌，聲辭哀切，遂以爲送終之禮，雖音曲摧愴，非經典所制，不宜以歌爲名。按挽歌，《詩》稱"君子作歌，惟以告哀"。以歌爲名，亦無所嫌，宜定新禮如舊。'"

[2]摧愴：悲傷。

[3]銜枚：横銜枚於口中，以防喧嘩或叫喊。枚，形如筷子，兩端有帶，可繫於頸上。

[4]除不輓歌：中華本校勘記："'不'字疑衍。"

咸寧二年，安平穆王薨，[1]無嗣，以母弟敦上繼獻王後，移太常問應何服。博士張靖答，宜依魯僖服閔三年例。尚書符詰靖：[2]"穆王不臣敦，敦不繼穆，與閔僖不同。"孫毓、宋昌議，以穆王不之國，敦不仕諸侯，不應三年。以義處之，敦宜服本服，一期而除，主穆王喪祭三年畢，乃吉祭獻王。毓云："《禮》，君之子孫所以臣諸兄者，以臨國故也。禮又與諸侯爲兄弟服斬者，[3]謂鄰國之臣於鄰國之君，有猶君之義故也。今穆王既不之國，不臣兄弟，敦不仕諸侯，無鄰臣之義，[4]異於閔僖，如符旨也。但喪無主，敦既奉詔紹國，受重主喪，典其祭祀。'大功者主人之喪，有三年者則必爲之再祭。'鄭氏《注》云，'謂死者之從父昆弟來爲喪主也。有三年者，謂妻若子幼少也'。'再祭，謂大小祥也'。穆妃及國臣於禮皆當三年，此爲有三年者，敦當爲之主大小兩祥祭也。且哀樂不相雜，吉凶不相干。凶服在宫，哭泣未絶。敦遽主穆王之喪，[5]而國制未除，則不得以己本親服除而吉祭獻王也。"

[1]安平穆王：司馬隆，司馬孚之孫，本書卷三七有傳。

[2]靖：殿本作"謂"。

[3]服斬者：者，原本作"諸"，宋本、殿本作"者"，據宋

本、殿本改。

[4]無鄰臣之義：無，原本、宋本作“既”，殿本作“無”，據殿本改。

[5]敦遽主穆王之喪：遽，宋本、殿本作“據”。

咸寧四年，陳留國上，[1]燕公是王之父，[2]王出奉明帝祀，今於王爲從父，[3]有司奏應服期，不以親疏尊卑爲降。詔曰：“王奉魏氏，所承者重，不得服其私親。”穆帝時，東海國言，哀王薨逾年，嗣王乃來繼，[4]不復追服，群臣皆已反吉，國妃亦宜同除。詔曰：“朝廷所以從權制者，以王事奪之，非爲變禮也。婦人傳重義大，若從權制，義將安託！”於是國妃終三年之禮。孫盛以爲：[5]“廢三年之禮，開偷薄之源，[6]漢魏失之大者也。[7]今若以大夫宜奪以王事，[8]婦人可終本服，是吉凶之儀雜陳於宫寢，彩素之制乖異於内外，無乃情禮俱違，[9]哀樂失所乎！”

[1]陳留國：曹奂的封國。曹奂禪位給司馬炎後，北封爲陳留王。治所在小黄縣（今河南省開封市東）。

[2]燕公：即曹宇，字彭祖，曹魏封燕王，曹奂之父。

[3]從父：原本、宋本、殿本“從”下衍“祖”字，據中華本改。

[4]來繼：原本、宋本、殿本無“繼”字，據中華本補。

[5]孫盛：字安國，本書卷八二有傳。

[6]偷薄：澆薄，不敦厚。

[7]漢魏失之大者也：大者，原本、宋本、殿本作一字“奢”，今據中華本改。

[8]今若以大夫宜奪以王事：中華本校勘記："李校：'大夫'當作'丈夫'。"

[9]無乃：表示推測的語氣詞，相當於"大概""恐怕"。

太元十七年，太常車胤上言："謹案《喪服禮經》，'庶子爲母緦麻三月'。[1]《傳》曰，'何以緦麻？以尊者爲體，不敢服其私親也。'此《經傳》之明文，聖賢之格言。而自頃開國公侯，至于卿士，庶子爲後，各肆私情，服其庶母，同之於嫡。此末俗之弊，溺情傷教，縱而不革，則流遁忘反矣。[2]且夫尊尊親親，雖禮之大本，然厭親於尊，由來尚矣。《禮記》曰，'爲父後，出母無服也者，不祭故也'。又，禮，天子父母之喪，未葬，越紼而祭天地社稷。[3]斯皆崇嚴至敬，不敢以私廢尊也。今身承祖宗之重，而以庶母之私，廢蒸嘗之事。五廟闕祀，由一妾之終，求之情禮，失莫大焉。舉世皆然，莫之裁貶。就心不同，而事不敢異。故正禮遂頹，而習非成俗。此《國風》所以思古，[4]《小雅》所以悲嘆。[5]當今九服漸寧，[6]王化惟新，誠宜崇明禮訓，以一風俗。請臺省考修經典，式明王度。"詔不答。[7]

[1]庶子爲母緦麻三月：中華本校勘記："《喪服》原文'庶子'下有'爲父後者'四字。下文所言亦指庶子之爲父後者。"

[2]則流遁忘反矣：遁，殿本作"蕩"。

[3]越紼：不受私喪的限制，在喪期參加祭天地社稷的典禮。紼，柩車之繩。

[4]《國風》：《詩經》的一部分。大抵是周初至春秋間各諸侯

國的民間詩歌。包括《周南》《召南》和《邶風》《鄘風》《衛風》《王風》《鄭風》《齊風》《魏風》《唐風》《秦風》《陳風》《檜風》《曹風》《豳風》，也稱爲“十五國風”，共一百六十篇。

[5]《小雅》：《詩經》的一部分，包括《鹿鳴》《南有嘉魚》《鴻雁》等七十四篇。

[6]九服：指全國。

[7]詔不答：殿本無“詔”字。

十八年，胤又上言：“去年上，自頃開國公侯，[1]至于卿士，庶子爲後者，服其庶母，同之於嫡，違禮犯制，宜加裁抑。事上經年，未被告報，未審朝議以何爲疑。若以所陳或謬，則經有文；若以古今不同，則晋有成典。升平四年，故太宰武陵王所生母喪，[2]表求齊衰三年，詔聽依昔樂安王故事，[3]制大功九月。興寧三年，故梁王璡又所生母喪，[4]亦求三年。《庚子詔書》依太宰故事，同服大功。若謹案周禮，則緦麻三月；若奉晋制，則大功九月。古禮今制，並無居廬三年之文，而頃年以來，[5]各申私情，更相擬襲，漸以成俗。縱而不禁，則聖典滅矣。夫尊尊親親，立人之本，王化所由，二端而已。故先王設教，務弘其極，尊郊社之敬，制越紼之禮，嚴宗廟之祀，厭庶子之服，所以經緯人文，化成天下。夫屈家事於王道，厭私恩於祖宗，豈非上行乎下，父行乎子！若尊尊之心有時而替，宜厭之情觸事而申，[6]祖宗之敬微，而君臣之禮虧矣。嚴恪微於祖宗，[7]致敬虧於事上，而欲俗安化隆，不亦難乎！區區所惜，實在於斯。職之所司，不敢不言。請臺參詳。”尚書奏：

“案如辭輒下主者詳尋。依禮，庶子與尊者爲體，不敢服其私親，此尊祖敬宗之義。自頃陵遲，[8]斯禮遂廢。封國之君廢五廟之重，士庶匹夫闕蒸嘗之禮，習成頹俗，宜被革正。輒内外參詳，謂宜聽胤所上，可依樂安王大功爲正。請爲告書如左，[9]班下内外，以定永制，普令依承，事可奉行。”詔可。

[1]自頃：近來。

[2]太宰武陵王：即司馬晞，字道叔，本書卷六四有傳。

[3]樂安王：即司馬鑒，字大明，司馬昭之子，本書卷三八有傳。

[4]梁王璲：司馬晞之子，字賢明，本書卷六四有傳。

[5]以來：以，殿本作“已”。

[6]宜厭之情觸事而申：應當厭降却没有厭降。

[7]嚴恪：莊嚴恭敬。

[8]陵遲：衰落、衰敗。

[9]請爲告書：請，殿本作“謂”。

《禮》，王爲三公六卿裼衰，[1]爲大夫士疑衰，[2]首服弁絰。[3]天子諸侯皆爲貴臣貴妾服三月。漢爲大臣制服無聞焉。漢明帝時，東海恭王薨，[4]帝出幸津門亭發哀。

[1]裼衰：細麻布所製的喪服。《周禮·春官·司服》：“王爲三公六卿錫衰。”鄭玄注：“君爲臣服吊服也。鄭司農云：‘錫，麻之滑易者。’”

[2]疑衰：古代王者爲參加大夫或士的喪儀而穿的喪服。疑，

通“擬”；衰，通“縗”。《周禮·春官·司服》：“凡喪：爲天王，斬衰；爲王后，齊衰；王爲三公六卿，錫衰；爲諸侯，緦衰；爲大夫、士，疑衰。”鄭玄注：“疑之言擬也，擬於吉。”賈公彦疏：“天子臣多，故三公與六卿同錫衰，諸侯五等同緦衰，大夫與士同疑衰。”

[3]首服弁絰：頭戴弁絰。弁絰，古代貴族吊喪時所戴加麻的素冠。

[4]東海恭王：東漢光武帝劉秀長子，建武二年（26）被立爲皇太子，因其母郭后被廢，請求做藩王，後被封爲東海王。

及武帝咸寧二年十一月，詔“諸王公大臣薨，應三朝發哀者，[1]逾月舉樂，[2]其一朝發哀者，三日不舉樂也”。

[1]三朝：三天。

[2]逾月舉樂：原本、宋本、殿本“舉”上衍“不”字，據中華本删。

元帝姨廣昌鄉君喪，未葬，中丞熊遠表云：“案禮‘君於卿大夫，比葬不食肉，[1]比卒哭不舉樂’，[2]惻隱之心未忍行吉事故也。[3]被尚書符，冬至後二日小會。[4]臣以爲廣昌鄉君喪殯日，聖恩垂悼。禮，大夫死，廢一時之祭。祭猶可廢，而况餘事。冬至唯可群下奉賀而已，未便小會。”詔以遠表示賀循，又曰：“咸寧二年武皇帝故事云‘王公大臣薨，[5]三朝發哀，逾月舉樂，[6]其一朝發哀，三日不舉樂’，此舊事明文。”賀循答曰：“案《禮·雜記》，‘君於卿大夫之喪，[7]比葬不食肉，比卒哭不舉樂'。古者君臣義重，雖以至尊之義，降而無服，三月之内，猶禓衰以居，不接吉事。故春秋晉大夫智悼子未葬，平公作樂，爲屠蒯所譏。[8]如遠所啓，[9]合於古義。咸寧詔書雖不會經典，然隨時立宜，以爲定制，誠非群下所得稱論。"

[1]比：直至。

[2]卒哭：古代喪禮，百日祭後，止無時之哭，變爲朝夕一哭，稱卒哭。

[3]惻隱：悲痛。

[4]小會：正月初一的慶賀爲大會，相對大會，一般的慶賀儀式稱小會。

[5]咸寧二年：二，原本、宋本作"三"，殿本作"二"，據上文及殿本改。

[6]逾月舉樂：原本、宋本、殿本"舉"上衍"不"字，據中華本删。

[7]君於卿大夫之喪：喪，原本、宋本、殿本作"葬"，據中華本改。

[8]春秋晉大夫智悼子未葬，平公作樂，爲屠蒯所譏：事見《左傳·昭公九年》。

[9]如遠所啓：啓，殿本作"答"。

升平元年，帝姑廬陵公主未葬，符問太常，冬至小會應作樂不。博士胡訥議云："君於卿大夫，比卒哭不舉樂。公主有骨肉之親，[1]宜闕樂。"太常王彪之云："案武帝詔，三朝舉哀，三旬乃舉樂；其一朝舉哀者，三日則舉樂。泰始十年春，長樂長公主薨，太康七年秋，扶風王駿薨，[2]武帝並舉哀三日而已。[3]中興已後，[4]更參論不改此制。今小會宜作樂。”二議竟不知所取。

[1]公主有骨肉之親：宋本無“主”字。

[2]扶風王駿薨：駿，原本、宋本、殿本作“亮”，據中華本校勘記改。

[2]舉哀三日：三，殿本作“一”。

[4]中興：指東晋王朝建立。

《喪服記》，公爲所寓，[1]齊衰三月。新禮以今無此事，除此一章。摯虞以爲：“《周禮》作於刑厝之時，[2]而著荒政十二。禮備制待物，不以時衰而除盛典，世隆而闕衰教也。曩者王司徒失守播越，[3]自稱寄公。[4]是時天下又多此比，[5]皆禮之所及。宜定新禮自如舊經。”詔從之。

[1]公爲所寓：中華本校勘記：“《喪服經傳》‘寄公爲所寓’，此脱‘寄’字。”

[2]作於：宋本、殿本“作”下有“樂”字。　刑厝：置刑法而不用，泛指太平之世。

[3]播越：逃亡，流離失所。

[4]寄公：古指失國後寄居别國的諸侯。後亦泛稱失位而流亡者。《儀禮·喪服》：“寄公者，何也？失地之君也。”

[5]比：此類事。

漢魏故事無五等諸侯之制，公卿朝士服喪，親疏各如其親。新禮王公五等諸侯成國置卿者，及朝廷公孤之爵，[1]皆傍親絶期，[2]而傍親爲之服斬衰，卿校位從大夫者皆絶緦。[3]摯虞以爲：[4]"古者諸侯君臨其國，臣諸父兄，今之諸侯未同于古。未同于古，則其尊未全，不宜便從絶期之制，而令傍親服斬衰之重也。諸侯既然，則公孤之爵亦宜如舊。昔魏武帝建安中已曾表上，漢朝依古爲制，事與古異，皆不施行，施行者著在魏科。[5]大晉采以著令，宜定新禮皆如舊。"詔從之。

[1]公孤：公，三公；孤，少師、少傅、少保。泛指重臣。
[2]傍親絶期：旁系親屬服喪不超過一年。
[3]絶緦：不超過三個月。
[4]摯虞：殿本乙作"虞摯"。
[5]著在魏科：原本、宋本、殿本無"在"字，據中華本補。

《喪服》無弟子爲師服之制，新禮弟子爲師齊衰三月。摯虞以爲："自古無師服之制，故仲尼之喪，門人疑於所服。子貢曰：[1]'昔夫子之喪顏回，[2]若喪子而無服，請喪夫子若喪父而無服。'遂心喪三年。[3]此則懷三年之哀，而無齊衰之制也。群居則絰，[4]出則否，所謂吊服加麻也。先聖爲禮，必易從而可傳。師徒義誠重，而服制不著，歷代相襲，不以爲缺。且尋師者以彌高爲得，[5]故屢遷而不嫌；修業者以日新爲益，故舍舊而不疑。仲尼稱'三人行，必有我師焉'。子貢云'夫何常師之有'。[6]淺學之師，暫學之師，不可皆爲之服。義有輕重，服有廢興，則臧否由之而起，[7]是非因之而争，愛惡相攻，悔吝生焉。宜定新禮無服如舊。”詔從之。

[1]子貢：春秋時衛國人，姓端木，名賜，字子貢，孔子弟子，善辭令。經商於曹魯間，富累千金。孔子死後，獨自廬墓六年。

[2]顔回：孔子弟子，名回，字子淵，亦稱顔淵。早卒。

[3]心喪：身無喪服而心存哀悼。《禮記·檀弓上》：“事師無犯無隱，左右就養無方，服勤至死，心喪三年。”鄭玄注：“心喪，戚容如父而無服也。”

[4]群居則絰：原本、宋本、殿本“居”下有“入”字。絰，古代喪服所用的麻帶，扎在頭上的稱首絰，纏在腰間的稱腰絰。

[5]彌：更加。

[6]夫何常師之有：宋本“夫”下有“子”字。

[7]臧否：品評，褒貶。

古者天子諸侯葬禮粗備，漢世又多變革。魏晋已下世有改變，[1]大體同漢之制。而魏武以禮送終之制，襲稱之數，[2]繁而無益，俗又過之，豫自制送終衣服四篋，[3]題識其上，春秋冬夏，日有不諱，隨時以斂，金珥珠玉銅鐵之物，一不得送。文帝遵奉，無所增加。及受禪，刻金璽，追加尊號，不敢開埏，[4]乃爲石室，藏璽埏首，以示陵中無金銀諸物也。漢禮明器甚多，[5]自是皆省之矣。

[1]魏晋已下：已，殿本作“以”。

[2]襲稱：尸服全套。

[3]篋：藏物的小箱子。

[4]埏：墓道。

[5]明器：冥器。隨葬物品。

魏文帝黄初三年，又自作終制曰：“禮，國君即位爲椑，[1]存不忘亡也。壽陵因山爲體，無封樹，[2]無立寢殿、造園邑、通神道。夫葬者藏也，欲人之不得見也。禮不墓祭，欲存亡不黷也。[3]皇后及貴人以下不隨王之國者，有終没，皆葬澗西，前又已表其處矣。”此詔藏之宗廟，副在尚書、秘書、三府。[4]明帝亦遵奉之。明帝性雖崇奢，然未遽營陵墓之制也。[5]

[1]椑：棺材。

[2]封樹：起封土，植樹木。

[3]不黷：不輕慢。

[4]尚書：官署名，即尚書省，亦稱尚書臺。爲綜理全國政務的外朝最高行政機構。　秘書：官署名，即秘書省，與尚書、中書、門下、集書並稱五省。掌管國史修撰及管理中外三閣圖書。　三府：三公治事府署合稱。魏晋南北朝時期多指太尉、司徒、司空三府。

[5]遽：着急。

宣帝豫自於首陽山爲土藏，不墳不樹，作《顧命終制》，斂以時服，不設明器。景、文皆謹奉成命，無所加焉。景帝崩，喪事制度又依宣帝故事。武帝泰始四年，文明王皇后崩，[1]將合葬，開崇陽陵，使太尉司馬望奉祭，進皇帝密璽綬於便房神坐。[2]魏氏金璽，[3]此又儉矣。江左初，元、明崇儉，且百度草創，山陵奉終，省約備矣。成帝咸康七年，皇后杜氏崩。[4]詔外官五日一入臨，[5]内官旦一入而已，過葬虞祭禮畢止。有司奏，大行皇后陵所作凶門柏歷門，[6]號顯陽端門。詔曰："門如所處。凶門柏歷，大爲煩費，停之。"案蔡謨説，以二瓦器盛始死之祭，繫於木，裹以葦席，置庭中，近南，名爲重，今之凶門是其象也。禮，既虞而作主，今未葬，未有主，故以重當之。禮稱爲主道，此其義也。范堅又曰："凶門非禮，禮有懸重，形似凶門。後人出之門外以表喪，俗遂行之。薄帳，即古吊幕之類也。"是時，又詔曰："重壤之下，豈宜崇飾無用，陵中唯潔掃而已。"[7]有司又奏，依舊選公卿以下六品子弟六十人爲挽郎，[8]詔又停之。孝武帝太元四年九月，皇后王氏崩。詔曰："終事唯從儉速。"又詔："遠近不得遣山陵使。"[9]有司奏選挽郎二十四人，[10]詔停之。

[1]文明王皇后：名元姬，本書卷三一有傳。

[2]密璽：密，殿本作"蜜"。中華本校勘記："'密'當作'蜜'，《山濤傳》云'贈司徒蜜印'，《陶侃傳》云'追贈大司馬，假蜜章'，蓋以蠟爲之，故曰'蜜'。"　便房：古代帝王、諸侯王等墓葬中象徵生人卧居之處的建築，棺木即置其中。

[3]魏氏金璽：清周家禄《晋書校勘記》："'魏氏金璽'上當補'易'字，以皇帝密璽綬易去魏氏所封晋王金璽也。"

[4]皇后杜氏：名陵陽，本書卷三二有傳。

[5]入臨：進門哭吊。

[6]凶門：舊時辦喪事在門外用白絹或白布結紮成門形，稱"凶門"。　柏歷：古時人始死，立木於庭中，上横一木如門，叫重。横木下懸鬲，即"歷"，中盛粥，謂爲死者神所憑依，葬後始

改用木主。魏晋以來又有凶門柏歷置於門外以表喪，略似後世的喪事牌樓。

[7]潔掃：掃，原本、宋本作“埽”，殿本作“掃”，據殿本改。

[8]挽郎：出殯時牽引靈柩唱挽歌的人。

[9]山陵使：使職名，亦稱山陵儀仗使，掌建造帝后陵寢。

[10]二十四人：原本、宋本、殿本作“三十四人”，據中華本改。

古無墓祭之禮。漢承秦，皆有園寢。正月上丁，[1]祠南郊禮畢，次北郊、明堂、高廟、世祖廟，[2]謂之五供。

[1]上丁：農曆每月上旬的丁日。

[2]世祖廟：原本、宋本、殿本“廟”上有“祠”字，據中華本删。

魏武葬高陵，有司依漢立陵上祭殿。至文帝黄初三年，乃詔曰：“先帝躬履節儉，遺詔省約。子以述父爲孝，臣以繫事爲忠。[1]古不墓祭，皆設於廟。高陵上殿皆毁壞，車馬還厩，衣服藏府，以從先帝儉德之志。”文帝自作終制，又詔曰“壽陵無立寢殿、造園邑”，[2]自後園邑寢殿遂絶。齊王在位九年，始一謁高平陵而曹爽誅，其後遂廢，終魏世。[3]

[1]繫事：挂念國事。繫，殿本作“繼”。

[2]又詔曰：殿本無“詔”字。

[3]終魏世：殿本“終”下有“於”字。

及宣帝，遺詔“子弟群官皆不得謁陵”，於是景、文遵旨。至武帝，猶再謁崇陽陵，一謁峻平陵，然遂不敢謁高原陵，至惠帝復止也。

逮于江左，元帝崩後，諸公始有謁陵辭告之事。蓋由眷同友執，[1]率情而舉，[2]非洛京之舊也。成帝時，中宮亦年年拜陵，[3]議者以爲非禮，於是遂止，以爲永制。至穆帝時，褚太后臨朝，又拜陵，帝幼故也。至孝武崩，驃騎將軍司馬道子曰：[4]“今雖權制釋服，[5]至於朔望諸節，自應展情陵所，以一周爲斷。”於是至陵，變服單衣，煩黷無準，非禮意也。及安帝元興元年，尚書左僕射桓謙奏：[6]“百僚拜陵，起於中興，非晋舊典，積習生常，遂爲近法。尋武皇帝詔，乃不使人主諸王拜陵，豈唯百僚！謂宜遵奉。”於是施行。及義熙初，又復江左之舊。

[1]眷同友執：親朋好友。

[2]率情而舉：順從性情去做。

[3]中宮：宮，殿本作“官”。

[4]司馬道子：字道子，本書卷六四有傳。

[5]權制釋服：釋，原本、宋本、殿本無此字，據中華本補。

[6]桓謙：字敬祖，本書卷七四有傳。

太康七年，大鴻臚鄭默母喪，[1]既葬，當依舊攝職，固陳不起，於是始制大臣得終喪三年。然元康中，陳準、傅咸之徒，[2]猶以權奪，[3]不得終禮，自兹已往，以爲成比也。[4]

[1]大鴻臚：官名，九卿之一，掌賓客迎送接待、贊襄引導朝會百官等。三品。大，原本、宋本作“太”，殿本作“大”，據殿本改。　鄭默：字思元，本書卷四四有傳。

[2]陳準：西晋人，歷任太尉、光禄大夫、中書令、録尚書事，封廣陵公。

[3]權奪：官員居父母喪，喪服未滿，朝廷强令出仕，稱爲“權奪”。

[4]成比：固定的事例。

太康元年，東平王楙上言，[1]相王昌父毖，本居長沙，[2]有妻息，[3]漢末使入中國，值吴叛，仕魏爲黄門郎，[4]與前妻息死生隔絶，更娶昌母。今江表一統，昌聞前母久喪，言疾求平議。[5]

[1]東平王楙：司馬楙，字孔偉。本書卷三七有傳。

[2]長沙：郡名，治所在臨湘縣（今湖南省長沙市）。

[3]妻息：妻兒。

[4]黄門郎：官名，黄門侍郎或給事黄門侍郎的省稱。五品。

[5]言疾求平議：言疾，殿本作“當追成服”四字。

守博士謝衡議曰：“雖有二妻，蓋有故而然，不爲害於道，議宜更相爲服。”守博士許猛以爲：“地絶，[1]又無前母之制，正以在前非没則絶故也。前母雖在，猶不應服。”段暢、秦秀、騶冲從猛。[2]散騎常侍劉智安議：[3]“禮爲常事制，不爲非常設也。亡母不知其死生者，不著於禮。平生不相見，去其加隆，以期爲斷。”都令史虞溥議曰：[4]“臣以爲禮不二嫡，所以重正，非徒如前議者防妒忌而已。故曰‘一與之齊，終身不改’，[5]未有遭變而二嫡。苟不二，則昌父更娶之辰，是前妻義絶之日也。使昌父尚存，二妻俱在，必不使二嫡專堂，兩婦執祭，同爲之齊也。”秦秀議：“二妾之子，父命令相慈養，而便有三年之恩，便同所生。昌父何義不命二嫡依此禮乎！父之執友有如子之禮，况事兄之母乎！”許猛又議：“夫少婦稚，則不可許以改娶更適矣。[6]今妻在許以更聘，夫存而妻得改醮者，[7]非絶而何。”侍中領博士張惲議：“昔舜不告而娶，婚禮蓋闕，故《堯典》以釐降二女爲文，[8]不殊嫡媵。[9]傳記以妃夫人稱之，明不立正后也。夫以聖人之弘，帝者嫡子，猶權事而變，[10]以定典禮。黄昌之告新妻使避正室，[11]時論許之。推姬氏之讓，執黄卿之決，宜使各自服其母。”黄門侍郎崔諒、荀悝、中書監荀勖、領中書令和嶠、侍郎夏侯湛皆如溥議。[12]侍郎山雄、兼侍郎著作陳壽以爲：[13]“溥駁一與之齊，非大夫也，[14]禮無二嫡，不可以並耳。若昌父及二母於今各存者，則前母不廢，已有明徵也。設令昌父將前母之子來入中國尚在者，當從出母之服。苟昌父無棄前妻之命，昌兄有服母之理，則昌無疑於不服。”賊曹屬卞粹議：[15]“昌父當莫審之時而娶後妻，[16]則前妻同之於死而義不絶。若生相及而後妻不去，則妾列於前志矣。死而會乎，則同祔於葬，無並嫡之實。必欲使子孫於没世之後，追計二母隔絶之時，以爲並嫡，則背違死父，追出亡母。[17]議者以爲禮無前母之服者，可謂以文害意。愚以爲母之不親而服三年，非一無異於前母也。”倉曹屬衛恒議：[18]“或云，嫡不可二，前妻宜絶。此爲奪舊與新，違母從子，禮律所不許，人情所未安也。或云，絶與死同，無嫌二嫡，據其相及，欲令有服。[19]此爲論嫡則死，議服則生，還自相伐，[20]理又不通。愚以爲地絶死絶，誠無異也，宜一如前母，不復追服。”主簿劉卞議：[21]“毖在南爲邦族，於北爲羈旅，[22]以此名分言之，前妻爲元妃，後婦爲繼室。何至王路既通，更當逐其今妻，[23]廢其嫡子！不書姜氏，[24]絶不爲親，以其犯至惡也。趙姬雖貴，必推叔隗；[25]原同雖寵，必嫡宣孟。[26]若違禮苟讓，何則《春秋》所當善也！論者謂地絶，其情終已不得往來。[27]今地既通，何爲故當追而絶之邪！黄昌見美，斯又近世之明比。”司空齊王攸議：[28]“《禮記》‘生不及祖父母、諸父昆弟，而父稅喪，己則否’，[29]諸儒皆以爲父以他故子生異域，不及此親存時歸見之，父雖追服，子不從稅，不責非時之恩也。但不相見，尚不服其先終，而況前母非親所生，義不逾祖，莫往莫來，恩絶殊隔，而令追服，殆非稱情立文之謂也。以爲昌不宜追服。”司徒李胤議：[30]“毖爲黄門侍郎，江南已叛。石厚與焉，大義滅親，[31]況於毖之義，可得以爲妻乎！”大司馬鶱不議，[32]太尉充、撫軍大將軍汝南王亮皆從主者。[33]溥又駁粹曰：“喪從寧戚，謂喪事尚哀耳，不使服非其親也。夫死者終也，終事已故無絶道。分居兩存，則離否由人。夫婦以判合爲義，今土隔人殊，則配合理絶。彼已更娶代己，安得自同於死婦哉！[34]伯夷讓孤竹，[35]不可以爲後王法也。且既已爲嫡後服，復云爲妾，生則或貶或離，死則同祔於葬，妻專一以事夫，夫懷貳以接己，開僞薄之風，傷貞信之教，於以純化篤俗，不亦難乎！今昌二母雖土地殊隔，據同時並存，何得爲前母後母乎！設使昌母先亡，以嫡合葬，而前母不絶，遠聞喪問，當復相爲制何服邪！夫制不應禮，動而愈失。夫孝子不納親於不義，貞婦不昧進而苟容。今同前嫡於死婦，使後妻居正而或廢，於二子之心，曾無恧乎！[36]而云誣父棄母，恐此文致之言，難以定臧否也。禮，違諸侯適天子，不服舊君，然則昌父絶前君矣，更納後室，廢舊妻矣，又何取於宜誅宜撫乎！且婦人之有惡疾，乃慈夫之所愍也，而在七出，[37]誠以人理應絶故也。[38]今夫婦殊域，與無妻同，方之惡疾，理無以異。據已更娶，有絶前之證，而云應服，於義何居！"

[1]地絶：地域隔絶不通往來。

[2]秦秀：字玄良，本書卷五〇有傳。

[3]劉智安：中華本校勘記："《斠注》：劉智爲劉寔弟，誤衍'安'字，否則'安'上有脱文，或别有一人。按：《劉寔傳》作'劉智'。"

[4]都令史：官名，即尚書都令史，尚書丞佐官，掌都省事務，監督諸曹尚書、尚書郎。位在令史之上。八品。　虞溥：字允源，本書卷八二有傳。

[5]一與之齊，終身不改：語出《禮記·郊特牲》，意爲一旦嫁給男人，終身不改。

[6]適：女子出嫁。

[7]改醮：改嫁。

[8]《堯典》以釐降二女爲文：事出《尚書·尧典》："釐降二女於嬀汭，嬪於虞。"意爲唐堯在嬀水轉彎的地方把兩個女兒嫁給了虞舜。

[9]嫡媵：嫡妻和媵妾。

[10]猶權事而變：清盧文弨《晋書禮志校正》："以下删削又不明，今據《通典》補之：'而諸儒欲聽立兩嫡，並未前聞。且趙姬讓叔隗以爲内子'，以上補二十二字，下文惟姬氏之讓方有根。"

[11]黄昌：東漢會稽餘姚（今浙江省餘姚市）人，字聖真。歷任宛令、蜀郡太守、河内太守、潁川太守等職，爲政嚴猛，宿惡大奸聞之喪膽，奔走他境。

[12]和嶠：字長輿，本書卷四五有傳。　夏侯湛：字孝若，本書卷五五有傳。

[13]著作：官名，即著作郎。三國時爲著作局長官，隸屬中書省。西晋時著作局别自置省，長官仍爲著作郎，改隸屬秘書省。西晋後亦稱大著作郎、大著作、著作，掌國史及起居注的修撰。兩晋南北朝時爲清要之官，多由有名望的文學之士擔任，也用司空、侍中、尚書等官典領。職閑位重，南朝時多爲貴族起家官。六品。

[14]非大夫也：中華本校勘記："《拾補》：'大'疑誤。"

[15]賊曹屬：官名，屬賊曹。賊曹爲大將軍府或公府所屬諸曹之一，主處理盜賊事。　卞粹：字玄仁，本書卷四〇有傳。

[16]莫審之時：不確定的時候。

[17]追出亡母：亡母，原本、宋本、殿本作"母亡"，據中華本改。

[18]倉曹屬：官名，屬倉曹。倉曹爲大將軍府、丞相府、公府所屬諸曹之一，主倉穀事。　衛恒：字巨山，本書卷三六有傳。

［19］欲令有服：殿本無“有”字。

［20］還自相伐：自相矛盾。

［21］主簿：官名，開府屬官，典領文書籍簿，省録衆事，職權甚重。　劉卞：字叔龍，本書卷三六有傳。

［22］羈旅：寄居他鄉之人。

［23］更當逐其今妻：中華本校勘記：“李校：‘今’當作‘前’。”

［24］不書姜氏：語出《左傳·莊公元年》：“三月，夫人孫於齊。不稱姜氏，絶不爲親，禮也。”意思是：莊公的母親文姜逃奔齊國，《春秋》不稱她“姜氏”，是因爲莊公與她斷絶了母子關係，不再是親人。這是合於禮的。

［25］趙姬雖貴，必推叔隗：春秋時，晋國趙衰娶叔隗爲妻，生子趙盾。叔隗母子先在齊國，趙姬請求迎接趙盾和他的母親回來，叔隗母子回國後，趙姬認爲趙盾很有才能，便堅決向晋侯請求，把趙盾作爲嫡子，而讓她自己的三個兒子居於趙盾之下。讓叔隗作爲嫡妻，而自己居於叔隗之下。事見《左傳·僖公二十三年》。

［26］原同雖寵，必嫡宣孟：原同，趙姬之子。宣孟即趙盾，叔隗之子。

［27］其情終已不得往來：已，原本、宋本作“以”，殿本作“已”，據殿本改。

［28］齊王攸：司馬攸，字大猷。本書卷三八有傳。

［29］“生不及祖父母”至“已則否”：語出《禮記·喪服小記》，意爲父親先本國有妻兒，後居於他國，有娶妻生子。此子生則不能歸國與本國諸親相識。如果諸親死，道路既遠，服喪期已過，而此父子剛知道。父雖追服，而此子不追服。

［30］李胤：字宣伯，本書卷四四有傳。

［31］石厚與焉，大義滅親：石厚參與叛亂，其父石碏大義滅親。事見《左傳·隱公三年》。

［32］騫不議：陳騫不發表意見。騫，陳騫，字休淵，本書卷三

五有傳。

[33]撫軍大將軍：官名，三國魏文帝始置，皇帝出征，總管留守事。晉二品，開府位從公者一品。　汝南王亮：司馬亮，字子翼。本書卷五九有傳。

[34]死婦：死，原本、宋本作“此”，殿本作“死”，據殿本改。

[35]伯夷讓孤竹：孤竹，亦作觚竹，商時諸侯國。商末時，孤竹國君有二子：伯夷和叔齊。二人互相謙讓繼承君位的權力，結果一起跑到周國。

[36]曾無恧乎：難道不慚愧嗎？

[37]七出：古代社會丈夫遺棄妻子的七種理由。《儀禮·喪服》“出妻之子爲母”，賈公彦疏：“七出者：無子，一也；淫佚，二也；不事舅姑，三也；口舌，四也；盗竊，五也；妒忌，六也；惡疾，七也。”

[38]人理應絶：應，殿本作“廣”。

尚書八座以爲：[1]“設令有人於此，父爲敦煌太守，[2]而子後任於洛，[3]若父娶妻，非徒不見，乃可不知，及其死亡，不得不服。但鞠養己者情哀，[4]而不相見名制，[5]雖戚念之心殊，而爲之服一也。又，兩后匹嫡，自謂違禮，不謂非常之事而以常禮處之也。[6]昔子思哭出母於廟，[7]其門人曰：‘庶氏之女死，何爲哭於孔氏之廟！’子思懼，改哭於他室。若昌不制服，不得不告其父祖，[8]掘其前母之尸，徙之他地。若其不徙，昌爲罪人。何則？異族之女不得祔于先姑，藏其墓次故也。且夫婦人牽夫，猶有所尊，趙姬之舉，禮得權通，故先史詳之，不譏其事耳。今昌之二母，各以終亡，[9]

尚無並主輕重之事也。昌之前母，宜依叔隗爲比。若亡在昌未生之前者，則昌不應復服。生及母存，自應如禮以名服三年。輒正定爲文，章下太常報楙奉行。”[10]

[1]尚書八座：尚書省高級官員的合稱。東漢用以稱尚書令、僕射、六曹尚書。魏晋以後，用以稱尚書令、左右僕射、諸曹尚書。無論共有几人，皆沿用八座之稱。

[2]敦煌：郡名，治所在敦煌縣（今甘肅省敦煌市）。

[3]洛：洛陽。

[4]鞠養：撫養。

[5]而不相見名制：中華本校勘記：“《拾補》：‘見’下當有‘者’字。”

[6]以常禮處之也：殿本無“常”字。

[7]子思：孔伋，孔子之孫，孔鯉之子。《禮記·檀弓下》：“子思之母死於衛，子思哭於廟。門人至，曰：‘庶氏之母，死何爲哭於孔氏之廟乎？’子思曰：‘吾過矣，吾過矣。’遂哭於他室。”　哭出母：殿本“哭”上有“二”字。

[8]告其父祖：祖，殿本作“母”。

[9]各以終亡：以，殿本作“已”。

[10]輒正定爲文，章下太常報楙奉行：章，原本、宋本作“草”。殿本全句作“輒正定爲文章，草下太常報楙奉行”。據中華本改。

制曰：“凡事有非常，當依準舊典，爲之立斷。今議此事，稱引趙姬、叔隗者粗是也。然後狄與晋和，故姬氏得迎叔隗而下之。吴寇隔塞，毖與前妻，終始永絶。必義無兩嫡，則趙衰可以專制隗氏。昌爲人子，豈得擅替其母。且毖二妻並以絶亡，其子猶後母之子耳，昌故不應制服也。”

太興初，著作郎干寶論之曰：[1]“禮有經有變有權，[2]王毖之事，有爲爲之也。有不可責以始終之義，不可求以循常之文，何群議之紛錯！同産者無嫡側之别，而先生爲兄；諸侯同爵無等級之差，而先封爲長。今二妻之入，無貴賤之禮，則宜以先後爲秩，順序義也。今生而同室者寡，死而同廟者衆，及其神位，固有上下也。故《春秋》賢趙姬遭禮之變而得禮情也。且夫吉凶哀樂，動乎情者也，五禮之制，[3]所以叙情而即事也。今二母者，本他人也，以名來親，而恩否於時，敬不及生，愛不及喪，夫何追服之道哉！張惲、劉卞，得其先後之節，齊王、衛恒，通于服絶之制，可以斷矣。朝廷於此，宜導之以趙姬，齊之以詔命，使先妻恢含容之德，後妻崇卑讓之道，室人達長少之序，百姓見變禮之中。若此，可以居生，又況於死乎！古之王者，有以師友之禮待其臣，[4]而臣不敢自尊。[5]今令先妻以一體接後，而後妻不敢抗，及其子孫交相爲服，禮之善物也。然則王昌兄弟相得之日，[6]蓋宜祫祭二母，等其禮饋，序其先後，配以左右，兄弟肅雍，[7]交酬奏獻，上以恕先父之志，中以高二母之德，下以齊兄弟之好，使義風弘于王教，慈讓洽乎急難，不亦得禮之本乎！”

[1]著作郎：官名，三國時爲著作局長官，隸屬中書省。西晋時著作局别自置省，長官仍爲著作郎，改隸屬秘書省。西晋後亦稱大著作郎、大著作、著作，掌國史及起居注的修撰。兩晋南北朝時

爲清要之官，多由有名望的文學之士擔任，也用司空、侍中、尚書等官典領。職閑位重，南朝時多爲貴族起家官。六品。　干寶：字令升，本書卷八二有傳。

[2]禮有經有變有權：經，固定不變者。變，改變。權，根據情況臨時變通。

[3]五禮：指吉、嘉、軍、賓、凶五禮。

[4]有以師友之禮：殿本無“以”字。

[5]臣不敢自尊：殿本無“臣”字。

[6]王昌：昌，殿本作“自”。

[7]肅雍：莊嚴雍容，整齊和諧。

是時，沛國劉仲武先娶毌丘氏，[1]生子正舒、正則二人。毌丘儉反敗，[2]仲武出其妻，娶王氏，生陶，仲武爲毌丘氏別舍而不告絶。[3]及毌丘氏卒，正舒求祔葬焉，而陶不許。舒不釋服，訟于上下，泣血露骨，縗裳綴絡，數十年弗得從，以至死亡。

[1]沛國：三國魏治所在沛縣（今江蘇省沛縣），西晋時治所在相縣（今安徽省濉溪縣）。

[2]毌丘儉：三國時河東聞喜（治所在今山西省聞喜縣）人，字仲恭。歷任曹魏尚書郎、羽林監、洛陽典農、荆州刺史、幽州刺史等職。後舉兵反司馬師，兵敗被殺。　反敗：敗，宋本作“販”。

[3]告絶：斷絶關係。

時吴國朱某娶妻陳氏，[1]生子東伯。入晋，晋賜妻某氏，生子綏伯。太康之中，某已亡，綏伯將母以歸邦族，兄弟交愛敬之道，二母篤先後之序，雍雍人無間焉。及其終也，二子交相爲服，[2]君子以爲賢。

[1]吴國：郡國名，治所在吴縣（今江蘇省蘇州市）。

[2]二子：二，原本作“一”，宋本、殿本作“二”，據宋本、殿本改。

安豐太守程諒先已有妻，[1]後又娶，遂立二嫡。前妻亡，後妻子勛疑所服。中書令張華造甲乙之問曰：[2]“甲娶乙爲妻，後又娶丙，[3]匿不説有乙，居家如二嫡，無有貴賤之差。乙亡，丙之子當何服？本實並列，嫡庶不殊，雖二嫡非正，此失在先人，人子何得專制析其親也。[4]若爲庶母服，又不成爲庶。進退不知所從。”太傅鄭冲議曰：“甲失禮於家，二嫡並在，誠非人子所得正。則乙丙之子並當三年，禮疑從重。”車騎賈充、侍中少傅任愷議略與鄭同。[5]太尉荀顗議曰：[6]“《春秋》並后匹嫡，[7]古之明典也。今不可以犯禮並立二妻，不别尊卑而遂其失也。故當斷之以禮，先至爲嫡，後至爲庶。丙子宜以嫡母服乙，乙子宜以庶母事丙。昔屈建去芰[8]，古人以爲違禮而得禮。丙子非爲抑其親，斯自奉禮先後貴賤順叙之義也。”中書監荀勖議曰：“昔鄉里鄭子群娶陳司空從妹，[9]後隔吕布之亂，[10]不復相知存亡，更娶鄉里蔡氏女。徐州平定，[11]陳氏得還，遂二妃並存。蔡氏之子字元釁，爲陳氏服嫡母之服，事陳公以從舅之禮。族兄宗伯曾責元釁，謂抑其親，鄉里先達以元釁爲合宜。不審此事粗相似否。”

［1］安豐：郡名，治所在安風縣（今安徽省霍邱縣西南）。

［2］張華：字茂先，本書卷三六有傳。

［3］娶丙：丙，原本、宋本、殿本作“景”，“景”爲“丙”的避諱字，以後本卷凡遇此避諱字均徑改，不再出注。

［4］析其親：使血親分離。

［5］少傅：官名，即太子少傅，與太子太傅並稱二傅，三國時並攝東宫事務，與尚書、東曹並掌太子、諸侯官署選舉。西晋時下設丞、功曹、主簿等屬官。三品。

［6］荀顗：顗，殿本作“頭”。

［7］並後匹嫡：《左傳·桓公十八年》：王子克受桓王寵愛，桓王把他託付給周公。辛伯諫周公説：“並后、匹嫡、兩政、耦國，亂之本也。”周公不聽從勸告，所以遭到了禍難。

［8］屈建去芰：屈建，春秋楚人。其父屈到喜歡吃菱，病重，臨終囑咐家人，用菱祭祀他。祥祭之時，家人要祭之以菱，屈建命去之。説：“其祭典規定：祭祀國君用牛，大夫用有羊，士用豚犬，庶人用魚。此外珍饈異饌都不可以。”事見《國語·楚語》。

［9］陳司空：陳群，三國時潁川（今河南省許昌市）人，歷任曹魏要職，官至司空。九品官人法的倡建者。

［10］吕布：東漢末五原九原（今内蒙古自治區包頭市西）人，字奉先。善騎射，號爲飛將。先爲并州刺史丁原主簿，後投董卓，繼而殺董卓，先後投袁術、袁紹等人。後自號徐州牧，終爲曹操所殺。

［11］徐州：治所在彭城縣（今江蘇省徐州市）。

建武元年，以温嶠爲散騎侍郎，嶠以母亡值寇，不臨殯葬，欲營改葬，固讓不拜。元帝詔曰：“温嶠不拜，以未得改卜葬送，朝議又頗有異同。爲審由此邪？天下有闕塞，行禮制物者當使理可經通。古人之制三年，非情之所盡，蓋存亡有斷，不以死傷生耳。要絰而服金革之役者，豈營官邪？隨王事之緩急也。今桀逆未梟，平陽道斷，[1]奉迎諸軍猶未得徑進，嶠特一身，於何濟其私艱，而以理閡自疑，不服王命邪！其令三司八座、門下三省、外内群官，[2]詳共通議如嶠比，吾將親裁其中。”於是太宰、西陽王羕，[3]司徒臨潁公組，驃騎將軍、即丘子導，侍中紀瞻，[4]尚書周顗，[5]散騎常侍荀邃等議，[6]以“昔伍員挾弓去楚，[7]爲吴行人以謀楚，[8]誠志在報讎，不苟滅身也。温嶠遭難，昔在河朔，日尋干戈，志刷仇惡，萬里投身，歸赴朝廷，將欲因時竭力，憑賴王威，以展其情，此乃嶠之志也。無緣道路未通，師旅未進，而更中辭王事，畜志家巷也。[9]以爲誠宜如明詔。”於是有司奏曰：“案如衆議，去建武元年九月下辛未令書，依禮文，父喪未葬，[10]唯喪主不除。以他故未葬，人子之情，不可居殯而除，故期於畢葬，無遠近之斷也。若亡遇賊難，喪靈無處，求索理絶，固應三年而除，不得故從未葬之例也。若骨肉殲於寇害，死亡漫於中原，而繼以遺賊未滅，亡者無收殯之實，存者又闕於奔赴之禮，而人子之情，哀痛無斷，輒依未葬之義，久而不除，若遂其情，則人居無限之喪，非有禮無時不得之義也。諸如此，皆依東關故事，限行三年之禮畢而除也。唯二親生離，吉凶未分，服喪則凶事未據，從吉則疑於不存，心憂居素，出自人情，有如此者，非官制之所裁。今嶠以未得改卜奔赴，累設疾辭。案辛未之制，已有成斷，皆不得復遂其私情，不服王命，以虧法憲。參議可如前詔嶠受拜，重告以中丞司徒，諸如嶠比者，依東關故事辛未令書之制。”嶠不得已，乃拜。

[1]平陽：郡名，治所在平陽縣（今山西省臨汾市）。

[2]三司：太尉、司空、司徒合稱三司。　八座：座，原本、宋本作“坐”，殿本作“座”，據殿本改。　門下三省：散騎省（集書省）、侍中省、西省。亦簡稱門下。

[3]西陽王羕：司馬羕，字延年，本書卷五九有傳。

[4]紀瞻：字思遠，本書卷六八有傳。

[5]周顗：字伯仁，本書卷六九有傳。

[6]荀邃：字道玄，本書卷三九有傳。

[7]伍員：春秋時人，名員，字子胥。楚國大夫伍奢之次子，伍尚之弟。楚平王七年（前 522）費無忌誣蔑伍奢與太子建叛亂，結果伍尚和伍奢被殺，伍子胥逃入吴國。助公子闔閭刺殺吴王僚，奪取王位。後被闔閭任爲行人，率兵攻楚，大敗越國。後因多次勸諫闔閭子夫差而被疏遠，最終自殺。

[8]行人：官名，掌迎送接待賓客之禮。

[9]畜志家巷也：畜，殿本作“留”。

[10]父喪未葬：中華本校勘記：“此用《喪服小記》，‘父’當作‘久’。”

是時中原喪亂，室家離析，朝廷議二親陷没寇難，應制服不。太常賀循曰：“二親生離，吉凶未分，服喪則凶事未據，從吉則疑於不存，心憂居素，允當人情。”元帝令以循議爲然。太興二年，司徒荀組云：“二親陷没寇難，萬無一冀者，[1]宜使依王法，隨例行喪。”庾蔚之云：“二親爲戎狄所破，存亡未可知者，宜盡尋求之理。尋求之理絶，三年之外，便宜婚宦，[2]胤嗣不可絶，王政不可廢故也。猶宜以哀素自居，不豫吉慶之事，待中壽而服之也。[3]若境内賊亂清平，肆眚之後，[4]尋覓無踪迹者，便宜制服。”

[1]萬無一冀：萬分之一的希望也没有。

[2]婚宦：宦，宋本作“官”。

[3]中壽：死亡，此指死訊確切。

[4]肆眚：寬赦罪人。眚，原本、宋本作“省”，殿本作“眚”，據殿本改。

咸康二年，零陵李繁姊先適南平郡陳詵爲妻，[1]産四子而遭賊。姊投身於賊，[2]請活姑命，賊略將姊去。詵更娶嚴氏，[3]生三子。繁後得姊消息，往迎還詵，詵籍注領二妻。[4]及李亡，詵疑制服，[5]以事言征西大將軍庾亮府平議，時議亦往往異同。司馬王愆期議曰：[6]“案禮不二嫡，故惠公元妃孟子，孟子卒，繼室以聲子。[7]諸侯猶耳，[8]况庶人乎！《士喪禮》曰，繼母本實繼室，故稱繼母，事之如嫡，故曰如母也。詵不能遠慮避難，以亡其妻，非犯七出見絶於詵。始不見絶，終又見迎，養姑於堂，子爲首嫡，列名黄籍，[9]則詵之妻。爲詵也妻，則爲暉也母，暉之制服無所疑矣。禮爲繼母服而不爲前母服者，如李比類，曠世所希。前母既終，乃有繼母，後子不及前母，故無制服之文。然礿祠蒸嘗，[10]未有不以前母爲母者，亡猶母之，况其存乎！詵有老母，不可以莫之養，妻無歸期，納妾可也。李雖没賊，尚有生冀，詵尋求之理不盡，而便娶妻，誠詵之短也。然隴畝之夫，不達禮義，考之傳記不勝。[11]施孝叔之妻失身於郤犨而不棄者，[12]以非其罪也。詵有兩妻，非故犯法。李鄙野人，而能臨危請活姑命，險不忘順，可謂孝婦矣。議者欲令在没略之中，必全苦操，有隕無二，是望凡人皆爲宋伯姬也。[13]詵雖不應娶妻，要以嚴爲妻，妻則繼室，本非嫡也。雖云非嫡，義在始終，寧可以詵不應二妻而己涉二庭乎！若能下之，則趙姬之義。若云不能，官當有制。先嫡後繼，有自來矣。衆議貶譏太峻，故略序異懷。”亮從愆期議定。

[1]零陵：郡名，西漢置，治所在零陵縣（今廣西壯族自治區全州縣西南），東漢至晋治所在泉陵縣（今湖南省永州市）。　南平：郡名，治所在江安縣（在今湖北省公安縣西北）。

[2]姊投身於賊：原本、宋本、殿本無“姊投身”三字，據中華本補。

[3]更娶嚴氏：更，原本、宋本作“既”，殿本作“更”，據殿本改。

[4]籍注：户籍上所登記的。

[5]詵疑制服：中華本校勘記：“《拾補》：《通典》四八‘制’作‘暉’，蓋詵子也，與下文‘爲暉也母’相應。”

[6]司馬：官名，此爲征西大將軍府司馬，將軍府高級幕僚。掌參讚軍務、管理府内武職，位僅次於長史。六品。　王愆期：東晋人，歷任都護、南郡太守、陶侃右司馬等職。

[7]惠公元妃孟子，孟子卒，繼室以聲子：事見《左傳·隱公元年》。

[8]耳：殿本作“爾”。

[9]黄籍：郡國的户籍，因用黄紙書寫，故名。

[10]礿祠：春夏舉行的祭祀。　蒸嘗：秋冬舉行的祭祀。

[11]考之傳記不勝：中華本校勘記："《拾補》：'不勝'二字衍。"

[12]施孝叔之妻失身於郤犨而不棄：事見《左傳·成公十一年》。

[13]宋伯姬：春秋宋國人。宋國發生大火災，因爲等待保姆而被火燒死。事見《左傳·襄公三十年》。

《五經通義》以爲有德則謚善，[1]無德則謚惡，故雖君臣可同。魏朝初謚宣帝爲文侯，景王爲武侯，文王表不宜與二祖同，於是改謚宣文、忠武。至文王受晋王之號，魏帝又追命宣文爲宣王，忠武爲景王。太康八年十月，太常上謚故太常平陵男郭奕爲景侯。[2]有司奏云："晋受命以來，祖宗號謚群下未有同者，故郭奕爲景，與景皇同，不可聽，宜謚曰穆。"王濟、羊璞等並云：[3]"夫無窮之祚，名謚不一，若皆相避，於制難全。如悉不避，復非推崇事尊之禮。宜依諱名之義，但及七廟祖宗而已，不及遷毁之廟。"成粲、武茂、劉訥並云：[4]"同謚非嫌。號謚者，國之大典，所以厲時作教，經天人之遠旨也。固雖君父，義有所不隆，及在臣子，或以行顯。故能使上下邁德，罔有殆荒。臣願聖世同符堯舜，行周同謚之禮，舍漢魏近制相避之議。"又引周公父子同謚曰文。武帝詔曰："非言君臣不可同，正以奕謚景不相當耳，宜謚曰簡。"及太元四年，侍中王欣之表君臣不嫌同謚，[5]尚書奏以欣之言爲然。詔可。

[1]《五經通義》：解釋儒家經典之書，九卷，漢劉向撰。

[2]郭奕：奕，原本、宋本、殿本作“弈”，據中華本改，本卷下文此人名同。

[3]王濟：字武子，本書卷四二有傳。

[4]成粲：西晋人，歷任侍中、北軍中候、太常等職。　武茂：西晋人，尚書，惠帝時與楊駿一起被殺。　劉訥：西晋彭城（今江蘇省徐州市）人。曾任司隸校尉，石崇“二十四友”之一。

[5]王欣之：王遐字桓子，簡文帝皇后父王遐之孫，任豫章太守。

驃騎將軍温嶠前妻李氏，在嶠微時便卒。又娶王氏、何氏，並在嶠前死。及嶠薨，朝廷以問陳舒：“三人並得爲夫人不？”舒云：“《禮記》‘其妻爲夫人而卒，[1]而後其夫不爲大夫，而祔於其妻，則不易牲。[2]妻卒，而後夫爲大夫，而祔於其妻，則以大夫牲’。然則夫榮於朝，妻貴於室，雖先夫殁，[3]榮辱常隨於夫也。《禮記》曰‘妻祔於祖姑，祖姑有三人，則祔其親者’。如禮，則三人皆爲夫人也。自秦漢已來，廢一娶九女之制，近世無復繼室之禮，先妻卒則更娶。苟生加禮，則亡不應貶。”庾蔚之云：“賤時之妻不得並爲夫人，若有追贈之命則不論耳。”《嶠傳》，贈王、何二人夫人印綬，不及李氏。

[1]其妻爲夫人而卒：中華本校勘記：“此出《禮記·喪服小記》，‘夫人’當作‘大夫’。”

[2]易牲：牲，宋本作“姓”。

[3]殁：殿本作“没”。

永和十一年，彭城國爲李太妃求謚。博士曹耽之議：“夫婦行不必同，不得以夫謚謚婦。《春秋》婦人有謚甚多，經無譏文，知禮得謚也。”胡訥云：“禮，婦人生以夫爵，死以夫謚。《春秋》夫人有謚，不復依禮耳。安平獻王李妃、琅邪武王諸葛妃、太傅東海王裴妃並無謚，今宜率舊典。”[1]王彪之云：“婦人有謚，禮壞故耳。聲子爲謚，服虔諸儒以爲非。[2]杜預亦云‘禮，婦人無謚’。《春秋》無譏之文，所謂不待貶絶自明者也。近世唯后乃有謚耳。”

[1]今宜：今，宋本作“令”。

[2]服虔：東漢滎陽（今河南省滎陽市）人，字子慎，初名重，又名祇，後改爲虔。靈帝時任九江太守。以經學論著稱世。

太尉荀顗上謚法云：“若賜謚而道遠不及葬者，皆封策下屬，遣所承長吏奉策即家祭賜謚。”[1]

[1]長吏：吏，原本、宋本作“史”，殿本作“吏”，據殿本改。

太元十三年，召孔安國爲侍中。安國表以黄門郎王愉名犯私諱，[1]不得連署，求解。有司議云：“名終諱之，有心所同，聞名心瞿，[2]亦明前誥。而《禮》復云‘君所無私諱，大夫之所有公諱’，[3]無私諱。又云‘《詩》《書》不諱，臨文不諱’。[4]豈非公義奪私情，王制屈家禮哉！尚書安衆男臣先表中兵曹郎王祐名犯父諱，[5]求解職，明詔爰發，聽許換曹，蓋是恩出制外耳。而頃者互相瞻式，[6]源流既啓，莫知其極。夫皇朝禮大，百僚備職，編官列署，動相經涉。若以私諱，人遂其心，則移官易職，遷流莫已，既違典法，有虧政體。請一斷之。"[7]從之。

[1]王愉：字茂和，本書卷七五有傳。

[2]聞名心瞿：聽到名諱心存畏懼。瞿，驚懼。宋本作"懼"。

[3]大夫之所有公諱：語出《禮記·曲禮上》。

[4]臨文不諱：語出《禮記·曲禮上》。

[5]中兵曹郎：官名，尚書省中兵曹長官，屬五兵尚書。管理都城畿内軍隊政令軍務。六品。

[6]瞻式：視爲效法的榜樣。

[7]有虧政體。請一斷之：宋本無"虧政體請一斷之"七字。

晋書　卷二一

志第十一

禮下

五禮之别，三曰賓，[1]蓋朝、宗、覲、遇、會、同之制是也。[2]自周以下，其禮彌繁。自秦滅學之後，舊典殘缺。漢興，始使叔孫通制禮，[3]參用先代之儀，然亦往往改異焉。漢儀有正會禮，[4]正旦，[5]夜漏未盡七刻，鐘鳴受賀，公侯以下執贄夾庭，[6]二千石以上升殿稱萬歲，然後作樂宴饗。魏武帝都鄴，正會文昌殿，[7]用漢儀，又設百華燈。

[1]賓：賓禮，五禮之一。

[2]朝、宗、覲、遇：《周禮·春官·大宗伯》："以賓禮親邦萬國，春見曰朝，夏見曰宗，秋見曰覲，冬見曰遇。時見曰會，殷見曰同。"朝、宗、覲、遇爲朝見帝王之禮。本爲春夏秋冬四時朝見帝王，後泛指朝覲。清秦蕙田《五禮通考》引諸家論曰：

"蕙田案：《易·比》之象曰：先王以建萬國親諸侯。《周禮·

大宗伯》：以賓禮親邦國。賓禮之大者，莫先於朝，朝之别名曰朝，曰覲，曰宗，曰遇。《舜典》云：‘乃日覲四岳群牧’。又云‘肆覲東后’。又云‘群后四朝’。《禹貢》云‘江漢朝宗於海’。惟遇禮不見於古。然以上三者推之，則朝覲宗遇之名虞夏以前固已有之。先儒謂夏宗依春，冬遇依秋，故經傳多言朝覲而罕及宗遇。又對文言之，則朝覲宗遇，其時其儀有别。散文則皆云朝，故覲禮，諸侯前朝，皆受舍於朝，則覲亦云朝。《春秋·僖二十八年》夏五月，公朝於王所。冬，公朝於王所。則宗與遇亦云朝也。《儀禮》惟有覲禮一篇，今博引諸經傳之文以補之，統名曰朝，不復區分云。

……

“鄭氏鍔曰：天子之於諸侯以分言之，則君臣；以情言之，則賓主。故先王不待以純臣之義，而以賓禮親之，彼安得不吾親哉！

……

“鄭氏鍔曰：朝宗則在朝，時則用春夏，其位則諸公東面，諸侯西面。説者以爲萬物交際之時，以象生氣之文。人君則於堂下而見之，所以通上下之情。覲遇則在廟，時則用秋冬，其位則一於北面。説者以爲萬物分辨之時，以象殺氣之質也。人君則於堂上而見之，所以正君臣之分。《記》曰覲禮不下堂而見諸侯，下堂而見諸侯，天子之失禮也。由夷王以下，蓋朝禮出迎賓則下堂，覲禮不迎賓則不下堂也。朝則天子當宁而立，宁者門屏之間，以象陽之出，布散於外。覲則天子當扆而立，扆者户牖之間，以象陰之入，收藏於内此，又朝覲之别也。

……

“易氏祓曰：此即《大宗伯》所謂賓禮也。《大宗伯》詳其賓禮之名，《大行人》又以詳其命諸侯之實，然宗遇會同，亦或總以朝覲名者。《曲禮》曰天子當依而立，諸公東面，諸侯西面，曰朝。鄭氏謂夏宗依春，此圖事陳謨，皆所以責其始。冬遇依秋此比功協慮，皆所以考其終。故《曲禮》言朝覲，而經亦多以朝覲爲主。至於會同之發禁施政，又因朝覲之時而行其禮，故經亦謂之大朝覲。

此朝覲宗遇之名雖異，而先王行禮之意一也。

……

“鄭氏康成曰：巡守之年，諸侯朝於方岳之下，其間四年。四方諸侯分來朝於京師，歲遍。

“朱子曰：五載之内天子巡守者一，諸侯來朝者四，蓋巡守之明年則東方諸侯來朝於天子之國，又明年則南方之諸侯來朝，又明年則西方之諸侯來朝，又明年則北方之諸侯來朝，又明年則天子復巡守。是則天子諸侯雖有尊卑而一往一來，禮無不答。是以上下交通而遠近洽和也。

“蕙田案：此唐虞朝覲之期，群后四朝。鄭氏以爲歲一朝，朱子蔡氏以爲四歲一朝。以理推之，朱蔡爲長。蓋唐虞以前諸侯萬國其地遠近不同，必每歲分四時而迭來，是率天下而路也。又鄭志答孫皓問曰：唐虞之禮，五載一巡守。夏殷之禮，天子蓋六年一巡守。諸侯間而朝天子。孔穎達以爲夏殷諸侯分爲五部，每年一部來朝天子，然則舜時四朝其制亦當略同。但舜時分諸侯爲四部，四歲而遍，合巡守之年爲五年一朝。夏殷分諸侯爲五部，五歲而遍，合巡守之年則爲六年一朝也。孔傳以四朝爲巡守，會朝方岳之下，不指來朝而言。案上文東巡守云肆覲，東后已見，方岳之朝此處不應重見，孔説疑未然也。

“觀承案：朱子此條極明，下大行人之歲一見，二歲一見，三歲一見云云，亦即是此例耳。蓋言歲一見者乃巡守明年之第一歲也，二歲一見，三歲一見者亦是第二歲第三歲，非謂每一歲、每二歲、每三歲也。

……

“蘇軾曰：一朝，畢朝也。朝以遠近爲疏數，六年而遍，五服畢朝也。

……

“蕙田案：此成周朝覲之期。周公制禮，分天下以爲六服，而酌道里之遠近定朝會之疏數。侯服歲朝，甸服二歲而朝，男服三歲而朝，采服四歲而朝，衛服五歲而朝，要服六歲而朝。計六年之內，侯服六朝，甸服三朝，男服再朝，采服、衛服、要服皆一朝，而六服之應朝者遍，故曰六年五服一朝。《尚書》舉其綱，《周禮》分其目，其實無二法也。至十二年王巡守，諸侯畢朝於方岳之下，則侯服十二朝，甸服六朝，男服四朝，采服三朝，衛服三朝，要服再朝，而六服之朝期一周。《尚書》云又六年王乃時巡，《周禮》十二歲王巡守殷國，亦一法也。《周禮》言六服，《書》何以止言五服，不數要服也？先王之制，重内而略外，故武成云邦甸侯衛，而《酒誥》及《康王之誥》亦云侯甸男采衛，不及要服也。孔疏不明其旨，乃以五服一朝爲諸侯親朝。《周禮》所云見者爲遣使入貢，案《大宗伯》春見、夏見、秋見、冬見、時見、殷見，凡云見者皆諸侯親見天子，不得以遣使當之，孔疏誤矣。蘇氏解六年、五服一朝最明快。

"觀承案：成周朝覲之期與唐、虞、夏、殷異者，唐、虞分四年，夏、殷分五年，成周分六年，故唐、虞曰群后四朝，夏、殷曰五服一朝，成周曰六服一朝。若六年之内侯服六朝，甸服三朝，男服再朝，則非六服一朝矣。且疏數不均之甚，而侯甸男三服不免有國君道長之勤，恐未可爲定論也。宜并存以俟來者。

……

"吴氏澄曰：《書》言五載一巡守，群后四朝，謂不當巡守之年。每年一方諸侯來朝，周而復始，則是各方諸侯每五年而一朝京師也。

"蕙田案：此晉文霸時之制。五年一朝蓋取唐虞之法，比年小聘，三年大聘，則周禮邦交之正法也。孔氏穎達曰：周室既衰，政在霸主，不敢自同天子，以明王舊制大煩諸侯，不敢依用，故設此制以簡之。

……

"盛氏世佐曰：此諸侯之邦交也。故晉爲霸主而叔向舉以告齊。歲聘，即比年小聘也。間朝謂朝無定期，惟以王事閑暇之時行之。

成十三年傳云：世之治也，諸侯閑於天子之事則相朝，亦此意也。朝既無定期，則會盟之取節於朝者，皆無定期矣。朝會之屬皆不爲立期限者，所以寬諸侯使得視其遠近親疏以爲之節也。所謂明王之制，蓋如此。如注所言，則十二年之間政繁期促乃爾，豈得爲周典之舊法哉！且與《尚書》《周禮》皆不合，而疏家曲爲附會，過矣。《書》云六年五服一朝，謂六年之間而諸侯來朝者遍也，其義正與《大行人》所言六服諸侯各以服數來朝者合。《書》止言五服者，不數要服也。汪氏克寬曰：衛服之外聖人雖制之服，令蕃國世一見而不必其來，非若五服一歲，至五歲各以所貢來見也。考之《武成》止曰邦甸侯衛，《酒誥》《康王之誥》亦止曰侯甸男采衛，而蠻夷鎮蕃不與焉。於此不必辨其服之異而自得其說之同矣。

"蕙田案：此周初朝方伯之法，崔氏以爲朝霸主者，得之。自賈、服、杜諸儒以爲朝天子，又爲十二年八聘、四朝、再會、一盟之説，而孔穎達遂以《尚書》之文附會之，以再朝而會當六年五服一朝，以再會而盟當十二年巡守，至以間朝爲三年一朝，則古無此法，惟《周禮》男服三歲一見爲近之。然舍侯甸采衛而獨舉男服，亦無是理也。盛世佐引諸侯間於天子之事，則相朝以證間朝之義，可謂發前人所未發。

……

"陳氏《禮書》：周官之制，因地以辨服，因服以制朝，因朝以入貢，則遠者不疏，邇者不數。不疏者，不至於懈。不數者，不至於罷矣。侯服歲一見，甸服二歲一見，男服三歲一見，采服四歲一見，衛服五歲一見，要服六歲一見，則侯服每歲朝，甸服二歲朝，男服三歲朝，采服四歲朝，衛服五歲朝，要服六歲朝。而要服朝之歲，五服盡朝於京師，則侯服更六見，甸服更四見，男采衛各二見矣。《書》曰六年五服一朝而不及要服者，以其當朝之年而不數之也。又六年王乃時巡，則從王巡守各會於方岳矣。晉叔向曰：明王之制，歲聘以志業，間聘以講禮，再聘而會以示威，再會而盟以顯昭明。先儒以爲間朝在三年，再朝在六年，再會在十二年，而再朝再會之年適與《書》合，則叔向以爲明王之制乃周制也。然周三年一朝，男服之禮耳。叔向之言特爲男服而發何耶？考之《周禮》，諸侯春入貢秋獻功，此之爲歲聘服之見，有歲方之見有時，此之謂間朝。朝有常歲而會盟無常期，故有事而會不協，而盟則同疏於朝，而盟又疏於會，此所以言再朝而會，再會而盟，非謂會必六年，盟必十二年也。然則六年盡朝於京師與有事而會者異矣。《大宗伯》殷頫曰視，鄭氏謂殷頫者一服朝之歲，以朝者少，諸侯使卿以大禮衆聘焉。一服朝在元年、七年、十一年。賈公彦謂甸服二年、四年、六年、八年、十年朝，男服三年、六年、九年朝，采服四年、八年朝，衛服五年、十年朝，而元年、七年、十一年甸服采衛皆不朝矣。故知一服朝在元年、七年、十一年也。然觀康王即位，太保率西方諸侯入應門左，畢公率東方諸侯入應門右，各執壤奠咸進陳戒，則天下諸侯莫不盡朝矣。自此侯服歲一見，甸服二歲一見，以至三歲四歲五歲六歲一見者，皆以元年爲始，未聞元年獨一服朝也。又《行人》云：殷頫以除邦國之慝，蓋邦國有慝，諸侯乃使其臣行衆頫之禮，則衆頫亦無常期，此鄭、賈立説之誤也。

“蕙田案：《書》之五服一朝，與《周禮》侯服歲一見以下本無二法，而孔疏强分之。《左傳》歲聘間朝再朝，而會再會而盟，與《書》之六年一朝非一法也而孔疏强合之。陳用之調停其説，謂要服朝之歲，五服盡朝於京師。然六服盡朝，惟十二年王不巡守乃有之。經云六年五服一朝者，謂六服遠近，六年而遍，非謂五服盡朝也。且男之於采，采之於衛，相距各五百里，其遠近不等，故有三歲四歲五歲之限。今如用之之説，則六年之内既有當朝之期，又有盡朝之期，采服雖云四歲見，衛服雖云五歲見，實與男服之三歲見者等耳，豈所謂因地以辨服，因服以制朝者乎？陳氏又駁鄭康成元年一服朝之説，引《書·康王之誥》以證之，其説甚辨愚。竊以爲不然。何者？六年一朝，十二年一巡守，論六服之朝期當以巡守之明年爲始，鄭氏所謂元年一服朝者，正謂巡守之明年甸服來朝，乃十二年中之第一年，非以是爲即位之元年也。六服分歲而朝者禮之常，故可以年計。因即位而五服盡朝者非禮之常，不可以年計。陳氏乃比而同之，其不然矣。

“觀承案：《書》之五服一朝與《周禮》侯服歲一見以下，本無二法，此論最精。可知孔疏之非矣。然則《魯語》四方諸侯五年中四王一相朝者，正所謂五服一朝也。而《周禮》則曰六年五服一朝者，蓋荒鎮蕃統於要服來朝於第六年，而五服諸侯則已於第五年而遍也。此六年本夏殷時巡之歲，然時異事變，有不可一例者，故又六年而王乃一巡焉。則是五服已再朝而非止一朝，此則周禮之與夏殷不同者耳。

“附論四方朝春宗夏覲秋遇冬之期：

……

“王氏與之曰：愚案古人封建諸侯，有人民、有社稷焉。若以春則東方諸侯皆來，夏則南方諸侯皆來，卒不幸有乘間而起如昆夷、玁狁之難，孰從？而折衝禦侮之空其一方，同時畢集斷無此理。苟縱其自便不朝京師，萬一有專權難制之事，如唐之藩鎮，又何以爲制馭諸侯之權？要知王者欲親諸侯，必設爲可親之禮。或不能朝於春，則可以宗於夏。或不能覲於秋，則可以遇於冬。但六年之内不可不一次來王，不然巢本南方國，巢伯來朝何以曰朝不曰宗？韓本北國，韓侯入覲何以曰覲不曰遇？要知古人立爲朝、覲、宗、遇之禮於春夏秋冬之間，以見四時皆來王之日，而禮非有所輕重於其間。

“蕙田案：六服就王畿而言，則以王畿之東西南北爲四方。就每方而言，又各别爲四方。假如侯服在王畿東者四分之，以近甸服者爲東方，近王畿者爲西方，近南者爲南方，近北者爲北方。其餘三方皆仿此。遇當朝之年，各隨其時而至，則每方諸侯朝天子者，春夏秋冬惟四之一耳。倘有外患，不難折衝禦侮之。鄭注《大行人》云朝貢之歲，四方各四分趨四時而來，正與馬融説合。賈疏故爲分别，誤也。”

[3]叔孫通：秦末薛（今山東省滕州市南）人。初爲秦博士，

從項梁、項羽反秦，後投劉邦。西漢建立後，與弟子采古禮與秦儀共建朝禮，陸續制定一系列禮儀制度。

[4]正會禮：正月初一早晨朝廷舉行的會禮，又稱元正會禮、正旦朝賀。此禮不僅秦漢有之，以後歷代皆舉行。

[5]正旦：旦，原本、宋本作“且”，殿本作“旦”，據殿本改。

[6]執贄夾庭：帶着禮物立在朝廷兩側。夾，原本、宋本、殿本作“來”，據中華本改。

[7]文昌殿：《水經注·濁漳水》：“魏武封於鄴，爲北宫，宫有文昌殿。”據清《河南通志》載，文昌殿在曹魏鄴北城，銅雀園西。

晉氏受命，武帝更定元會儀，《咸寧注》是也。傅玄《元會賦》曰：[1]“考夏后之遺訓，綜殷周之典藝，采秦漢之舊儀，定元正之嘉會。”此則兼采衆代可知矣。

[1]傅玄：字休奕，本書卷四七有傳。

《咸寧注》：“先正一日，有司各宿設。夜漏未盡十刻，[1]群臣集到，庭燎起火。上賀，起，謁報，又賀皇后。[2]還，從雲龍、東中華門入，[3]詣東閣下，便坐。漏未盡七刻，[4]百官及受贄郎官以下至計吏皆入立其次，[5]其陛衛者如臨軒儀。[6]漏未盡五刻，[7]謁者、僕射、大鴻臚各各奏群臣就位定。漏盡，[8]侍中奏外辦。[9]皇帝出，鐘鼓作，百官皆拜伏。太常導皇帝升御坐，鐘鼓止，百官起。大鴻臚跪奏‘請朝賀’。掌禮郎讚‘皇帝延王登’。大鴻臚跪讚‘藩王臣某等奉白璧各一，再拜賀’。太常報‘王悉登’。謁者引上殿，當御坐。皇帝興，[10]

王再拜。皇帝坐，復再拜。跪置璧御坐前，復再拜。成禮訖，謁者引下殿，還故位。掌禮郎讚‘皇帝延太尉等’。[11]於是公、特進、匈奴南單于、金紫將軍當大鴻臚西，[12]中二千石、二千石、千石、六百石當大行令西，[13]皆北面伏。鴻臚跪讚‘太尉、中二千石等奉璧、皮、帛、羔、雁、雉，再拜賀’。太常讚‘皇帝延公等登’。掌禮引公至金紫將軍上殿。[14]皇帝興，皆再拜。皇帝坐，又再拜。跪置璧皮帛御坐前，復再拜。成禮訖，謁者引下殿，還故位。公置璧成禮時，[15]大行令並讚殿下，中二千石以下同。成禮訖，以贄授贄郎，郎以璧帛付諸謁者，[16]羔、雁、雉付太官。[17]太樂令跪請奏雅樂，[18]樂以次作。乘黄令乃出車，[19]皇帝罷入，百官皆坐。晝漏上水六刻，[20]諸蠻夷胡客以次入，皆再拜訖，坐。御入後三刻又出，鍾鼓作。謁者、僕射跪奏‘請群臣上’。謁者引王公二千石上殿，千石、六百石停本位。謁者引王詣樽酌壽酒，[21]跪授侍中。侍中跪置御坐前，王還。王自酌置位前，謁者跪奏‘藩王臣某等奉觴，再拜上千萬歲壽’。[22]四厢樂作，百官再拜。已飲，又再拜。謁者引王等還本位。陛下者傳就席，群臣皆跪諾。侍中、中書令、尚書令各於殿上上壽酒。登歌樂升，太官又行御酒。[23]御酒升階，太官令跪授侍郎，侍郎跪進御坐前。乃行百官酒。太樂令跪奏‘奏登歌’，三終乃降。太官令跪請具御飯，到階，群臣皆起。太官令持羹跪授司徒，持飯跪授大司農，[24]尚食持案并授持節，[25]持節跪進御坐前。[26]群臣就席。太樂令跪奏‘奏食舉樂’。太官行百官飯案遍。食畢，太樂令跪奏‘請進樂’。樂以次作。鼓吹令又前跪奏‘請以次進衆妓’。乃召諸郡計吏前，[27]受敕戒於階下。宴樂畢，謁者一人跪奏‘請罷退’。鍾鼓作，群臣北面再拜，出。”然則夜漏未盡七刻謂之晨賀，晝漏上三刻更出，百官奉壽酒，謂之晝會。别置女樂三十人於黄帳外，奏房中之歌。

[1]夜漏：漏，即刻漏，古代的計時器，晝夜以一百二十爲度。夜漏以出水計刻度。

[2]又賀皇后：清盧文弨《晋書禮志校正》：“賀皇后以下間厠不倫，‘還’字尤無理。或本作小注附見而誤作大字。《通典》亦如此。”

[3]雲龍：雲龍門，洛陽宫門。《後漢書》卷四〇《班彪傳下》李賢注引戴延之記曰：“端門東有崇賢門，次外有雲龍門。”

[4]漏未盡七刻：夜漏不到七刻之度。清盧文弨《晋書禮志校正》：“《宋志》有‘群司乘車與’五字，‘車與’當從《通典》作‘輿車’。群司蓋各有所司之職事者，乘輿車乃當陳設之車輅也，似不當節去。”

[5]受贄郎官：接受禮品的郎官。

[6]臨軒：皇帝不坐正殿而御前殿。殿前堂陛之间近檐处兩边有檻楯，如車之轩，故稱。

[7]漏未盡五刻：夜漏不到五刻之度。

[8]漏盡：夜漏刻度完全顯示出來。

[9]外辦：警衛宫禁。

[10]興：起身。

[11]掌禮郎：掌管禮儀程序的司儀。

[12]特進：官名，三國兩晋時表示有特殊地位，或用作安置閑

退大臣。二品。　匈奴南單于：匈奴於東漢時分裂爲南北兩部，匈奴南單于是南部匈奴的最高首領。　金紫將軍：加金章紫綬的將軍，位在加銀章青綬的光禄大夫之上。

[13]中二千石：中是滿的意思，即俸禄實得二千石。位在真二千石、二千石和比二千石之上。凡太常、光禄勛、衛尉、太僕、廷尉、大鴻臚、宗正、大司農、少府、執金吾等中央機構主管長官，皆爲中二千石。　二千石：位低於中二千石。中央政府機構的太子太傅、太子少傅、將作大匠、詹事、水衡都尉、内史等列卿及州牧郡守、諸侯王國相一級官員，皆爲二千石。　千石：晋朝凡尚書令、尚書僕射、公府長史、司馬均爲千石。　六百石：指縣令、縣長等級别的官員。　大行令：官名，屬禮官。百官朝會時，引領中二千石及以下官員行禮。七品。

[14]掌禮引公至金紫將軍上殿：中華本校勘記："《拾補》：'禮'下脱'郎'字。'上殿'下脱'當御坐'三字。按：《宋志》一、《通典》七〇皆有'當御坐'三字。"

[15]公置璧成禮時：中華本校勘記："《宋志》一、《通典》七〇'公'上有'王'字，《拾補》以爲當據補。"

[16]郎以璧帛付諸謁者：原本、宋本、殿本均有"諸"字，中華本無。

[17]太官：官名，即太官令，亦作"大官令"。漢魏屬少府，兩晋隸屬光禄勛，掌宫廷飲食。七品。　跪請奏雅樂：原本、宋本、殿本無"請"字，據中華本補。

[18]太樂令：官名，掌祭祀及大饗時之樂舞。七品。

[19]乘黄令：官名，亦稱乘黄厩令，掌皇帝乘輿，隸屬太僕。七品。

[20]晝漏：與夜漏相反，夜漏是水漏出去，晝漏是水漏進來。所以説"晝漏上水"。

[21]謁者引王詣樽酌壽酒：樽，宋本作"尊"。

[22]再拜上千萬歲壽：壽，原本、宋本、殿本無此字，據中華

本補。

[23]太官又行御酒：中華本校勘記："《宋志》一'太官'下有'令'字，據下文，此亦當作'太官令'。"

[24]大司農：大，宋本作"太"。

[25]尚食：官名，掌宫廷膳食之事。

[26]并授持節，持節跪進御坐前：中華本校勘記："《宋志》一、《通典》七〇兩'持節'并作'侍郎'。《拾補》以爲'持節'乃訛字。"

[27]計吏：亦稱上計吏，地方政府派赴中央遑遞計薄的官員。

江左多虞，[1]不復晨賀。夜漏未盡十刻，開宣陽門，[2]至平旦始開殿門，晝漏上五刻，皇帝乃出受賀。皇太子出會者，則在三恪下王公上。[3]正旦元會，設白獸樽於殿庭，樽蓋上施白獸，若有能獻直言者，則發此樽飲酒。案禮，白獸樽乃杜舉之遺式也，[4]爲白獸蓋，是後代所爲，示忌憚也。[5]

[1]江左：江東。因自北方視之，江東在左，江西在右，故稱。多虞：多灾難。

[2]宣陽門：南朝都城建康南面正門，約在今江蘇省南京市中山路以南的淮海路一帶。又稱白門。

[3]三恪：周朝新立，封前代三王朝的子孫，給以王侯名號，稱"三恪"，以示敬重。後世帝王亦多承三恪之制。清秦蕙田《五禮通考》引諸家論晋及前代"三恪"曰：

"蕙田案：《禮記·郊特牲》云：天子存二代之後，猶尊賢也。尊賢不過二代，而《春秋傳》又有以備三恪之文。後之説者各不同，有以二王之前復立三恪，并三與二爲五代者，鄭康成、劉熹、崔靈恩之説也。有以二王之前止立一代，二王即在三恪之内者，杜預、魏收、杜佑之説也。漢魏以前多主鄭説，唐宋以後多主杜解。案《樂記》武王克商，未及下車而封黄帝、堯、舜之後，下車而封夏、殷之後，則薊、祝、陳爲三恪而先封，杞、宋爲二王後而後封。其禮蓋有别矣。然二王之後得用其先代之禮樂、正朔、服色，天子以賓禮待之，爵爲上公。而三恪則否。故孔子學夏殷之禮必徵諸杞、宋。又謂杞、宋爲天子之事守，《春秋傳》皇武子稱宋先代之後於周爲客，而薊、祝、陳諸國不聞别有異數也。三恪以代遠故先封，而其禮數從殺。二王後以代近故後封，而其禮數從厚。鄭氏之説固不可易也。然後世多主三代爲三恪者，蓋成周之世去古尚近，而始祖後稷又出自黄帝、仕於堯舜之時，故求其後而立之。後世去古寖遠，其先代之遠者又無如軒轅、唐、虞之功德，則追三代之後而封之，已足致尊崇之意。三恪之封固難行之近代也，而猶欲沿三恪之名，此所以從杜而不從鄭也。今采經傳諸書以見三代以上之禮，而後世追封先代之事附焉。

……

"蕙田案：《五經異義》所引左氏説與杜解不同，蓋劉歆賈逵諸儒之説在杜征南以前。

"孫氏曰：立前代之後以統承先王者，自古有此法也。有虞氏之時，棄爲高辛之後，故得祭天。《詩》所謂'后稷肇祀'是也。丹朱爲唐堯後，作賓於虞，《書》所謂'虞賓在位'是也。至夏后時，則丹朱、商均之子孫皆爲二王後。湯爲夏氏立後，經傳雖不載，然有商之興，固當以禹之裔爲二王後無疑矣。《仲虺之誥》稱湯之德有曰'兹率厥典'，言其能率循舊典不易故常也，豈其於崇德象賢之事獨不稽古乎？至周則封微子於宋，至封舜後於陳，封東樓公於杞，亦必因成湯封舜禹之後於陳、杞可以推知也。

……

"蕙田案：國賓，馬融以爲二王後。

"何休曰：王者存二王之後，使統其正朔，服其服色，行其禮樂，所以尊先聖，通三統，師法之義，恭讓之禮，於是可得而觀之。

……

“蕙田案：《路史》：炎帝參盧，是曰榆罔，居空桑，禮於有熊氏。黄帝乃封參盧於路，而崇炎帝之祀於陳。此追崇先代之始。經傳不載，附見於此。

……

“《朱子集傳》：嘉客，先代之後，來助祭者也。

……

“蕙田案：以二代之後爲三恪，起於杜預。疏家雖曲爲之解，然云二代不假稱恪，惟陳爲恪，則三恪與二王後究不得并而一之矣。

“觀承案：杞、宋自是二王後，薊、祝、陳當爲三恪，左氏云封滿於陳以備三恪者，薊、祝在先，是二恪，又封陳乃合爲三，故云以備。似不得因此一字而生别解。至云妻之父母爲一恪，夷狄之君爲一恪，與二王後爲三恪者，更不經之甚矣。若《通典》所論亦是後代之法與古不同，奚足以軋周人之定典乎？

……

“蕙田案：兩漢以殷周後爲二王後。

“又案《王莽傳》：以漢後定安公劉嬰，位爲賓。周後衛公姬黨，更封爲章平公，亦爲賓。殷後宋公孔弘，運轉次移，更封爲章昭侯，位爲恪。夏後遼西姒豐，封爲章功侯，亦爲恪。莽所爲僭亂不足道，然其以周漢後爲賓，夏殷後爲恪，則依仿《周禮》而爲之，可見漢儒皆分三恪、二王後爲二也。

“蕙田案：王子雍建議奪漢獻之帝號，何無舊君之思邪！雖湛深經術，不足多也。

……

“蕙田案：魏以漢後爲賓。又案晋劉熹議稱，衛公署於前代，爲二王後，則魏蓋以周漢後爲二王後也。

“蕙田案：以二王後并於三恪始於泰始之奏，杜征南解《左傳》蓋用當時之制。

……

"蕙田案：晋以漢魏後爲二王，後并周後爲三恪。"

[4]杜舉：春秋時，晋大夫知悼子（荀盈）卒，平公飲酒、擊鐘。宰夫杜蕢責以大臣喪日，不應舉樂。平公引過自責，飲酒示罰，杜蕢洗而揚觶。平公曰："如我死則必無廢斯爵也。"以戒後世。事見《禮記·檀弓下》。後因以稱享宴禮畢而舉杯爲杜舉，表明此杯乃昔者杜蕢之所舉。

[5]示忌憚也：中華本校勘記："'忌憚'上當有'無'字或'不'字。《宋志》一作'無所忌憚也'，《御覽》二九引臧榮緒《晋書》作'示不忌憚也'，皆可證。"

魏制，藩王不得朝覲。魏明帝時，有朝者皆由特恩，不得以爲常。及泰始中，有司奏："諸侯之國，其王公以下入朝者，四方各爲二番，三歲而周，周則更始。若臨時有故，却在明年。明年來朝之後，更滿三歲乃復朝，不得違本數。[1]朝禮皆親執璧，如舊朝之制。不朝之歲，各遣卿奉聘。"[2]奏可。江左王侯不之國，其有受任居外，則同方伯刺史二千石之禮，亦無朝聘之制，故此禮遂廢。漢以高帝十月定秦，且爲歲首。至武帝，雖改用夏正，[3]然每月朔朝，至於十月朔，猶常饗會。其儀，夜漏未盡七刻，受賀及贄，公侯璧，中二千石、二千石羔，千石、六百石雁，四百石以下雉。三公奉璧上殿御坐前，北面。太常讚曰"皇帝爲君興"。三公伏。皇帝坐，乃前進璧。百官皆賀，二千石以上上殿稱萬歲，舉觴。御食，司徒奉羹，大司農奉飯，奏食舉之樂。百官受賜，宴饗，大作樂，如元正之儀。魏晋則冬至日受方國及百僚稱賀，因小會。其儀亞於獻歲之旦。

［1］不得違本數：中華本校勘記："《斠注》：《通典》七四作'不得依恒數'。按：《宋志》一作'不得從本數'。'恒數''本數'皆指'二番三歲而周'之數。今既有故推遲，故不得依原定朝覲之歲來也。此作'違'，意義相反，疑當改作'從'或'依'。"

［2］各遣卿奉聘：奉，原本、宋本作"奏"，殿本作"奉"，據殿本改。

［3］夏正：夏曆正月的省稱。以正月爲岁首。

古者帝王莫不巡狩。[1]魏文帝值天下三分，方隅多事，皇輿亟動，役無寧歲，蓋應時之務，非舊章也。明帝凡三東巡狩，所過存問高年，恤疾苦，或賜穀帛，有古巡幸之風焉。齊王正始元年，巡洛陽縣，賜高年力田各有差。

［1］巡狩：天子出行，視察邦國州郡。清秦蕙田《五禮通考》考述歷代巡狩制度説：

"蕙田案：巡狩之制見於經者多矣。参以《史記·五帝本紀》及《竹書紀年》、皇甫謐《帝王世紀》、羅泌《路史》、金履祥《通鑑前編》諸書，則自黄帝、顓頊已有巡方之典，不始於唐虞也。蓋先王以此察諸侯之政治，聯遠方之聲教，諮兆民之疾苦，乃維持天下之大權，其意深遠矣。秦漢以下封建變爲郡縣，形勢雖異於古，然時邁所及，察吏治、觀民風、考其用，意與唐虞三代若合符節焉。唐《開元禮》及杜佑《通典》以巡狩屬吉禮，宋史改屬嘉禮。

今從宋史。先之以經訓而後世之史事附焉。

……

“程子曰：風行地上，周及庶物，爲游歷周覽之象。故先王體之爲省方之禮，以觀民俗而設政教也。天子巡省四方，觀視民俗，設爲政教，如奢則約之以儉，儉則示之以禮是也。

“朱子曰：省方以觀民，設教以爲觀。

……

“《風俗通義》：巡者，循也；狩者，守也；道德太平，恐遠近不同化，幽隱有不得所者，故自親行之也。

“孔氏穎達曰：所以爲此巡守之禮者，以諸侯爲天子守土，專制一國，告從令行。而王者垂帷端拱，深居高視，一日二日庶事萬機，耳目不達於遠方，神明不照於幽僻，或將强以陵弱，恃衆以侵寡，擁遏上命，冤不上聞，而使遠道細民受枉。聖世聖王知其如是，故制爲此禮時自巡之。

“吕氏祖謙曰：巡守之禮，此乃維持治具，提攝人心，聖人運天下妙處。蓋人心久必易散，政事久必有闕，一次巡守，一次提攝，此新新不已之意。

“朱子曰：或問：建牧立伯，小大相維，自可以垂拱無爲矣。何故復有巡守之舉？豈牧伯不足任耶？或云因以祭天且朝諸侯，又云君民一體，不可邈然不相接，故必躬親巡撫，然後上下情通而教化洽矣，此先王之誠心。二説孰是？曰：建牧立監與巡守之義並行不悖，祭天、朝諸侯、巡撫之意皆在其中矣。先王之政，體用兼舉，本末備具，非若後世儒者一偏之説，有體而無用，得本而遺末也。巡守亦非舜創立此制，蓋亦循襲將來，《黄帝紀》亦云披山通道，未嘗寧居。

……

“朱子曰：五載之内天子巡守者一，諸侯來朝者四，蓋巡守之明年，則東方諸侯來朝於天子之國，又明年則南方諸侯來朝，又明年則西方諸侯來朝，又明年則北方諸侯來朝，又明年則天子復巡守。

“蕙田案：四朝有三説，謂四面各朝於方岳之下者，孔安國、馬融、王肅、孔穎達也。謂四季朝京師者，鄭康成也。謂五載内諸侯來朝者，四皆分方而至者，朱子、蔡仲默也。當以朱、蔡之説爲正。説見賓禮。

……

“方氏慤曰：五爲天地相合之數，君臣之際有天地之義，故取數以五爲節。

……

“李氏曰：周以木德王，歲星是木王之星，十二歲一周天，故巡守取歲星一周，天道大備之數也。

“鄭氏鍔曰：至十二歲王乃巡其所守，變禮易樂者可以知其畔，革制度者可以知其逆。或討或流，於是行焉。若或有故而不巡守，則合天下諸侯皆來朝王於京師，考其制度焉。是謂殷國。殷者，衆也。言命衆國而皆至也。

“楊氏曰：虞舜之世，其事簡，其人寡，其於巡守也，兵衛少征求輕，故行之五歲不爲數。成周之世，其事繁，其人衆，其於巡守也，兵衛多，征求重，故行之十二歲不爲疏。

“王氏安石曰：王巡狩則諸侯各朝於方岳，王不巡守則會諸侯而殷見。或巡守或殷國，其出而省焉一也。

“吕氏祖謙曰：巡守之禮，唐虞五載一巡守，周却十二年，何故？蓋周時文治漸成，禮文漸備，所以十二年方舉巡守之事。此是成王知時變識防通處。

“蕙田案：巡守與殷國乃兩事，非一事。蓋十二年一巡守者，其常也。或十二年之期已周而天子有事不能巡守，則行殷國之禮，此其變也。鄭注甚明。王氏、李氏乃云殷衆也，謂當方諸侯則以巡守殷國爲一事矣。案此經上文於春朝秋覲夏宗冬遇之下，明云時會以發四方之禁，殷同以施天下之政。鄭注云時會即時見也，無常期。諸侯有不順服者，王將有征討之事，則既朝王命爲壇於國外合諸侯而發禁命事焉。殷同即殷見也。王十二歲一巡守，若不巡守則殷同。殷同者，六服盡朝。既朝王亦命爲壇於國外合諸侯而命其政，殷同四方，四時分來，歲終則遍矣。然則殷者諸侯朝王之一法，因王不巡守而行之，故並繫於十有二歲之下。鄭注云如平時，而賈疏復申之云若六服盡來，即與平時别者。六服盡來不分四時，此時會也，雖不按服數，而東春南夏西秋北冬四方分來，此殷同也。時會乃因王有征伐故行之，則非常之事，故六服盡來殷同，特以代巡守，故不必一時皆集，義各有當耳。王荆公説最確當，從之。

……

“朱升曰：案此篇與今《周禮》不同。此言六年五服一朝，而《周禮》六服諸侯有一歲一見者，二歲一見者，三歲一見者，與此不合。要之，《周禮》首末未備，周公未成之書也。

“蕙田案：《尚書》六年一朝，《周禮》以服數來朝，二者不同。孔疏謂成周時自有二法，元儒朱升作旁訓復據《書》以疑《周禮》，竊恐未然。蓋叔向所言本無年數，其年數皆係解《左傳》者臆度之詞。孔氏據以當六年之説，未可信也。至《大行人》所云見者與十二年一巡守之文緊緊承接，明係朝之正禮，今欲伸《尚書》而强指爲因貢而見之變禮，《大宗伯》所云會同即《大行人》之所謂時會殷同，明係在朝宗覲遇之外，今欲牽合《尚書》而遂指爲朝之常法，此皆偏曲之見也。蘇子瞻云一朝，畢朝也，朝以遠近爲疏數。六年而遍，五服畢朝也。此説最爲明瞭，蓋《尚書》《周禮》本無二法，先儒不得其説，强生分别，皆非也。詳見賓禮。

“又案以上十二年巡狩之期。

“辨鄭氏夏殷六年一巡狩：

“孔穎達《禮記正義》：案《鄭志》孫皓問，鄭答云：唐虞之時，五載一巡守。夏殷之時，天子蓋六年一巡守。六年者，取半一歲之律吕也。

“蕙田案：唐虞巡守之期見於《尚書》，周巡守之期見於《周禮》，夏殷之制不見於經，其云六年者，康成臆度之言耳。孔氏又從而爲之説，以爲取律吕之半，則更無據。

“觀承案：康成夏殷六年巡狩之説，未可謂無據也。唐虞五載一巡狩，固是五年。《周禮》又六年王乃時巡，固是十二年。然先曰六年五服一朝，明是六年之中五服已徧朝，此年原是六年巡狩之常期，但係夏殷之禮，周時已不能行，故特空此一年。而後曰‘又六年王乃時巡’，是前六年雖届其期而不行，直至又六年而乃行耳。此猶唐虞建官惟百，夏商官倍則二百，故夏殷六年一巡狩，周禮倍之則又六年也。蓋唐虞分方朝覲，群后四朝，須四年而徧，故第五年乃時巡。夏殷既分五服，咸建五長，須五年而徧，故第六年而後時巡。此細玩經文而可得者，鄭説不爲無據也。然如孔氏謂取律吕之半，則不免附會耳。

……

“胡氏曰：舜以十一月朔巡狩，而此言後不省方，則知巡狩者是月也，不省方者是月之至日也。

……

“辨崔氏一年巡一岳：

“崔氏靈恩曰：唐虞五載巡狩一岳，二十年方徧四岳，周則四十八年矣。若一出四岳皆徧，且闕四時祭享。唐虞衡山爲南岳，周氏霍山爲南岳。其制，吉行五十里，若以二月到東岳，五月到南岳，八月到西岳，十一月到北岳，路程遼遠，固必不及。以此知每至一岳即歸，斯義爲長也。

“杜氏佑曰：梁崔靈恩《三禮義宗》云：‘唐虞五載巡狩一岳，二十年方徧四岳，周則四十八年矣。’案《尚書·周官》篇云：‘六年五服一朝，又六年王乃時巡，考制度，諸侯各朝於方岳，大明黜陟。’又案堯舜簡儉，嘗稱茆茨土階，巡狩四方，羽儀導從必少。一年四岳，五載復往，宗廟享祭，暫委有司。展義省方，觀風察俗之大政，如或二十年方徧，乃於民物，不亦乖疏？詳《周官》本文與孔氏注解，既改制十有二載，比唐虞已甚遐闊，如四十八年乃遍，豈非益爲曠邈乎！且周雖尚文，天子諸侯，降殺以兩，穆王巡歷天下，萬姓不甚告勞。始皇游幸四方，屬車八十一乘，二漢以降，至於有隋，或東封告成，或觀省風俗，百辟悉至，群司畢從，不下十餘萬人，何止千乘萬騎！所以曠代多闕斯禮。崔生謂堯舜及周帝王行幸車徒禮數，與秦漢以後無異。斯不達古今豐約之别，復不詳《周官》之文，輒肆臆度之説耳！

"吕氏祖謙曰：《舜典》《王制》明言二月東巡，五月南巡，八月西巡，十一月北巡，而崔靈恩乃以爲一年巡一岳，虞五載則二十年而遍，周十二載則四十八年而遍，不知何據。

"馬氏端臨曰：案《舜典》《王制》明言二月東巡，五月南巡，八月西巡，十一月北巡，而崔靈恩乃以爲一年巡一岳，何所據耶？古帝王之巡狩，所以省方觀民，初非游適。然舜之時五載僅能一行，至周成王則又不能如舜，至於十二年乃一行之，又必止以四岳爲底止之地，蓋雖一本於憂民之心，而尚恐有煩民之事，故出必有期，而行必有方如此。

"《聞見後録》：舜一歲而巡四岳，南方多暑，以五月之暑而南至衡山。北方多寒，以十一月之寒而至常山。世頗疑之。

"蕙田案：《舜典》'歸，格藝祖'，《王制》"歸，假祖禰"，其文皆承四巡之後，本無可疑。鄭康成創爲每巡一岳歸而復往之説，崔靈恩知其説之不可通而强欲回護，遂謂五載一巡止至一岳，若遍周四岳須二十年，謬矣。諸儒駁之甚當。又案每巡皆用夏時中月，《易》稱至日不省方，非謂十一月不省方，原並行不悖。若邵氏之《聞見後録》乃因仲夏盛暑不宜至衡山炎熱之地，仲冬苦寒不當至恒山冰雪之區，是以常情之偷惰窺測聖人矣。

"又案：南岳衡山本無可疑，惟因《爾雅·釋山》乃有二條，前云衡山，後云霍山，遂滋後儒之疑。郭璞回護《爾雅》，乃云一山二名，不知《爾雅》爲後儒所亂，移衡山於霍山。漢武帝事後一條明屬漢儒附益其文耳。本朝宿松朱書字緑，作《南岳辨》一卷，謂衡山僻遠，斷無時巡之理，因謂經文衡山即霍山也，不知古聖人法天行健，不敢自暇自逸。舜至九疑，禹臨會稽，何嘗以其僻遠而畏遠行耶？

……

“蔡氏沈曰：歲二月，當巡守之年二月也。

……

“蔡氏沈曰：敷，陳奏進也。《周禮》曰：民功曰庸。程子曰：敷奏以言者，使各陳其爲治之説，言之善者則從，而明考其功，有功則賜車服以旌異之，其言不善則亦有以告飭之也。

“蕙田案：此舜巡狩之實事，巡行所守，專以考察諸侯也。

……

“王氏昭禹曰：王巡守，則諸侯各朝於方岳，故戒於四方。守則諸侯所守之地，職事則諸侯所治之職事。天子適諸侯曰巡守，巡守者，巡所守也。故戒以修平，乃守修則使之治其壞也。平則使各當其分也。諸侯朝於天子曰述職，述職者，述所職也。故戒以考乃職事，職則慮其曠，職事則慮其有廢事。

“鄭氏锷曰：因巡守之年儆戒之，使修正其疆界，考察其職業，以俟王之時巡告戒之。有素及其不率，然後待之以誅夷竄殛之罪，可以無愧矣。

“李氏嘉會曰：必先警戒而後巡守者，不欲乘其不備，幾於不戒而杀也，必先警戒則刑可施。

……

“鄭氏鍔曰：及王之所行，先用所嚮之方國巡，其前所布之戒令，預考其率與不率也。

……

“朱子曰：古者君將出必告於祖禰，歸又至其廟而告之。孝子不忍死其親，出告反面之義也。

“陳氏澔曰：類、宜、造皆祭名。後章言天子將出征，則此出爲巡守也。

……

“陳氏澔曰：遷廟主謂新祧廟之主也。齊車，金輅也。又名曰公禰。

“吴氏澄曰：遷廟主謂祔，禰時所遷，昭穆最上之廟一主也。在昭廟穆廟之上最尊最親者也。君將出行時，遍告有廟之諸主，又特告此無廟之一主，而載之以行也。

“方慤曰：齊車示有齊敬之心焉。

……

“陳氏澔曰：既以幣玉告於祖廟，則奉此幣玉猶奉祖宗之命也。故曰‘主命’，每舍必奠神之也。反則設奠以告，而埋藏之不敢褻也。

……

“王氏昭禹曰：王以兵出，故有犯軷之儀。

“鄭氏諤曰：出國門則跋履山川，故行犯軷之祭。

“王氏昭禹曰：凡巡守則戎車從焉。兵車之會亦乘戎車，異於乘車之會，乘金路矣。

……

“吕氏温曰：見蒼梧塗山則思舜禹恤民之艱，睹窮荒大漠則悟秦漢勞師之弊，覽齊墟晋壤則想威文勤王之伯，觀洞庭荆門則知苗蜀恃險之敗。王者於此明得失，諸侯於此鑒幽替，斯懲勸之道也。

“王氏昭禹曰：其地異宜，其民異數，其穀異種。王將制其職貢，巡其封域，而物之有無、事之利害莫不知之。則土訓之道，地圖詔地事，與有力焉。

“鄧氏元錫曰：王體萬物，不可使一物失所，故博告之。

……

“蕙田案：鄭注以方慝爲言語之忌。莊渠魏氏以爲食物之忌。二説不同，皆通。

“鄭氏諤曰：若有祭祀於四海山川，則必擇黄色之駒加文飾以將事焉，此皆校人之職。或謂大宗伯以沈貍祭川澤而祭祀之牲，各放其色，四海山川乃均用黄駒，何耶？以《玉人》之職考之，王巡守過大山川所用之璋不同，然皆以王金勺前馬，則知均用黄駒者，海與山川均爲地道。黄者，地之中色。若夫用駒，則以巡守而行四方，駒有千里之足，而行地莫如。馬駒雖馬之小者，禮以小爲貴，飾黄駒乃郊用犢之意。

……

“方慤曰：天之高也，故燔柴以上達。山川之遠，故望而祀之。皆告至也。神祇衆矣，止以山川，蓋諸侯祭名山大川之在其地者，其所守山川爲大也。天曰神，地曰祇，此以山川者，其無所屈，皆可謂神。其無所别，皆可謂祇也。

……

“周氏諝曰：天子巡狩至於四岳，先柴以告天也。

……

“陳氏澔曰：名猶大也，升，上也。中，猶成也。謂巡守至於方岳，燔柴祭天，告以諸侯之成功也。

……

“陳氏澔曰：天子巡守而至諸侯之國，必使祝史致鬼神，當祭者之祭，以不親往，故祝辭稱字曰‘某甫’。甫者，丈夫之美稱也。

“方氏慤曰：望秩之禮必於野外，故以畛言之。畛，田間道也。祭於畛而謂之畛，猶祭於郊而謂之郊也。天子適諸侯非其常，蓋有時矣，故於是特言有焉。

……

“王氏曰：古者天子巡守，諸侯入朝，一皆爲壇於國門之外加方明焉。天子示之蓋以爲盟尸也。此云合諸侯者，謂大會同耳。巡守之制亦如其會同，但會同爲壇於國門之外，而巡守爲壇於方岳之下耳。有事而會不協而盟，此壇之所作也。其制爲壇三成，即覲禮所云深四尺者是也。蓋從下向上爲深，發地一尺，上有三成，則總四尺矣。宮旁一門即覲禮所謂宮方三百步，四門是也。蓋壝土爲壇，壇外爲宮，每旁一門，則四門矣。

“馬氏端臨曰：天子與諸侯相見於方岳之下，築壇，與《覲禮》壇制同。其壇外爲土埒，方三百步，開四門。壇方九十六尺，高四尺，上爲堂，下爲三等，謂之三成，成每等高一尺。其堂置司盟之神位，謂之方明。見諸侯之時，據鄭注《司儀》及《覲禮》，諸侯之上介，各以其君之旗，置於宫内，以表立位之處。乃詔三升壇，訖，諸侯皆就其旗而立其位。鄭案《明堂位》，諸公中階之前，北面東上；諸侯阼階之東，西面北上；諸伯西階之西，東面北上；諸子門東，北面東上，諸男門西，北面東上。王乃於壇上揖之，以定其位。其揖之節有三儀：與王無親者，推手小下之；與王婚姻之親者，平推手揖之；與王同姓者，推手小舉之。王既揖定其位，諸侯乃進，升壇奠玉。又按《司儀職》及鄭注云：公於上等奠桓圭玉、陳擯者五人禮之；侯、伯於中等奠信圭、躬圭玉、陳擯者四人禮之；子、男於下等奠穀璧、蒲璧玉，陳擯者三人禮之。諸侯各奠玉訖，降拜，又升，成拜。訖，擯者乃延諸侯升堂，授王玉。訖，乃以璧琮行享禮，謂之將幣。諸侯既朝見王訖，乃退，而自相與盟，王官之伯臨之，其神主於月，必因以祭之。

“蕙田案：巡守見諸侯其儀多與覲禮同，學者當互參之。

“又案以上巡狩覲諸侯。”

及武帝泰始四年，詔刺史二千石長吏曰：“古之王者，以歲時巡狩方岳，其次則二伯述職，[1]不然則行人順省。[2]故雖幽遐側微，[3]心無壅隔，下情上通，上指遠諭，至於鰥寡，罔不得所，用垂風遺烈，休聲猶存。[4]朕在位累載，如臨深川，夙興夕惕，明發不寢，坐而待旦，思四方水旱灾眚，[5]爲之怛然。[6]勤躬約己，欲令事事當宜。常恐衆吏用情，誠心未著，[7]萬機兼猥，慮有不周，政刑失謬，而弗獲備覽。百姓有過，在予一人。惟歲之不易，未遑卜征巡省之事，下之未乂，[8]其何以恤之。今使使持節、侍中、副給事黄門侍郎銜命四出，[9]周行天下，親見刺史二千石長吏，申諭朕心，訪求得失損益諸宜，觀省政教，問人間患苦。周典有之曰：[10]‘其萬姓之利害爲一書，其禮俗政事刑禁之逆順爲一書，其暴亂作慝犯令爲一書，[11]其札喪凶荒厄貧爲一書，其康樂和親安平爲一書，每國辨異之，以返命於王。’[12]舊章前訓，令率由之。還具條奏，俾朕昭然鑒於幽遠，若親行焉。大夫君子，其各悉乃心，[13]敬乃事，嘉謀令圖，[14]苦言至戒，與使者盡之，無所隱諱。方將虚心以俟，其勉哉勖之，[15]稱朕意焉。”

[1]二伯：指周初分别主管東方和西方諸侯的兩位重臣周公和召公。

[2]不然則行人順省：中華本校勘記：“《拾補》：‘順’疑‘頫’，見《周禮》。按：《周禮·大行人》‘三歲遍覜，五歲遍省’，‘覜省’本此。‘覜’‘頫’同。盧説是。”

[3]幽遐側微：偏遠微小。

[4]休聲：讚美聲。

[5]灾眚：灾殃禍患。

[6]怛然：忧伤，惊惧。

[7]誠心未著：心，殿本作“意”。

[8]下之未乂：社會尚未安定。

[9]給事黄門侍郎：官名，魏晋時爲侍中省或門下省次官。與侍中俱掌門下衆事，職掌略同，地位隨皇帝旨意或侍中地位而定。五品。

[10]周典有之曰：曰，殿本作“以”。

[11]作慝：作惡。《詩·大雅·民勞》：“式遏寇虐，無俾作

慝。”毛亨傳：“慝，惡也。”慝，殿本作“逆”。

［12］“其萬姓之利害爲一書”至“以返命於王”：語見《周禮·秋官·小行人》。

［13］悉乃心：盡你們的心。

［14］嘉謀令圖：原本、宋本、殿本無“謀”字，據中華本補。

［15］勉哉勖之：勤勉鼓勵。

新禮，巡狩方岳，柴望告設壝宫如禮。[1]諸侯之覲者，賓及執贄皆如朝儀，[2]而不建旗。摯虞以爲：“覲禮，諸侯覲天子，各建其旂。旗章所以殊爵命，示等威。《詩》稱‘君子至止，言觀其旂’。宜定新禮，建旗如舊禮。”詔可其議。然終晋代，其禮不行。

［1］柴望：古代兩種祭禮。柴，謂燒柴祭天；望，謂祭國中山川。亦泛指祭祀。　壝：祭祀場所壇、墠之外的矮圍墻。

［2］皆如朝儀：儀，原本、宋本作“議”，殿本作“儀”，據殿本改。

封禪之説，[1]經典無聞。禮有因天事天，因地事地，因名山升中於天，而鳳凰降，[2]龜龍格。[3]天子所以巡狩，至於方岳，燔柴祭天，以告其成功，事似而非也。讖緯諸説皆云，[4]王者封泰山，禪梁甫，易姓紀號。秦漢行其典，前史各陳其制矣。

［1］封禪：古代帝王祭天地的大典。在泰山上築土爲壇，報天之功，稱封；在泰山下的梁父山上辟場祭地，報地之德，稱禪。清秦蕙田《五禮通考》引諸家論曰：

“蕙田按：封禪之名，《六經》無之也。其事始於泰始皇。太史公作《封禪書》，正義曰：‘泰山上築土爲壇以祭天，報天之功，故曰封；泰山下小山上除地，報地之功，故曰禪。言禪者，神之也。’然則封禪者不過禮天祭地焉耳。《書》‘望秩於山川’，《詩·時邁序》曰：‘巡狩、告祭、柴望也。’《禮記》曰：‘因名山升中於天，是古天子巡狩方岳必告祭柴望，所以尊天而懷柔百神也。’三代既衰，禮失其傳，陋儒諂諛，遂爲符瑞受命之説以希世主，謂之封禪蓋春秋時已有之，故《管子》作封禪篇。然終之以詭奇之説而桓公乃止，亦以著其説之足以惑聽而不可行也。自始皇作俑，厥後漢武、光武、唐高宗、玄宗、宋真宗、皆襲行之，流毒當時，貽譏後世，斯足畏矣。若所謂聖主不須封禪，凡主不應封禪，許懋之論深切著明，雖以梁武之中主猶深信之，而毅然不爲，况聖君賢相秉道行義什百於梁武者哉！今臚其論議事蹟，附於山川之末，後之覽者可以鑒矣。

……

“蕙田按：《封禪篇》著於《管子》，而《史記》引之，可知其説自春秋已然矣。世衰道微，《六經》晦塞，未經孔子删定而陋儒附會如此，此亦孟子所謂邪説也。《管子》著其説而卒破之，其亦有見於後世之必然，而設辭以窮之乎？

……

“蕙田按：《禮記》因名山升中於天，特巡狩柴望耳，注疏乃引緯書封禪以實之，不亦誣聖經而賊萬世哉！

……

“蕙田案：觀莊子云云，則戰國時有其説矣。

……

“崔靈恩曰：自周以前，封者皆封土爲壇，至秦皇、漢武，始用石檢。

“袁准《正論》曰：封禪之言，惟《周官》有三大封之文。齊桓公欲封禪，聞管仲言而止。焚燎祭天，皆王者之事，非諸侯之所爲也。是以學者疑焉。後秦一主，漢二君，修封禪之事。其制爲封土方丈餘，崇於太山之上，皆不見於經。秦漢之事未可專。管仲云：禹禪會稽，告天則同，祭地不得異也。會稽而可禪，四岳皆可封也。夫洛陽者，天地之所合；嵩高者，六合之中也。今處天地之中，而告於嵩高可也，奚必於太山？

"蕙田案：准但略言其事之不可信，而未言其事之不可爲，識不足也。末以封泰山不如告嵩高，抑惑矣。又案以上諸儒附會封禪之説。

"《黄憲外史·封禪篇》：齊王將進泰山，問於徵君曰：'敝邑有封禪之山，非天子不能舉也。秦始以諸侯之國而舉之，非僭與？'徵君對曰：'憲也聞之，古者天子巡狩，朝諸侯於明堂，祀群神於岱岳，觀民風以布王政，未聞有封禪之舉也。不經孰甚矣。天子一日有萬務，其勤惕也如是，豈能懈其萬務，率之以臣庶，曠之以時月，而侈心於封禪勒功德於無知之石哉？自古迄於秦，好爲封禪者七十有二，然茫昧而不可述，大抵皆侈心之主也。炎漢重離我二祖光耀，前後豐功令德不能殫紀其盛，然亦未嘗蹈前王之陋規而舉封禪。文景紹厥休烈，海内幾刑措之風，固盛王素主也，至於封禪則耻之。及孝武即極，玩武佳兵，傾海内之命，運府庫之積，而肆伐匈奴，使百姓去家室之樂而身顯功烈之名，致符瑞求神仙，茂舉封禪以建榮號，是以漢祚中替，卒不能休隆於前也。歷至於今，譚封禪之事者猶昌而未熄，豈非貽謀之慮與？若秦之始皇又何道哉！今以大王之賢而光濟王室，可以跨秦而登周也，誠能偃泰山之碑，摧梁父之碣，毁雲夢之銘，修明堂之典，以臨天皇而招八國之諸侯，是王之顯功逾於桓文也，何必慕狂秦之侈，心追七十二君之陋軌哉？'齊王曰：'先生幸教不穀，美矣駿矣雅矣元矣。'乃命左右紀之。

……

"《文獻通考》馬氏曰：案文中子曰'封禪非古也，其秦漢之侈心乎！'而太史公作《封禪書》，以爲古受命帝王未嘗不封禪，且當以《文中子》之言爲正。

“蕙氏田案：《文中子》數語切中是非而盡其事理矣。有德者必有言，其信然乎！

“蘇氏轍曰：郊祀天地見夫《詩》《書》，固有國之常禮也。三代既衰，禮失其舊，秦漢之間祀五畤、封泰山、禮汾陰，雜於郊祀之外。儒者以爲此禮之大者，然五畤廢於漢元，封禪止於晋武，當時自以爲賢於秦漢。今將考論，其實此三者於唐虞三代抑嘗行之乎？所謂封禪七十二君亦可信乎？秦不足言，漢之諸儒初不言封禪，封禪之端發於相如，相如之言抑可信乎？

“胡氏寅曰：緯書原本於《五經》而失之者也，而尤紊於鬼神之理，幽明之故。夫鬼神之理，幽明之故，非知道者不能識。斷國論者，誠能一決以聖人之經，經所不載，雖有緯書、讖記，屏而不用，則庶乎其不謬於理矣。登封之事，原本於柴燔而失之者也。《詩》《書》紀巡狩而柴者，記所謂祭天也；至於岱宗，陟其高山云者，記所謂因名山也。有山則因以爲高，無則於郊而壇，其義類一也。又有大事而告於上帝者，武王克商，始有天下，故柴望而告也。舍此則瀆矣。記以饗帝於郊與升中於天爲二事，則傳者之失也。然則七十二君之編録，《詩》《書》《禮》典，略不經見。審有是事，乃天下國家之盛舉，堯、舜、禹、湯、文、武、成、康、昭、宣，皆身致太平，安得闕而不講？

“《大學衍義補》丘氏濬曰：封禪之説，《詩》《書》《禮》典略不經見，審有是事，乃天下國家之盛舉，堯、舜、禹、湯、文、武、成、康皆身致太平，安得闕而弗講？所謂七十二君者，果何代何人哉？先儒有言養生至於長生不死，爲國至於祈天永命，皆有是理，然人未有能爲之者，縱爲之然亦不出乎身心日用之間，非必由乎服食藥物、僥求鬼神而後致之也。然自秦漢以來千餘年矣，有國家者未見一人過百年而不死者，亦未有一國逾千年而不亡者，則是有此説而無此事明矣。是故明君欲求壽年之永莫若寡欲，欲得國祚之延莫若愛民，寡欲而至於全其天，愛民而至於過其曆，真誠有是理，亦真誠有是事。嗚呼，世主所以甘心於不貲之費而行封禪之禮者，以有秘祝之求也，誠知此理，反之於心，知其必無驗之於古，知其無效則自不爲矣。

“徐氏乾學曰：《韓詩外傳》曰：‘孔子升泰山，觀易姓而王可得而數者七十餘氏，不可得而數者萬數。’袁准《正論》曰：‘唯周有王大封之文。’案成王封禪而文武皆不在，七十二君而無一言見於經傳，學者疑焉。愚謂《韓詩外傳》亦漢儒附會之説，即太史公所引管仲答齊桓公之説，皆非事實。雖書籍經秦焚，烏有七十二君而不一見於經傳者乎？至緯書河圖真紀之言，皆漢人僞託以諛世主。又案晋《太康郡國志》始皇立石頌德文曰：‘事天以禮，立身以義，事父以孝，成人以仁。四守之内莫不郡縣，四屬八荒咸來貢職，與天無極，人庶蕃息，天禄永得。刻石改號，有金册石函金泥玉檢之事焉。’案史遷云封藏皆秘，世不得記，則是漢世已無聞矣，而《太康志》所載文，亦不類秦人語，特杜氏《通典》載之，故附記於此。

“蕙田案：以上數條，先儒辨正封禪之説。

……

“蕙田案：始皇封禅，意在夸诩功德也。

……

“《文獻通考》馬端臨曰：秦始皇、漢武帝之封禪也，皆黜當時諸儒之議，而自定其禮儀。考史氏所載，則秦之諸儒進蒲車、掃地之説，漢之諸儒有拘於《詩》《書》古文而不敢騁之説，以此拂二帝之意，而不見録。然封禪非古禮也。竊詳諸儒之意，蓋欲以古帝王巡狩、望祀之禮而緣飾之。然古帝王之事，則省方問俗，賞善罰惡，凡以爲民，其意出於公也。秦漢二主之事，則誇誦功德，希求福壽，凡以爲己，其意出於私也。迹其舉措，正自冰炭，則又安能考《詩》《書》之説，行簡質之禮乎？固宜其見黜也。

“蕙田案：漢武封禪，意在慕黄帝之升天也。

……

“《文獻通考》：司馬彪論：自上皇以來，封泰山者，至周七十二代。易姓則改封者，著一代之始，明不相襲也。繼世之王巡狩，則有修封以祭而已。自秦始皇、孝武帝封泰山，本因好仙，信方士之言，及造石檢印封之事也。天道質誠，約而不費，故牲用犢，器用陶匏，殆將無事於檢封之間，而樂難攻之石也。夏少康、周宣由廢復興，不聞改封。光武欲因孝武故封，而梁松固争，以爲必改乃當天意。既封之後，未有能福，而松卒被誅死。雖罪由身作，蓋亦誣神之咎也。且帝王所以能大著於後者，實在其德加於人，不聞其在封矣。

“胡氏寅曰：前世論登封者，莫善於許懋，惜乎世祖之臣，智不及此，陷其君於過舉而不得聞也。且世祖享國，至是已三十年，四陲無虞，中土寧謐，其心浸滿，是以告功皇天，明示得意，而不自知其多失也。不法唐、虞、三代，而法始皇、武帝，一失也。按讖文‘九世當封禪’，則孝成之世，今乃自綴於元帝，而削去成、哀、平三君，二失也。玉檢秘文，人不得見，是必祈求永年，三失也。前年拒群臣之請，謂‘百姓怨氣滿腹，吾欺天乎’，豈有治天下三十年，民怨未除，纔後兩歲，即已歡洽，此四失也。敕戒郡縣，有上壽稱美者，必髡令屯田，詔墨未乾，乃自令梁松等討論故事，此五失也。奉高後配地祇，未幾，黜降廟主，歸於寢園，此六失也。即位改元，終身不可改，而又改之，此七失也。凡此七者，人君舉動之大節，而疵病如此，惜乎光武勇智出倫而學問不足也。光武年及耳順，方建中元，則意在久生，不言而自見矣。其視向者對宗族乞復之言，壽陵迭興之詔，即已大異。蒯徹所謂人心無常，詎不然哉？

“蕙田案：光武封禪信讖也。

……

“胡氏寅《讀史管見》：封禪之事，漢唐之君往往行之，曾無一人建議明白如許懋者，賢哉懋乎，其學可謂正矣！漢唐以來，緯書行而經學弛，重以鄭元博聞寡要，不知折衷於聖人，而惟緯書之信。世無稽古大儒，稽古言以祛群惑，遂使有天下者，於無事時肆其侈心，千乘萬騎，巡狩侈費，登山琢石，誇大功德，或有秘祝，以祈不死，取笑當代，貽譏後來。彼梁武之資，未必如漢光武之英也，一聞懋言，遂遏欲行之意，推廣其義，以答請者，則賢於光武遠矣。使其舉措每如此，則金甌之業，何缺壞之有！

……

"蕙田案：漢光武、唐太宗，皆一代令主，灼知封禪之非而不免爲累，一則惑於讖記，卒毅然行之；一則上下往復，歸於中止。然光武之興也何由？知非僕本，以讖爲始事，故深信不疑。雖初有欺天之語，而亦不顧其心事，固坦然明白也。若太宗非力不能行，特以終非，盛德之舉，雖四方獻諛，議協盈廷，不過藉以頌述功德爲快心之事，故時與答敕而姑從之，意在居其美而謝其名，其用心更爲深遠也。不然，以貞觀之時，何難舉此一事？豈彗星河決之所可止而鄭公所得而争哉！二主之心迹自不同矣。"

[2]鳳凰降：凰，殿本作"皇"。

[3]格：升騰。《尚書·吕刑》："乃命重黎絶地天通，罔有降格。"孫星衍疏引《爾雅·釋詁》："格，陞也。"

[3]讖緯：讖緯，漢代流行的神學。"讖"是巫師或方士製作的一種隱語或預言，作爲吉凶的符驗或徵兆。"緯"指方士化的儒生編集起來附會儒家經典的各種著作。

魏明帝黄初中，[1]護軍蔣濟曰：[2]"夫帝王大禮，巡狩爲先；昭祖揚禰，[3]封禪爲首。是以自古革命受符，未有不蹈梁父，登泰山，刊無竟之名，[4]紀天人之際者也。故司馬相如謂有文以來，[5]七十二君，或順所繇於前，謹遺教於後。[6]太史公曰，[7]主上有聖明而不宣布，有司之過也。然則元功懿德，不刊梁山之石，無以顯帝王之功，示兆庶不朽之觀也。語曰，'當君而嘆堯舜之美，譬猶人子對厥所生而譽他人之父’。[8]今大魏承百王之弊亂，拯流遁之艱厄，[9]接千載之衰緒，繼百代之廢業。始自武文，[10]至於聖躬，所以參成天地之道，綱維人神之化。[11]上天報應，嘉瑞顯祥，以比往古，無所取喻。至於歷世迄今，未發大禮。雖志在掃盡殘盜，蕩滌餘穢，未遑斯事。若爾，三苗屈强於江海，[12]大舜當廢東巡之儀；徐夷跳梁於淮泗，[13]周成當止岱岳之禮。且去歲破吴虜於江漢，[14]今兹屠蜀賊於隴右，[15]其震蕩内潰，在不復淹，無累於封禪之事也。此儀久廢，[16]非倉卒所定。宜下公卿，廣撰其禮，卜年考時，昭告上帝，以副天下之望。臣待罪軍旅，不勝大願，冒死以聞。"詔曰："聞蔣濟斯言，使吾汗出流足。自開闢以來，封禪者七十餘君耳。故太史公曰，雖有受命之君，而功有不洽，[17]是以中間曠遠者千有餘年，[18]近者數百載，其儀闕不可得記。吾何德之修，敢庶兹乎！[19]濟豈謂世無管仲，[20]以吾有桓公登太山之志乎！[21]吾不欺天也。濟之所言，華則華矣，[22]非助我者也。公卿、侍中、尚書、常侍省之而已，勿復有所議，[23]亦不須答詔也。"天子雖距濟議，而實使高堂隆草封禪之儀，以天下未一，不欲便行大禮。會隆卒，不復行之。

[1]魏明帝黄初中：明，殿本作"文"。中華本校勘記："黄初爲文帝年號，非明帝。盧弼《三國志集解》據《高堂隆傳》謂'黄初'當作'太和'。"

[2]護軍：官名，此爲護軍將軍省稱。三品。　蔣濟：三國魏楚國平阿（今安徽省懷遠縣西南）人，字子通。歷任揚州别駕、丞

相主簿西曹署等職，典選舉。齊王曹芳時官至太尉。　曰：原本、宋本、殿本均作“曰”，中華本作“奏曰”。

[3]昭祖揚禰：昭顯弘揚祖宗的功業。

[4]刊無竟之名：刊刻永遠流傳的功名。

[5]司馬相如：西漢蜀郡成都（今四川省成都市）人，字長卿，少名犬子，後更名相如。文學家，所作《子虛賦》深受漢武帝賞識。

[6]或順所繇於前，謹遺教於後：事見《史記》卷一一七《司馬相如列傳》司馬相如遺書言封禪事。

[7]太史公：即司馬遷。

[8]譬猶人子對厥所生而譽他人之父：所生而，原本、宋本、殿本均作“親而坐”，據中華本改。

[9]流遁：流亡逃遁。

[10]始自武文：原本、宋本作“自武文”，殿本作“自文武”，據中華本改。

[11]人神之化：殿本無“神”字。

[12]三苗：古國名。《尚書·舜典》：“竄三苗於三危。”孔安國傳：“三苗，國名，縉云氏之後，爲諸侯，號饕餮。”

[13]徐夷：即徐戎。《國語·齊語》：“東南多有淫亂者，萊、莒、徐夷、吳、越。”韋昭注：“徐夷，徐州之夷也。”　跳梁：跋扈。　淮泗：地區名，淮水和泗水流域。

[14]江漢：泛指今湖北省長江以北漢水下游地區。

[15]隴右：地區名，指今甘肅省隴山以西地區。

[16]此儀久廢：儀，原本、宋本、殿本作“議”，據中華本改。

[17]不洽：不廣，不遍及。

[18]曠遠者：曠，原本、宋本、殿本皆作“廣”，據中華本改。

[19]敢庶兹乎：怎敢奢望於此。

[20]管仲：春秋初潁上（今安徽省潁水之濱）人，名夷吾。齊桓公時任卿相，進行一系列改革，使齊國國力大增，齊桓公成爲春秋五霸之首。

[21]桓公登太山之志：齊桓公稱霸後，欲登泰山行封禪之禮，因管仲勸阻，未行。太山，宋本作"大山"，殿本作"泰山"。

[22]華則華矣：後一"華"字，原本、宋本、殿本作"榮"，據中華本改。

[23]勿復有所議：原本、宋本、殿本無"復"字，據中華本補。

及武帝平吴，混一區宇，[1]太康元年九月庚寅，尚書令衛瓘、尚書左僕射山濤、右僕射魏舒、尚書劉寔、司空張華等奏曰：[2]"臣聞肇自生靈，則有后辟，[3]年載之數，莫之能紀。立德濟世，揮揚仁風，以登封泰山者七十有四家，其謚號可知者十有四焉。沉淪寂寞，曾無遺聲者，不可勝記。[4]大晋之德，始自重黎，[5]實佐顓頊，[6]至於夏商，世序天地。其在於周，不失其緒。金德將升，[7]世濟明聖，外平蜀漢，海内歸心，武功之盛，實由文德。至於陛下，受命踐阼，[8]弘建大業，群生仰流。[9]惟獨江湖沅湘之表，凶桀負固，歷代不賓。神謀獨斷，命將出討，兵威暫加，數旬蕩定。羈其鯨鯢，[10]赦其罪逆，雲覆雨施，八方來同，聲教所被，達於四極。雖黄軒之征，[11]大禹遠略，周之奕世，[12]何以尚今！若夫玄石素文，底號前載，象以數表，[13]言以事告，雖古《河圖》《洛書》之徵，不是過也。宜宣大典，禮中岳，[14]封泰山，禪梁父，發德號，明至尊，享天休，篤黎庶,[15]勒千載之表，播流後之聲，俾百世之下，莫不興起。斯帝王之盛業，天人之至望也。”詔曰：“今逋寇雖殄，外則障塞有警，内則百姓未寧，[16]此盛德之事，所未議也。”

[1]區宇：天下。

[2]衛瓘：字伯玉，本書卷三六有傳。

[3]后辟：君主，帝王。

[4]不可勝記：記，殿本作“紀”。

[5]重黎：顓頊高陽氏之後，爲帝嚳高辛氏火正。

[6]顓頊：上古帝王，姬姓，號高陽氏，黄帝後裔。

[7]金德：指晋朝。按五德終始説，曹魏爲土德，土生金，所以晋爲金德。

[8]踐阼：登帝位。阼，殿本作“祚”。

[9]群生仰流：流，殿本作“毓”。

[10]鯨鯢：比喻凶惡的敵人。《左傳・宣公十二年》：“古者明王伐不敬，取其鯨鯢而封之，以爲大戮。”杜預注：“鯨鯢，大魚名，以喻不義之人吞食小國。”

[11]黄軒：即黄帝。《史記》卷一《五帝本紀》：“黄帝者，少典之子，姓公孫，名曰軒轅。”　之征：之，殿本作“遐”。

[12]奕世：奕，原本、宋本作“弈”，殿本作“奕”，據殿本改。

[13]象以數表：清盧文弨《晋書禮志校正》：“按《魏晋春秋》，青龍三年，删丹縣金山玄川溢涌，有石馬七，有玉匣開。蓋於‘前’上有‘玉’字。文曰：‘述大金，討大曹。’《魏晋春秋》亦略同。所謂以姓表也。”

[14]中岳：指位於今河南省登封市北的嵩山，古名嵩高。《史記》卷二八《封禪書》：“昔三代之居，皆在河洛之間，故嵩高爲中

岳，而四岳各如其方。”

[15]篤黎庶：使百姓忠誠醇厚。

[16]百姓未寧：寧，原本、宋本作“康”，殿本作“寧”，據殿本改。

瓘等又奏曰：“今東漸於海，[1]西被于流沙，[2]大漠之陰，日南北户，莫不通屬，芒芒禹迹，今實過之。天人之道已周，巍巍之功已著，宜修禮地祇，登封泰山，致誠上帝，以答人神之願也。乞如前奏。”詔曰：“今陰陽未和，政刑未當，[3]百姓未得其所，豈可以勒功告成邪！”詔不許。

[1]漸：至，到。

[2]西被于流沙：原本、宋本、殿本皆有“于”字，中華本無。

[3]政刑未當：政刑，殿本乙作“刑政”。

瓘等又奏曰：“臣聞處帝王之位者，必有曆運之期，[1]天命之應；濟兆庶之功者，必有盛德之容，告成之典。無不可誣，有不敢讓，自古道也。而明詔謙冲，屢辭其禮，雖盛德攸在，推而未居。夫三公職典天地，實掌人物，國之大事，取義於此。[2]故漢氏封禪，非是官也，不在其事。臣等前奏，蓋陳祖考之功，天命又應，陛下之德，合同四海，迹古考今，宜修此禮。至於克定歲月，須五府上議，[3]然後奏聞。”詔曰：“雖蕩清江表，皆臨事者之勞，何足以告成。方望群后思隆大化，以寧區夏，百姓獲乂，與之休息。斯朕日夜之望，無所復下諸府矣。”

[1]曆運：气数、命运。

[2]取義於此：義，原本、宋本、殿本皆作“義”，中華本作“議”。

[3]五府：官署合稱，各個朝代内容有異。魏晋時期用以泛稱諸公府。

瓘等又奏：“臣聞唐虞三代濟世弘功之君，莫不仰承天休，俯協人志，登介丘，[1]履梁父，未有辭焉者，蓋不可讓也。今陛下勛高百王，[2]德無與二，茂績宏規，巍巍之業，固非臣等所能究論。而聖旨勞謙，屢自抑損，時至弗應，推美不居，闕皇代之上儀，塞靈祇之款望，[3]使大晋之典謨，不同風於三五。[4]臣等誠不敢奉詔，請如前奏施行。”詔曰：“方當共思弘道，以康庶績。[5]且俟他年，無所復紛紜也。”[6]

[1]介丘：大山。

[2]勛高百王：百王，殿本作“皇”。

[3]塞靈祇之款望：滿足生靈懇切的希望。

[4]使大晋之典謨，不同風於三五：原本、宋本作“使大晋之典謨，同風於三五”無“不”字。殿本爲應文意前加“何以”二字改問句，作“何以使大晋之典謨，同風於三五”，此據中華本改，加“不”字。三五，三皇五帝。

[5]康庶績：各種事業繼續發展。康，繼續。

[6]無所復紛紜也：殿本無“所”字。

王公有司又奏：“自古聖明，光宅四海，封禪名山，著於史籍，作者七十四君矣。舜禹之有天下也，巡狩四岳，躬行其道。《易》著觀俗省方，《禮》有升中於天，《詩》頌陟其高山，皆載在方策。文王爲西伯以服事殷，周公以魯藩列於諸侯，或享於歧山，[1]或有事泰山，徒以聖德，猶得爲其事。自是以來，功薄而僭其義者，不可勝數，號謚不泯，以至於今。况高祖宣皇帝肇開王業，海外有截；世宗景皇帝濟以大功，輯寧區夏；太祖文皇帝受命造晋，盪定蜀漢；陛下應期龍興，混一六合，澤被群生，威震無外。昔漢氏失統，吴蜀鼎峙，兵興以來，近將百年，地險俗殊，人望絶塞。今不羈之寇，二代而平，非聰明神武，先天弗違，孰能巍巍其成功若兹者歟！[2]臣等幸以千載得遭運會，親服大化，日睹太平，[3]至公至美，誰與爲讓。宜祖述先明，憲章古昔，勒功岱岳，登封告成，弘禮樂之制，正三雍之典，[4]揚名萬世，以顯祖宗。是以不勝大願，敢昧死以聞。請告太常，具禮儀上復。”[5]詔曰：“所議誠列代之盛事也，然方今未可以爾。”[6]便報絶之。

[1]歧山：即岐山，山名，位於今陝西省岐山縣東北。

[2]孰能巍巍其成功若兹者歟：中華本“其”下有一“有”字，原本、宋本、殿本無。

[3]日睹太平：日，中華本作“目”，原本、宋本、殿本作“日”。

[4]三雍之典：三雍宫保存的典籍。三雍指辟雍、明堂、灵臺。

[5]具禮儀上復：上復，原本、宋本、殿本乙作“復上”，據

中華本改。

[6]然方今未可以爾：方今，原本、宋本、殿本乙作“今方”，據中華本改。

哀帝即位，欲尊崇章皇太妃。桓温議宜稱太夫人。尚書僕射江虨議曰：“虞舜體仁孝之性，盡事親之禮，貴爲天王，富有四海，而瞽叟無立錐之地，[1]一級之爵。蒸蒸之心，昊天罔極，寧當忍父卑賤，不以徽號顯之，豈不以子無爵父之道，理窮義屈，靡所厝情者哉！《春秋》經曰‘紀季姜歸於京師’，[2]《傳》曰‘父母之於子，雖爲天王后，猶曰吾季姜’，[3]言子尊不加父母也。或以爲子尊不加父母，則武王何以追王太王、王季、文王乎？[4]周之三王，德配天地，王迹之興，自此始也。是以武王仰尋前緒，遂奉天命，追崇祖考，明不以子尊加父母也。案禮‘幼不誄長，賤不誄貴’，[5]幼賤猶不得表彰長貴，况敢錫之以榮命邪！漢祖感家令之言而尊太公，[6]荀悦以爲孝莫大於嚴父，[7]而以子貴加之父母，家令之言過矣。爰逮孝章，不上賈貴人以尊號，[8]而厚其金寶幣帛，非子道之不至也，蓋聖典不可逾也。當春秋時，庶子承國，其母得爲夫人。不審直子命母邪，[9]故當告於宗祧以先君之命命之邪？竊見詔書，當臨軒拜授貴人爲皇太妃。今稱皇帝策命命貴人，斯則子爵母也。貴人北面拜受，斯則母臣子也。天尊地卑，名位定矣，母貴子賤，人倫序矣。雖欲加崇貴人，而實卑之；雖顯明國典，而實廢之。且人主舉動，史必書之。如當載之方策，以示後世，無乃不順乎！竊謂應告顯宗之廟，稱貴人仁淑之至，宜加殊禮，以酬鞠育之惠。奉先靈之命，事不在己。妃后雖是配君之名，然自后以下有夫人九嬪，無稱妃焉。桓公謂宜進號太夫人，非不允也。如以夫人爲少，可言皇太夫人。皇，君也，君太夫人於名禮順矣。”帝特下詔拜皇太妃。三月丙辰，[10]使兼太保王恬授璽綬儀服，一如太后。又詔曰：“朝臣不爲太妃敬，爲合禮不?”太常江逌議：[11]“位號不極，不應盡敬。”

[1]瞽叟：相傳爲虞舜之父。舜生母死後，其父娶後妻，生子象。父愛後妻及子象，常欲害舜，置其於死地。

[2]紀季姜歸於京師：語見《左傳·桓公九年》。

[3]“父母之於子”句：語見《公羊傳·桓公九年》。

[5]追王太王：太，宋本作“大”。

[5]“幼不誄長”句：《禮記·曾子問》：“賤不誄貴，幼不誄長，禮也。”

[6]漢祖感家令之言而尊太公：劉邦稱帝後，對其父太公仍行家人之禮，五日一朝。太公家令對太公説：“天無二日，土無二王。今高祖雖子，人主也；太公雖父，人臣也。奈何令人主拜人臣！如此，則威重不行。”後劉邦朝太公，太公擁篲，迎門却行，説：“帝，人主也，奈何以我亂天下法!”於是高祖乃尊太公爲太上皇。事見《史記》卷八《高祖本紀》。

[7]荀悦：東漢末潁川潁陰（今河南省許昌市）人，字仲豫。歷任黄門侍郎、秘書監、侍中等職。

[8]賈貴人：東漢南陽（今河南省南陽市）人。明帝妃子，生章帝劉炟，被封爲貴人。

[9]不審：不曉得，不知道。

[10]丙辰：丙，原本、宋本、殿本作“景”。景爲丙的避諱用字，本卷此後凡遇此避諱字均徑改本字“丙”，不再出注。

[11]江逌：字道載，本書卷八三有傳。

孝武追崇會稽鄭太妃爲簡文太后，詔問“當開墓不？”王珣答：[1]“據三祖追贈及中宗敬后，并不開墓，但更爲塋域制度耳。”[2]

[1]王珣：字元琳，本書卷六五有傳。

[2]但更爲塋域制度耳：但，殿本作“位”。

褚太后臨朝時，議褚裒進見之典。蔡謨、王彪之並以：“虞舜、漢高祖猶執子道，況后乎！王者父無拜禮。”尚書八座議以爲：“純子則王道缺，純臣則孝道虧。謂公庭如臣，私覿則嚴父爲允。”[1]

[1]私覿：私見。

漢魏故事，皇太子稱臣。新禮以太子既以子爲名，而又稱臣，臣子兼稱，於義不通，除太子稱臣之制。摯虞以爲：“《孝經》‘資於事父以事君’，義兼臣子，則不嫌稱臣，宜定新禮皇太子稱臣如舊。”詔從之。

太寧三年三月戊辰，明帝立皇子衍爲皇太子。癸巳，詔曰：“禮無生而貴者，故帝元子方之於士。而漢魏以來，尊崇儲貳，使官屬稱臣，朝臣咸拜，此甚無謂。[1]吾昔在東宮，未及啓革。今衍幼沖之年，[2]便臣先達，[3]將令日習所見，謂之自然，此豈可以教之邪！主者其下公卿内外通議，使必允禮中。”尚書令卞壼議以爲：[4]“《周禮》王后太子不會，明禮同於君，皆所以重儲貳，[5]異正嫡。苟奉之如君，不得不拜矣。太子若存謙冲，故宜答拜。臣以爲皇太子之立，郊告天地，正位儲宮，豈得同之皇子揖讓而已。謂宜稽則漢魏，闔朝同拜。”[6]從之。

[1]無謂：没有道理，没有意義。

[2]幼冲：年齡幼小。

[3]便臣先達：領先於衆臣。

[4]卞壼：字望之，本書卷七〇有傳。

[5]儲貳：太子。

[6]關於朝拜皇太子禮儀，《通典》卷七〇《禮典·嘉禮》載：“後漢制，拜皇太子儀：百官會，位定，謁者引皇太子當御座殿下，北面；司空當太子西北，東面立。讀策書畢，中常侍持太子璽綬東向授太子，太子再拜，三稽首。謁者贊曰‘皇太子臣某’，中謁者稱制曰‘可’。三公升階上殿，賀壽萬歲。因大赦天下。禮畢。

……

“北齊册皇太子，皇帝臨軒，司徒爲使，司空副之。太子服遠游冠，入至位。使者入，奉册讀訖，皇太子跪受册於使者，以授中庶子。又受璽綬於尚書，以授庶子。稽首以出。就册，使者持節至東宮，宮臣内外官定列。皇太子階東，西面。若幼，則太師抱之，主衣二人奉空頂幘服從，以受册。明日，拜章表於東宮殿庭，中庶子、中舍人乘軺車，奉章詣闕堂謝。擇日齋於崇正殿，服冕，乘安車謁廟。擇日群臣上禮，又擇日會。明日，三品以上箋賀。”

太元中，尚書符問王公已下見皇太子儀及所衣服。侍中領國子博士車胤議："朝臣宜朱衣褠幘，[1]拜敬，太子答拜。案經傳不見其文，故太傅羊祜箋慶太子，稱叩頭死罪，此則拜之證也。又太寧三年詔議其典，尚書卞壼謂宜稽則漢魏，[2]闔朝同拜。其朱衣冠冕，惟施之天朝，宜褠幘而已。"朝議多同。

[1]褠：臂衣。犹今之袖套。　幘：包頭之巾。

[2]尚書卞壼：中華本校勘記："'尚書'當同上文作'尚書令'。"

太元十二年，議二王後與太子先後。博士庾弘之及尚書參議，並以爲："陳留，國之上賓。皇太子雖國之儲貳，猶在臣位，陳留王坐應在太子上。"陳留王勱表稱疾病積年，求放罷，詔禮官博士議之。博士曹耽云："勱爲祭主而無執祭之期，宜與穆子、孟縶事同。"[1]王彪之云："二王之後，不宜輕致廢立。記傳未見有已爲君而疾病退罷者，當知古無此禮。孟縶、穆子是方應爲君，非陳留之比。"

[1]穆子：春秋時期晋國韓獻子之長子，有殘疾。　孟縶：春秋時期衛國國君靈公，衛襄公宠姬婤所生。

咸康四年，成帝臨軒，遣使拜太傅、太尉、司空。《儀注》，太樂宿縣於殿庭。門下奏，非祭祀宴饗，則無設樂之制。太常蔡謨議曰："凡敬其事則備其禮，禮備則制有樂。樂者，所以敬事而明義，非爲耳目之娱，[1]故冠亦用之，不惟宴饗。宴饗之有樂，亦所以敬賓也。故郤至使楚，[2]楚子饗之，郤至辭曰：'不忘先君之好，貺之以大禮，[3]重之以備樂。'尋斯辭也，則宴樂之意可知矣。公侯大臣，人君所重，故御坐爲起，[4]在輿爲下，[5]言稱伯舅。《傳》曰'國卿，君之貳也'，[6]是以命使之日，御親臨軒，百僚陪列，此即敬事之意也。古者，天王饗下國之使，及命將帥，遣使臣，皆有樂。故《詩序》曰：'皇皇者華，君遣使臣也。'又曰：'《采薇》以遣之，[7]《出車》以勞還，[8]《杕杜》以勤歸。'[9]皆作樂而歌之。今命大使，拜輔相，比於下國之臣，輕重殊矣。輕誠有之，重亦宜然。故謂臨軒遣使，宜有金石之樂。"議奏從焉。

[1]非爲耳目之娱：非，原本、宋本、殿本無此字，據中華本補。

[2]郤至使楚：事見《左傳·成公十二年》。

[3]貺：賜予。

[4]御坐爲起：坐着的君主爲之站起。

[5]在輿爲下：乘車的君主爲之下車。

[6]國卿，君之貳也：語見《左傳·襄公二十二年》。

[7]《采薇》：《詩經·小雅》篇名，頌派兵戍守邊疆。

[8]《出車》：《詩經·小雅》篇名，慰勞出征將士回歸。

[9]《杕杜》：《詩經·小雅》篇名，批評國君不能親其宗族，使骨肉離散。

漢魏故事，王公群妾見於夫人，夫人不答拜。新禮以爲禮無不答，更制妃公侯夫人答妾拜。摯虞以爲：“禮，妾事女君如婦之事姑，[1]妾服女君期，女君不報，則敬與婦同而又加賤也。名位不同，本無酬報。禮無不答，義不謂此。先聖殊嫡庶之別，以絶陵替之漸。[2]峻明其防，[3]猶有僭違。宜定新禮，自如其舊。”詔可其議。

[1]女君：妾对夫之正妻的稱呼。　姑：婆婆。

[2]陵替之漸：衰敗的端倪。漸，端倪。

[3]峻明其防：加强防範措施。

五禮之別，其四曰軍，[1]所以和外寧内，保大定功者也。但兵者凶事，故因蒐狩而習之。[2]

[1]曰軍：軍禮。《周禮》記載，軍禮内容概括有五：大師、大田、大均、大役、大封。清秦蕙田《五禮通考》引諸家論軍禮之綱説：

“蕙田案：《大宗伯》以軍禮同邦國，大師之禮居其首。蓋先王以禮治神人，和上下，將合斯世於大同，而四方邦國不能無變禮易樂自悖於王章者。禮之所不能治則兵以威之，初非勞民動衆以快一人之私。《易》曰剛中而應，行險而順，以此毒天下而民從之，此邦國之所以同也。成周之制，以田定賦，以賦出兵，征伐隸之司馬，而伍籍屬之司徒居，則爲比、閭、族、黨、州、鄉，出則爲伍、兩、卒、旅、師、軍，故兵即農也，吏即將也。國不知有養兵之費，而將亦不得擅兵之權。其法最爲盡善。三代以後兵與農分，其規畫經制，代各不同。史家俱在可略而言也。史志之例，以軍制入之兵志，以出師命將告祭凱旋諸儀入之禮志。然制軍定賦實爲國以禮之一大端，其所繫尤爲重大，兹編次軍禮特以軍制爲首，鄉遂都鄙出軍多寡不同，由於田制有異，略述先儒之説，以類附見焉。

……

“陳傅良曰：《儀禮》闕軍禮，蓋《司馬法》即古軍禮也。古法多亡，以其有者求之，必非衰世權謀變詐者所能爲也。

……

“蔡氏德晋曰：大師以征强暴，使士卒咸致其死，故曰用衆。大均以平賦役，使貧弱咸樂其生，故曰恤衆。大田以習兵教戰簡衆，謂閲其車徒之數。大役以築建浚鑿任衆，謂事其强弱之力。大封謂封建諸侯，如召伯城謝山甫城齊，與凡厘正疆域皆是合衆者，地有定域，民有常主，所以合聚而不散也。此五者軍禮之目也。

“蕙田案：軍禮之目有五：大師、大田之外有大均，以平賦役。《周禮・均人》職云均地政、均地守、均地職，三年大比則大均是也。大役以興工作，《大司馬》云‘大役，與慮事屬其植，受其要’。《大司徒》云‘大役，以旗致萬民’。《鄉師》云‘大役則帥民徒而至，治其政令；既役，則受州裏之役要，以考司空之辟，以逆其役事’。《鼓人》云‘以鼛鼓鼓役事’是也。大封以正疆域，《大司馬》云‘制畿封國，以正邦國’，《封人》云‘爲畿封而樹之。凡封國，封其四疆，造都邑之封域亦如之’是也。此三者當爲司徒、司空之職掌，而屬之軍禮者。建大事起大衆以軍法制之，則嚴明而有紀律。先王以講禮而寓馭衆之權，其義固深且遠矣。自封建廢而大封之禮無聞，歷代史書所述賦役之制，即《周禮》大均、大役之遺意。然自《通典》《開元禮》《政和五禮新儀》《文獻通考》《會要》《集禮》諸書及歷代史志未有以賦役入軍禮者。今因其體例更不編入，仍取《大宗伯》一條冠於軍禮之首，以存古典之舊云。”

［2］蒐狩：春猎爲蒐，冬猎爲狩，泛指狩猎，又稱田獵。清秦蕙田《五禮通考》引諸家論田獵禮儀説：

“蕙田案：田獵之禮起於皇古。傳曰：古者聖人舉事必反本，五穀者，以奉宗廟養萬民也。禽獸多則害稼穡，故田獵以共承宗廟，示不忘武備，因以爲田除害也。是以師之六五，取象於田有禽，程子以爲寇賊奸宄爲生民之害，若禽獸入於田中，侵害稼穡，於義宜取，則獵取之其義，精矣。至於順天時，因地利，備賓祭，搜軍實，習勞懲怠，辨尊明卑，舉一事而衆善皆備者，此也。自秦漢以下，每代皆有田獵之事。今折衷於《周官》，考其沿革，以類相附焉。

……

“趙氏汝楳曰：田者必夷其險阻，虞人設驅逆之車，使禽趨田，然後有獲無虞。不驅，禽即我，我反從禽，故曰即鹿也。

……

“何氏楷曰：於師言田者，古人一歲三田，所以習武事也。班孟堅云：禽者鳥獸之總名，言爲人所禽制也。

……

“程傳：先王以四時之畋不可廢也，故推其仁心爲三驅之禮。乃禮所謂天子不合圍也。成湯祝網是其義也。天子之畋，圍合其三面，前開一路，使之可去，不忍盡物。好生之仁也。衹取其不用命者，不出而反入者也。禽獸前去皆免矣。故曰失前禽也。王者顯明其比道，天下自然來比，來者撫之，罔不煦煦。然來比於我，若田之三驅，禽之去者從而不追，來者則取之也。

……

“錢氏一本曰：獲三狐，小人狐媚之險至二，而無不解得。黄矢，君子中直之道。至二而無不行。

……

“王氏昭禹曰：坐作進退，不講則不知；刺伐擒縱，不習則不能。春以振旅，夏以茇舍，秋以治兵，冬以大閱，此所以簡其能也。

“又曰：攻鬥而冒矢石，人情之所不欲。馳騁而逐禽獸，人情之所同欲。以人情之所不欲者寓於所同欲之間，此人情樂爲之用，而四時教戰所以皆寓於田。

……

“王昭禹曰：田以簡衆，役以任衆。

……

“蕙田案：葉氏此條，得古人馭衆之意。

……

“蕙田案：葉氏此條，實所以發明田役聯事之意。

“觀承案：田獵之禮大矣，古者寓兵於農，亦即寓戰於獵。蓋戰不可試也，惟因爲田除害，且可供祭祀，待賓客，故教民田獵，即於此簡車徒，練軍實，辨鼓旗，備行陣，所以教其坐作進退之方，馳驅控縱之節，已無不周至。而其民惟知踴躍鼓舞，以及時趨赴，各有所得，而反不知其戰陣之法，已熟練於平素而無不精矣。此古禮之妙，所以使人悦而忘勞者也。

……

“陳氏《禮書》：《周官》四時之田，春蒐以教振旅，夏苗以教茇舍，秋獮以教治兵，冬狩以教大閲。鄉師於凡田前期出田法於州里，簡其兵器，修其卒伍。山虞萊山田之野，澤虞萊澤野，而大閲之禮，爲表，百步則一表，爲三表，又五十步爲一表。田之日，司馬建旗於後表之中，群吏以旗物帥民而致，質明弊旗，誅後至者。群吏聽誓於陳前，教以坐作進退之節，遂以狩田。以旌爲左右和之門，群吏各帥其車徒以敘和出左右，陳車徒，有司平之。既陳，乃設驅逆之車，有司表貉於陳前，中軍以鼙令鼓銜枚而進，獲者取左耳。然則虞人所萊之野，《穀梁》所謂‘艾蘭以爲防’是也。以旌爲左右和之門，《穀梁》所謂‘置旃以爲轅門，以葛覆質以爲槷’是也。其未田也，教戰於此。及田，則驅禽以入，天子發則抗大綏，諸侯發則抗小綏，諸侯發然後大夫士發，置虞於其中以致禽焉。《小宗伯》帥有司而饁獸於郊遂頒禽，則饁獸於郊者，《月令》所謂既‘田，命祠祭禽四方’是也。頒禽詩傳及《穀梁》所謂‘擇取三十爲俎，其餘以予大夫士’是也。田之服則冠弁服，車則木路，旗則大麾，弓則夾弓、庾弓，矢則鍭矢、殺矢。其出也，用牲於社宗而載之行；其止也，張幕設重帟、重案而於是。臨誓，先王之於田，宜社造廟祭馬祖，繼之以饁獸於郊，慎之至也。

“蕙田案：陳氏此條，叙田獵始終儀節，正記所云有禮者也。

……

“蕙田案：經傳所説四時之田異説甚多。《周禮》《左傳》四時皆田，《公羊》注夏時不田，其異一。《周禮》蒐苗獮狩歲歲皆行，《左傳》治兵振旅三年一舉，其異二。《周禮》《左傳》以蒐苗獮狩分春夏秋冬，《公羊》春苗秋蒐，《穀梁》春田秋蒐，其異三。案《大宗伯》言大田之禮，則田者總名，何故專屬之春？賈誼《新書》亦謂夏不田何也？曰天地陰陽盛長之時，猛獸不攫，鷙鳥不搏，蝮蠆不螫，鳥獸蟲蛇且知應天，而况人乎哉？此説似亦近理。然《周禮》明有夏苗，則亦不足據也。餘三説亦當以《左傳》爲正。

……

“蕙田案：何休以《公羊》夏苗，但去害苗，而不田獵。

……

“蕙田案：此即夏不田之説。傳意謂有此禮而不常用也。可與《月令》孟夏毋大獵相發明。

……

“孟夏之月驱兽，毋害五穀，毋大田猎。

“陈澔曰：夏猎曰苗，正爲驱兽之害禾苗者，与三时大猎自不同。

……

“蕙田案：玩此條知古人田獵重於秋冬春，夏雖有其制而不備也。考之經傳謂四時皆田者，《周禮》《左傳》《穀梁傳》也。謂夏不田者，《公羊傳》何休注及《春秋緯·運鬥樞》也。何休竟以夏無田獵譏《穀梁》爲短，固屬非是。鄭康成則以緯書爲孔子所作，四時田者，周制，三時田者，夏殷制。孔子欲改周制不敢顯露，陰書於緯，而於《春秋》則仍用周制。其説穿鑿而害道，皆未細玩《月令》季春羅網毋出、孟夏毋大田獵及《穀梁》四用三焉之義。觀《王制》獺祭魚云云，亦專指秋冬。又云天子諸侯無事則歲三田，即《周禮》所載儀節，亦惟治兵大閲特詳於振旅茇舍。古聖人順天時以取物，因農隙以講武，春夏生長之候決不肯多殺以擾民也。然四時皆有農隙，而武備不可以不時肄，故斟酌於四時之中而有詳略之别焉。其義精矣。

“觀承案：《周禮》四時皆田，以四時皆有農隙，則乘其隙而行之可也。然《王制》已有天子諸侯無事則一歲三田之文，蓋夏禾方盛，於田獵原不甚相宜，因思宣王《車攻》詩，特標出‘之子於苗’句，此與《六月》之詩同意。蓋宣王非無事之時既盛夏興師，又行夏苗之禮，以習軍陣也。則平日之田不必四時皆行，故《周禮》尤詳大閲之禮，而《豳風》‘一之日於貉，二之日載纘武功’，亦總在冬時，然則田雖備四而行之，當酌其宜要，惟秋冬爲重也。

……

“王氏曰：畋狩有時，《王制》‘獺祭魚然後虞人入澤梁’云云是也。取獸有法，如不麛、不卵、不殺胎、不殀夭、不覆巢、踐毛不獻、不成禽不獻是也。田獵有地，如東有甫草駕言行狩是也。及夫辨其死生鮮薧之物，當公當私之宜，斷其争禽之訟，皆所謂政令也。”

漢儀，立秋之日，自郊禮畢，始揚威武，斬牲於東門，以薦陵廟。其儀，乘輿御戎路，[1]白馬朱鬣，[2]躬執弩射牲，[3]牲以鹿麛。[4]太宰命謁者各一人載以獲車，[5]馳送陵廟。還宫，遣使者賫束帛以賜武官。武官肄兵，[6]習戰陣之儀。斬牲之禮，名曰貙劉。兵官皆肄孫吴兵法六十四陣。[7]既還，公卿以下陳雒陽前街，[8]乘輿到，公卿以下拜，天子下車，公卿親識顔色，然後還宫。古語曰在車下車，[9]則惟此時施行。漢世率以爲常。至獻帝建安二十一年，魏國有司奏："古四時講武，皆於農隙。漢西京承秦制，三時不講，惟十月都講。今金革未偃，士衆素習，可無四時講武。但以立秋擇吉日大朝車騎，號曰閱兵，[10]上合禮名，下承漢制。"奏可。是冬，閱兵，魏王親執金鼓以令進退。延康元年，魏文帝爲魏王。是年六月立秋，閱兵於東郊，公卿相儀，王御華蓋，[11]親令金鼓之節。魏明帝太和元年十月，又閱兵。

[1]戎路：兵車。

[2]鬣：馬頸上的長毛。亦稱鬃毛。

[3]射牲：牲，殿本作"生"。

[4]牲以鹿麛：鹿麛，原本、宋本、殿本作"爲薦麛"，據中華本改。

[5]太宰命謁者：命，原本、宋本、殿本作"命"，中華本作"令"。　獲車：裝載獵物的車。

[6]肄兵：演兵，練兵。

[7]孫吴：兵法家孫武和吴起。

[8]公卿以下：以，殿本作"已"。下文"公卿以下"同。

[9]古語曰在車下車：在車下車，殿本作"在軍下車"。

[10]號曰閱兵：中華本校勘記："'閱'本作'治'，此唐人避李治諱改。下'閱兵'同。《魏志·武帝紀》皆作'治兵'。"按百衲本即作"閱"。閱兵，又稱"校閱""講武"。清秦蕙田《五禮通考》考述校閱禮儀説：

"蕙田案：古者寓兵於農，有校閱之禮，有田獵之禮。考《周禮》‘大田之禮，簡衆也’，又云‘聽師田以簡稽，春而振旅，夏而茇舍，秋而治兵，冬而大閱’，非徒以饁禽取獸供賓客宗廟之用而已，蓋安不忘危。講武之儀即寓於游田之内，故校閱即田獵，田獵即校閱，二者不可分也。然觀《月令》講武飭事之文，則其事亦有不爲田獵者，即康成注亦未嘗與冬狩混而爲一也。至《春秋》一經，所書大閱治兵之事尤多，蓋列國多故臨戰而習武，以是爲權禮焉。漢唐以下，其事益分古今異宜，無容泥古也。今分爲二門，而於大司馬四時之狩，悉歸之田獵云。

……

“蕙田案：杜預以大閱爲因事習武，何休以大閱爲五年定制，二説不同，然皆以爲與田獵異事，書之於策非有所譏也。觀孔氏正義自明，乃《穀梁》以爲非正。范寧以不因田獵貶之，恐非經意。

……

“蕙田案：劉昭注《續漢志》引《魏書》：漢承秦制，十月，會五營士爲八乘，進退，名曰乘之。《晋志》亦曰都講。

……

“《後漢書·世祖本紀》建武六年初罷郡國都尉官。

“劉氏攽曰：郡有都尉，國有中尉，此时罢郡都尉耳，不应有國字。

“章如愚曰：光武见翟义反，隗嚣叛，皆以秋试勒车骑诛守长以起事也，是以罢郡國都尉，无都试之法，惟京師肄兵如故。”

[11]華蓋：帝王車上的傘蓋。

武帝泰始四年九月，咸寧元年，太康四年、六年冬，皆自臨宣武觀，[1]大閲衆軍，然不自令進退也。自惠帝以後，其禮遂廢。元帝太興四年，詔左右衛及諸營教習，依大習儀作雁羽仗。成帝咸和中，詔内外諸軍戲兵於南郊之場，故其地因名鬥場。自後藩鎮桓庾諸方伯往往閲習，[2]然朝廷無事焉。

[1]宣武觀：位於時洛陽大夏門内東北上。《太平寰宇記》卷三《河南府·洛陽縣》："夏門。北面有二門，其西漢曰夏門，晋改爲大夏門。"《晋宫闕簿》云："宣武觀在大夏門内東北上。"

[2]桓庾：即東晋兩大世家大族：桓氏和庾氏。

漢魏故事，遣將出征，[1]符節郎授節鉞於朝堂。[2]其後荀顗等所定新禮，遣將，御臨軒，尚書受節鉞，依古兵書跪而推轂之義也。[3]

[1]遣將出征：此爲軍禮重要内容之一。清秦蕙田《五禮通論》分"師名義""出師時令""親征""諸侯專征""類上帝""宜社""造廟""禡""受命於祖""受成於學""命將告廟""軷""祭所過山川""誓師""勞師""軍中職事""營陣行列""車路""旌旗""兵器""軍容""坐作進退擊刺之節""軍中禁令""軍中刑賞""軍中之祭""致師""用師名目""凱旋告祭獻俘""獻捷""受降""飲至""論功行賞""師不功""遣戍"等諸多項目、程序考述歷代遣將出征禮儀，節録如下：

"蕙田案：先王不得已而用師，師必以律，律與禮相爲表裏者也。師出不以律猶無師也，律不以禮猶無律也，故出師之際禮尤重焉。今集經史及諸家之言，列出師一門。此書以議禮非言兵也，故行陣擊刺之事從略，而於類、禡、宜、造、命將、誓師及凱旋、宣捷諸儀節則加詳焉。正史之外采唐五代《會要》《開元禮》《政和新儀》《通典》《通考》《明集禮會典》附益之。

……

"程子曰：《師》爲卦，坤上坎下。以二體言之，地中有水，爲衆聚之義。以二卦之義言之，内險外順，險道而以順行師之義也。以爻言之，一陽而爲衆陰之主，統衆之象也。比以一陽爲衆陰之主而在上，君之象也。師以一陽爲衆陰之主而在下，將帥之象也。

"《大易紀聞》：初六出師而嚴其律，九二帥師而得其人戒，六三之輿尸而一其令審，六四之左次而重其進，去天下之害而不自爲害。此皆六五之君得興師之道，操任將之法。至上六而功成治定，師之道終焉。六爻中出師、駐兵、將兵、將將與奉辭伐罪、旋師班賞，無所不載。雖後世兵書之繁，不如師卦六爻之略也。

……

"《朱子語類》：問：謙是不與人争，如何五、上二爻皆言'利用侵伐''利用行師'？象曰：'利用侵伐，征不服也。'若以其不服而征，則非所以爲謙矣。曰：老子言：'大國以下小國，則取小國；小國以下大國，則取大國。'又言：'抗兵相加，哀者勝矣。'孫子曰：'始如處女，敵人開户；後如脱兔，敵不及拒！'大抵謙自是用兵之道，衹退處一步耳，所以'利用侵伐'也。蓋自初六積到六五、上六，謙亦極矣，自宜人人服之。尚更不服，則非人矣，故'利用侵伐'也。如'必也臨事而懼'，皆是此意。

……

"程子曰：《豫》，順而動也。諸侯和順則萬民悦服，兵師之興，衆心和悦則順從而有功。故悦豫之道利於建侯行師也。又上動而下順，诸侯從王，師衆順令之象。君萬邦，聚大衆，非和悦不能使之服從也。

……

"程子曰：九以陽居上，在离之終，剛明之極者也。明則能照，剛則能斷。能照足以察邪惡，能斷足以行威刑。故王者能用如是剛明，以辨天下之邪惡而行其征伐，則有嘉美之功也。征伐，用刑之大者。夫明極則無微不照，斷極則無所寬宥，不約之以中，則傷於嚴察矣。去天下之惡，若盡去其漸染詿誤，則何可勝誅？所傷殘亦甚矣。故但當折取其魁首，所執獲者非其醜類，則無殘暴之咎也。

《書》曰：殲厥渠魁，脅从罔治。

……

“鄭氏鍔曰：五軍以爲師，以師統軍，以軍統旅，以旅統卒，以卒統兩，以兩統伍，上下相統，聞鼓進，聞金止。此大師之禮以用衆，故欲其同。

“鄭鍔曰：眚，王氏謂詘其爵命，削其土地。若人眚瘦，未免與下削之相似。眚如《易》有灾眚之眚，用兵治之使若眚灾，不能逃其患也。

……

“王氏昭禹曰：及師，大合軍。謂命將或王親征之時。

“鄭氏鍔曰：大合軍旅非以肆暴也，以行禁令所以申明乎九法也，以救無辜所以明王者之仁也，以伐有罪所以明王者之義也。

……

“陳氏澔曰：治軍旅，左右之局，非禮則威嚴不行。

……

“陳氏澔曰：天地大德曰生，春者生，德之盛時也。兵凶器，戰危事，以殺戮之心逆生育之氣，是變易天之生道，其殃也宜哉。

……

“陳氏澔曰：專任有功謂大將有已試之功，乃使之專主其事也。詰者問其罪，誅者戮其人，殘下謂之暴，慢上謂之慢。

……

“易氏祓曰：若有强梗弗率者，負固弗服者，與夫侵犯王略而自干天誅者，天子於是親帥六師，方伯連帥從焉，謂之大師。大司馬掌其戒令，則方伯連帥以至軍將師帥，莫不受戒令焉。

“鄭氏鍔曰：或謂用師則大司馬爲大將，固掌號令，以指麾六軍矣。此言若大師，則掌其戒令者，蓋此乃王親出征之時也。王自出軍則王自將，號令皆出於王，大司馬惟掌戒令，則專治六師之法而已。

……

“蕙田案：親征之事，如黄帝之征蚩尤，及夙沙氏夏啓戰甘之師、武丁荆楚之伐皆是也。湯南巢之戰、武牧野之戰亦屬親征，而其事又别後世如隋之征高麗、唐太宗之征突厥、宋真宗景德澶淵之師與明成祖之征蒙古本雅實哩、阿嚕台、衛拉特、瑪哈穆特等。英宗之征也，先武宗之征宸濠，或有合於奉辭伐罪之義，或徒出於窮兵黷武之爲，孰得孰失，史有明文，學者折衷於經可也。

……

“馬晞孟曰：征與殺先王所以致天討，弓矢鈇鉞先王所以致天討之器，諸侯必俟天子之賜然後得以征伐者，臣無有作威，所用則君之賜而已。以征對殺則殺爲重，以弓矢對鈇鉞則鈇鉞爲重，諸侯之出討有罪，未賜斧鉞而有所不敢殺，則亦征之而已。

……

“林氏之奇曰：羿之立仲康也，方將執其禮樂征伐之權以號令天下，羲和黨惡於羿，胤侯承王命往征之，以剪羿羽翼，故終仲康之世羿不得以逞也。

……

“何氏楷曰：朱子云：《東山》之詩言自我不見於今三年，則居東之非東征明甚。蓋周公居東二年，成王因風雷之變，既親迎以歸。三叔懷流言之罪，遂脅武庚以叛。成王命周公征之，其東征往返首尾又自三年也。案《逸周書》作《雒解》云，師旅臨衛攻殷，殷大震潰降，群三叔禄父者奔管叔，經而卒。所征熊盈族十有七國，俘維九邑，俘殷獻民，遷於九畢。《竹書》成王三年，王師滅殷，殺武庚、禄父，遷殷民於衛，遂伐奄，滅蒲姑。四年，王師伐淮夷，遂入奄。五年，王在奄，遷其君於蒲姑。夏五月，王至自奄，此則東征之役。斧斨破缺蓋歷三年也。

“蕙田案：《金縢篇》孔安國傳：以我之弗辟爲刑辟之辟，並即以居東二年爲東征誅管蔡之事。鄭康成《詩箋》以弗辟爲避，而以居東二年爲避居東土，蔡仲默因之。竊謂一聞流言遽興兵而東誅二叔，恐周公未必專擅如此。惟避居二年，積誠相感，王心稍悟，然後作《鴟鴞》以開解王心，及乎風雷感泣，發匱得書，皮弁親迎之後，乃敢用我斯我斧，奉王命而致討。居東二年，征東三年，自是二事，豈可並爲一談也？古雖有專征之禮，然如孔傳説適足爲亂臣藉口，當從康成爲是。何氏據《逸周書》《竹書》證之，疑或然也。

……

“蕙田案：《王制》所説類宜造之禮凡二見，其一爲巡守之禮，其一爲征伐之禮。鄭康成皆注云其禮亡，則三代以上儀節之詳已不可見，然散見各經者尚多，今采取特備。唐及明諸儀甚詳，今略撮其要以備考。

“又案孔疏《爾雅》所釋，多爲釋《詩》。以《皇矣》云‘是類是禡’故釋爲師祭，不謂余文皆爲師祭。但類者以事類告天，若以攝位事類告天亦謂之類，故《尚書·舜典》云肆類於上帝是也。或以巡狩事類告天亦謂之類，故《王制》云‘天子將出類乎上帝’是也。

……

“王氏安石曰：《司馬法》曰：‘將用師，乃告於皇天上帝，日月星辰。’《詩》曰：‘是類是禡。’《爾雅》曰：‘此師祭也，所謂類上帝也。’

“鄭氏鍔曰：凡此事，大祝處前告神，故曰前祝。

“王氏昭禹曰：大祝前於群祝。

……

“鄭氏鍔曰：上帝至尊，不可以瀆，因其事類，然後告祭，故名曰類。類者，上帝之祭。造者，祖廟之祭。此曰類造上帝何也？蓋王者出征所至，以事類告天，故兼言之，非常祭。故爲之位。蓋肆師主立國祀之禮耳。

……

“鄭氏鍔曰：祭社曰宜，蓋以事宜而祭之，非春秋之所報此國內之禮。

“汪氏克寬《經禮補逸》：宜出兵祭社之名‘社’，所以神地，道主陰。先王建國，左祖右社，大社在庫門之内，右國社亦在公宫之右，皆尚陰也。陰主殺，故誓社而田，因田而習軍旅，出征祭之，稱其義也。然征既宜於社而又類於上帝、造於祖禰，何哉？蓋生殺非王者所得私也。類於上帝明奉天討也，造於祖禰示受命於廟不敢自專也，曰類曰宜曰造祭，雖先後不同，合《周官》《王制》《泰誓》言之，其義各有攸當也。

……

“王氏安石曰：案《爾雅》曰：起大事動大衆，必先有事於社而後出，謂之宜。所謂宜於社也。

……

“鄭氏鍔曰：祭祖曰造，蓋特造至而祭之，非四時之常享此國内之禮。

“汪氏克寬曰：造，造而告之之祭也。告於祖禰，告以道其事而致其敬也。考之《王制》又曰受命於祖，《泰誓》曰受命於文考，此蓋因造告卜於廟，受命於祖考而後征也。

……

“王氏安石曰：《司馬法》曰：將用師乃造於先王，所謂造於祖也。

“蕙田案：《王制》之‘造’但祭考廟，《周禮》之‘造’遍祭七廟，二説互相備。

……

“丘氏濬曰：此經傳言祠兵之始。先儒謂何氏解祠兵有二義，一則祀其兵器，後世祭旗節始此。一則殺牲享士卒，後世犒賞士卒始此。

……

“蕙田案：《王制》明有禡祭，臣瓚以爲無祭事，謬矣。

……

“《大學衍義補》：唐節度使辭日賜雙旌雙節，行則建節立六纛，入境築節樓，迎以鼓角。宋朝有六纛，旌節門旗受賜藏之公宇私室號節堂，朔望次日祭之號衙日，蓋有旌節則有神祀。

“丘濬曰：後世六纛之名與祀，始見於此。

……

“（蕙田）又案：禡或云祭黄帝，或云祭蚩尤。鄭康成概以爲祭造軍法者，似二説皆通矣。但明季氏本謂黄帝聖人，蚩尤敢與拒戰，逆臣也，何得與於祭？其理甚正。核而論之，當以祭黄帝爲是。隋唐皆專祭黄帝，可謂得祀典之正者。乃後世復有變而以旗纛之祭爲禡祭者，不知其説之何所據？《太白陰經》曰：‘大將軍中營建旗纛，天子六軍故用六纛，以旄牛尾爲之’，在左騑馬首。不言其有祭黄帝。《出軍訣》曰：‘牙旗者，將軍之精，一軍之形候’凡始豎牙必祭以剛日，亦未嘗以此爲禡祭，惟晋顧愷之文始以黄帝蚩尤與牙合而爲一。考《史記》裴駰集解引《皇覽》曰：‘蚩尤塚在東平郡壽張縣闞鄉，城中高七丈，民常十月祀之。有赤氣出，如匹絳帛，民名爲蚩尤旗。’此則其説之所自起歟？夫以祭造軍法之人而變而祭牙旗，又因旗神而及太乙五兵，又或兼祭蚩尤與旗神。紛紛之制皆非古也，今並列之，以備擇。又禡有三：出征而禡一也，田獵而禡二也，無事而禡三也。丘瓊山曰：至所征之地而既有其祭，則無事之時必有其祠可知矣。今以無事之禡類附於此，而田獵之禡另入田獵一門。

……

“蕙田案：孔疏謂受命於祖，受成於學。其禮在類宜造禡之前，於經文次序既不合，且康成亦無明説。疏文並無確據，不可從。

……

“蕙田案：既已造禰，又必受命於祖，禮似近於煩數。蓋古人出師必載遷廟之主，僅造於禰未得奉遷廟主也。禰，至親也。遷廟主，則至尊也。出師大事，宜臨之以尊，不特豐於昵而已。又案此諸侯告祖廟禮，諸侯禮考之於經不具，故不另列。

……

“蕙田案：受命於祖之禮，後世鮮行之者，蓋與造祭混而爲一。略采一二事，以見其概。

……

“蕙田案：類、宜、造、禡、告廟、告學之次第，見於《王制》，差爲可據。而諸家之説參差不一。《孔叢子·問軍禮篇》先宜社，次受成於學，次類上帝。《隋禮儀志》先宜社、次類上帝、次禡。《通典》載北齊之制，先造廟、次宜社、次類上帝、次禡，皆與《王制》不合。今一以《王制》爲定。《司馬法》先後之次與《王制》略同，《司馬法》乃古書，班史入之《周禮》之後，可信也。

“又案受成於學之禮後世亦不行。

……

“王氏昭禹曰：王以兵出，故有犯軷之儀。田輅不言犯軷，則以戎輅見之。

……

“蕙田案：《大雅·生民》篇云：‘取羝以軷’。毛傳云：‘軷，道祭也。’陸德明《釋文》云：‘軷，蒲末反。’《説文》云：‘出必告道神，爲壇而祭爲軷。’孔疏：‘軷謂道神之祭。’此詩言后稷将行郊祀，故祭道神，則與出師無涉。即《周官·大馭》及《儀禮·聘禮》所云軷皆不爲行，師但征伐乃出行之大者，豈軷禮轉可廢耶？後世隋有此祭，见《通典》《隋書》《開元禮》則明著爲親征而行。宋明不聞行，此闕之。

“觀承案：后稷郊天，此説最爲非禮。《生民》末章乃據今日以后稷配天言之耳。‘后稷肇祀’句則仍收轉第六、第七章。后稷烝祭、軷祭而結，明以迄於今，可以推其功德以配天也。疏家因‘上帝居歆’之文而謂后稷自行祭帝於郊，其説必不可存。

……

“鄭氏锷曰：封者，累土增高。非山川之大神則無累土爲壇以封崇之。禮，兵之所在必增高以祭之，非頓兵之山川則無祭兵之所在，則宜有祭，此非常祭，故皆爲之位。

……

“真氏德秀曰：王者之師，代天致罰，非其人得罪於天，天理所不容、人情所不堪，必不輕易以動衆也。其始也，必以其人所積之惡、所犯之罪以告於皇天后土。軍旅所至之地、所經過之山川，皆必致吾所以興師及彼不可不討之意，以告於神明。苟揆之理反諸身，而有一毫利己之私，一念忿人之意，不合於天、不順於人，決不敢輕舉焉。孟子曰：‘征者，正也。己必正而後可以正人，未有己不正而能正人者也。’不正之事告之人且不可，況神乎？神所不可間者，人決不可爲也。一己爲之且不可，況役使千萬人而爲之乎？

……

“黄氏度曰：祭祀有誓軍旅，有誓恤憂也。使憂其事也。

“史氏浩曰：誓所以警戒而歸之恤，恤則無慢，令致期矣，怠何由而生？

“蕙田案：十二教之誓，康成及賈公彦皆以爲凶荒之禮，與出師無涉。而黄氏、史氏諸説解爲軍中之誓，其義兩通，今從之。

……

“鄭氏鍔曰：用兵然後有誓，誓者折之以言，使斷然必信。《湯誓》《泰誓》作於用兵之時是也。

“王氏昭禹曰：誓之所用，非特軍旅也。祭祀田役之類皆有誓，而以軍旅爲主。

……

“王氏安石曰：條狼氏主誓者掌辟之官，以禁止爲事，故也。

“王氏曰：鄭氏以爲誓者出軍及祭祀之事，但爲樂師與大史、小史主禮樂之事，故謂祭祀時耳，不知皆誓之於軍也。《太師》職云‘大師執同律以聽軍聲，而詔吉凶’，是軍有太師也。《太史》職云‘太史抱天時，與太師同車’，是軍有太史也。《小史》職云‘凡軍事，佐太史’，是軍有小史也。刑不上大夫而誓之嚴如此，軍事以嚴終也。《甘誓》可見矣。軍國異容，祭祀之誓太宰掌之，大司徒莅之，何預於條狼氏哉？

“王氏應電曰：《士師》職以五戒先後，刑罰一曰‘誓用之於軍旅’，故此所誓專主軍旅而言。

“蕙田案：康成以此誓兼祭祀，兩王氏以此誓專主軍中，以《士師職》參考之，兩王氏之説爲長。

……

“朱氏升旁訓：‘誓’與禹征苗之‘誓’同義，言其討叛伐罪之意。嚴其坐，作進退之節。案有扈氏夏同姓之國，《史記》曰：‘啓立，有扈不服，遂滅之。’

……

“蔡氏沈曰：胤國名征者，上伐下也。仲康丁夏之衰，羿執國政，能命胤侯掌六師，胤侯能承命討有罪，禮樂征伐猶自天子出，故録之。

……

“蕙田案：自三苗誓師以下，皆致師之誓。《秦誓》一篇則還師之誓也。孔穎達正義分《書》之例爲十五，曰誓獨《秦誓》乃誓之變體，與《周禮》所謂士師五戒之誓、司徒十二教之誓皆别。

“《司馬法》：有虞氏戒於國中，欲民體其命也。夏后氏誓於軍中，欲民先成其慮也。殷誓於軍門之外，欲民先意以待事也。周將交刃而誓之，以致民志也。

……

“蕙田案：劉彦和雖云三代之誓宣訓我衆，不及敵人，然三苗之誓及《汤誓》《泰誓》等皆數敵罪状，不僅訓我衆也。誓辭之體本同於檄，又或混於露布。核而論之，檄者致師之際聲罪而致討，露布者戰勝之後弛詞以揚功。今不另列移檄一条，露布則另列，其漢唐以下檄辭不備載。”

[2]符節郎：官名，掌管皇帝印璽、虎符、竹使符，授節與遣使。三國時隸屬少府，西晋時職歸御史臺。郎，殿本作“即”。

[3]推轂：古代帝王任命將帥時的禮儀。

五禮之别，其五曰嘉，[1]宴饗、[2]冠、[3]婚之道於是乎備。[4]周末崩離，賓射、宴饗之則罕復能行，[5]冠、婚、飲食之法又多遷變。[6]

[1]嘉：即嘉禮，五禮之一，主要内容包括婚禮、冠禮、會禮、養老禮等。

[2]宴饗：也稱饗燕，古代嘉禮内容之一。清秦蕙田《五禮通考》引分“統論饗燕”“饗禮”（之下又分“大饗設几席樂器”“大饗牲牢之具”“大饗酒醴之具”“大饗裸具”“大饗陳鼎俎籩豆簠簋之具”“大饗内官戒具”“大饗賓至庭燎”“饗禮迎賓賓入”“大饗裸獻酬升歌合樂”“大饗酬酒時侑幣”“大饗授祭”“饗禮徹歌客出歸賓俎”“王不親饗致幣”）“饗變禮”“饗失禮”“《儀禮·燕禮》”（下分“告戒設具”“君臣各就位”“命賓”“命執事省”“納賓”“拜至”“主人獻賓”“賓酢主人”“主人獻公”“主人自酢”“主人酬賓”“二人媵爵於公”“公酬賓之禮終”“公爲賓舉旅”“主人獻公卿”“再媵爵”“公爲諸公卿舉旅”“主人獻大夫”“工歌”“公爲大夫舉旅”“立司正”“徹俎”“説屨升坐”“主人獻士及旅食”“因燕而射”“賓媵觶於公”“公爲舉旅”“獻庶子以下”“無算爵”“燕畢賓出”“公與客燕”“記服及燕所”“記牲”“記與四方之賓燕”“記爲賓者”“記羞者執冪者”“記盛樂”“記有俎者”“記獻公之辭”“記栗階之節”“記受公酬者請旅之節”“記薦與羞者及内羞”“記公射”“記賓媵爵之辭”“記房中樂”）“燕義”“經傳燕禮”（下分“天子燕禮”“諸侯燕聘賓之禮”“諸侯燕其臣之禮”“燕時雜儀”“燕時之樂”）等類别條目或程序環節引諸家論。又分别闡述了“春秋饗燕”“《儀禮》公食大夫禮”“經傳食禮”“西漢宴饗”“魏晋至隋宴饗”“唐宴饗”“五代宴饗”

“宋宴饗”“遼金元宴饗”“明宴饗”等情況。其中“統論饗燕”曰：

“蕙田案：《周禮·大宗伯》：‘以饗燕之禮親四方之賓客’，賈疏：‘饗，亨大牢以飲賓，獻依命數，在廟行之。燕者，其牲狗，行一獻四舉旅，降脱屨，升堂，無算爵，以醉爲度，行之在寢。’成十二年《左傳》：晋郤至曰：‘饗以訓恭儉，燕以示慈惠。’宣十六年，定王曰：‘王享有體薦，宴有折俎，公當饗，卿當燕。’《周語》：‘王公立飫，則有房烝。親戚宴享，則有殽烝。’杜注‘享有體薦，設几而不倚，爵盈而不飲，殽乾而不食，燕則折俎，相與共食。’孔疏：‘王爲公侯設饗，則半解其體而薦之，爲不食，故不解。’折燕禮‘體解節折，升之於俎，即殽烝。其物解折，使可食’，又‘饗則君親’獻燕‘則不親獻’，此饗與燕之别也。而饗之禮有三：天子享元侯一也，兩君相見二也，凡饗賓客三也。《詩·小雅·彤弓》，《覲禮》‘饗禮乃歸’，《周禮·掌客》‘三饗壹饗’，《大行人》‘饗禮九獻、七獻、五獻’，《郊特牲》‘大饗尚服脩’，此天子享諸侯之大饗。襄四年《左傳》穆叔曰‘三夏天子所以享元侯’是也。《仲尼燕居》言禮有九，大饗有四，‘兩君相見揖讓而入門，入門而升堂，升堂而樂闋，下管《象》《舞》，《夏籥》序興，陳其薦俎，序其禮樂，備其百官。’《坊記》大饗‘廢夫人之禮’是兩君相見之大饗。成十二年《左傳》，晋郤至曰‘世之治也，諸侯間於天子之事則相朝，於是乎有饗宴之禮’是也。《左傳》僖十二年，齊侯使管夷吾平戎於王，王以上卿之禮饗管仲。三十年周公閲來聘饗，有昌歜形鹽。襄二十九年，范獻子來聘，公享之。昭二年，韓宣子來聘，公享之等是。凡饗賓客之大饗也，饗禮以天子饗元侯爲正兩君相見。次之若殽烝之饗，不得謂之大饗矣。天子之大饗有等數，《周禮·掌客》凡諸侯之禮，上公三饗三食三燕，侯伯三饗再食再燕，子男壹饗壹食壹燕。《大行人》上公之禮，廟中將幣，三享。王禮，再祼而酢，饗禮九獻，食禮九舉。諸侯之禮，廟中將幣，三享。王禮壹祼而酢，饗禮七獻，食禮七舉，諸子廟中將幣，三享。王禮壹祼不酢，饗禮五獻，食禮五舉是也。鄭注：饗設盛禮以飲賓。賈疏云：盛禮者，以其饗有食有酒兼燕與食，故云盛禮。是燕不得爲饗，而饗則又兼燕與食矣。考之禮，惟諸侯燕其臣及公食大夫之禮見於《儀禮》，而饗禮久亡，今以散見於《周禮》傳記者，類而輯之，以著於燕禮之前，而以《儀禮》及《左傳》所載春秋饗宴之禮及後世史事附焉。

……

"蕙田案：饗禮之大者有二：《秋官·掌客》及定王所言，天子饗諸侯之禮。郤至所言，兩君相見之禮，而《大宗伯》饗燕之禮，實該之。"

［3］冠：冠禮，古代嘉禮内容之一。清秦蕙田《五禮通考》引諸家論曰：

"蕙田案：《大宗伯》'嘉禮以昏冠之禮親成男女'，《曲禮》'人生十年曰幼學，二十曰弱冠'，又曰'男子二十冠而字'，《内則》'二十而冠始學禮'，《冠義》所謂'責以成人之道'是也。《山堂考索》云，三代之盛，冠禮頗備。東遷以後，禮樂廢壞，魯襄公可冠而未冠，則晋悼公問其年，而告之曰："盍爲冠具？"春秋之時猶如此，則盛時可知也。秦漢以來人自爲禮，家自爲俗，雖縉紳大夫豈知所謂筮日、筮賓、卜筮之制爲如何？始加緇布、再加皮弁、三加爵弁，其弁之制爲如何？夏用葛屨、冬用皮屨，其屨之制又如何？唐柳宗元《答韋中立書》云：冠禮數百年來人不復行，近有孫昌引者，獨發憤行之。既成禮，明日造朝至外廷，薦笏言於卿士曰：'某子冠畢'，應之者咸憮然。京兆尹鄭叔則怫然曳笏，却立曰：'何預我耶？'廷中皆大笑。天下不以非鄭尹而快孫子何哉？獨爲所不爲也。由是觀之，則冠禮之廢也久矣。考其制度，天子諸侯大夫冠禮之有無，見於經傳者已無定論。所紀十二、十三、十五行冠之年歲，又不盡如《曲禮》《内則》之云，特《士冠》之見於《儀禮》者，爲稍完耳。今從《朱子經傳》，通解以《儀禮》爲首，摭拾經史遺文以綴於篇。

……

“敖繼公曰：下經言賓受冠，右手執項，左手執前，則是冠後亦謂之項也。此缺項者，蓋別以緇布一條圍冠而後不合，故名之曰缺項。謂其當冠項之處則缺也。其兩端有綱，別以物貫穿而連結之以固冠。其兩相又皆以纓屬之，而結於頤下以自固。蓋太古始知爲冠之時其制如此，後世之冠縫著於武，亦因缺項之法而爲之也。纚，舊説謂繒爲之，纚長六尺，則固足韜其髮矣。然廣惟一幅，則圍髮際而不足，或亦缺其後與？古者布帛幅廣二尺，經言纚於缺項二笄之間，以見三加同一纚也。紘，弁之繫也，以組一條爲之，冠用纓，弁用紘，各從其便也。

“蕙田案：敖氏説極明。陳，用之謂。注讀缺爲頍，無所經見。姜上均云《説文》頍從支，頁聲，乃舉首貌。《詩》有頍者，弁蓋又以弁有舉首之形而釋爲弁之貌也。則頍初非首服之名，又何得讀缺爲頍，而指爲首服之制乎？注説未妥。

“張氏爾岐曰：此所陳者，飾冠之物，非謂冠也。缺項，青組纓屬於缺共一物，緇纚一物，並緇布冠所用皮弁笄一物，爵弁笄一物，緇組紘皮弁、爵弁各有一，共二物，凡六物同篋，貯之待冠時，隨各冠致用也。

……

“陳氏祥道曰：士之服止於爵弁，而荀卿曰士韋弁，孔安國曰雀韋弁也。則爵弁即韋弁耳。又曰古文弁象形，則其制上鋭如合手然。韋其質也，爵其色也。

“敖繼公曰：爵弁、皮弁其制同也。《周禮》言王與諸侯及孤、卿、大夫之弁，飾以玉琪，各以其等爲之。於西方而統於賓，蓋以賓專掌冠事。執匴者皆主人之贊者也。南面而東上，及東面則北上矣。不言者可知也。坫在東西堂之南。

“張氏爾岐曰：有司三人各執一冠，豫在西階西，以待冠事。賓未入，南面序立，賓升堂則東面向賓也。

……

“敖繼公曰：母於其子乃俠拜者，重冠禮也。子拜送，亦再拜，此拜非主於受送也，亦因有脯而言之耳。凡婦人與丈夫爲禮，其禮重者亦俠拜。

“蕙田案：子冠畢，北面見母。母拜受脯，欽其有成人之德，是謂重承先祖之正，欲見禮子之體將爲宗廟之主，故拜成人，非失尊序也。《冠義》云成人而與爲禮也，與之爲禮進之也。禮凡婦人肅拜，《少儀》云婦人雖君，賜肅拜。肅拜者，立拜也。立而俯下手也。《周禮》九拜，肅爲輕。鄭注謂雖其子猶俠拜，則太重矣。

……

“張氏爾岐曰：……冠於廟重成人也，未冠不以告，既冠不以見，何也？見於母而不見於父，見贊者而不見賓，疏以爲冠畢已見，似矣。然醴畢即見於母儀節相承，則見父見賓當於何時？豈在酌醴定祥之前與？又言歸俎而不言載俎其牲，未聞注已陳之，要皆文不具也。

“蕙田案：《曲禮》言取妻者，齊戒以告鬼神，而《士昏禮》不具，何疑乎《冠禮》之無告廟文也。《文王世子》‘冠、取妻必告’，有明證矣。父爲主人與賓皆行冠事，何必再行見禮？張氏之説泥矣。

……

“劉敞曰：若不醴則醮用酒，謂庶子也。醴重醮輕，《昏禮》適婦，醴之庶婦，醮之丈夫之冠，猶婦人之嫁，則醮用酒者必庶子也。下文曰‘庶子冠於房外，南面，遂醮焉’是矣。注云謂國有舊俗可行，聖人用焉，又注醮於客位云‘夏殷禮也’，皆非也。夏殷有天下千有餘歲，冠禮行之久矣。設以醮爲禮焉，溥天之下皆醮也，周公何以改之？然則醮於客位當曰醴於客位，嫡子冠於阼，醴於客位，以變爲敬也。庶子冠與醮相因，不於阼亦不於客位，略庶子也。醮禮繁，醴禮簡，以簡爲貴也。醮三舉，醴一辭，以少爲貴也。醮用酒，醴用醴，以質爲貴也。醮有折俎，醴脯醢而已，不尚味也。酒在房外，醴在房中，以變爲敬也。此皆聖人分别嫡庶，異其儀也。

“朱子曰：不醴而醮，乃當時國俗不同有如此者。如魯衛之幕有縿布，袝有離合，皆周禮自不同，未必夏殷法也。記注所云，若以宋杞二代之後及它遠國未能純用周禮者言之，則或可通，然亦未有明文可考也。此注又言改字者上下文異，故須别出也。

“敖繼公曰：此醮與醴大意略同，惟用酒而儀物繁爲異。上既見醴禮矣，此復言不醴則醮者，蓋冠禮之始惟醴而已。然少近於質，故後世聖人又爲此醮禮與之並行焉。言若者文質在人，用之惟所欲耳。

“郝氏敬曰：醮，釂也，盡飲之名。醴一酌，醮三酌，加折俎，盛者殺牲，較醴多文矣。凡禮先質而後文，醴與醮皆歷世已行之迹。若者，隨時不定之辭，若醴則用醴，若醮則用酒。醴濁而酒清。

“張氏爾岐曰：醴醮二法，其異者，醴側尊在房，醮兩尊於房户之間。醴用觶，醮用爵。醴篚從尊在房，醮篚從洗在庭。醴待三加畢乃一舉，醮每一加即一醮。醴薦用脯醢，醮每醮皆用脯醢，至三醮又有乾肉折俎。醴贊冠者酌授賓，賓不親酌，醮則賓自降取爵升酌酒。醴則每加入房易服，出房立待賓命，醮則每醮訖立筵西待賓命。醴者每加冠必祝，醴時又有醴辭，醮者加冠時不祝，至醮時有醮辭。其餘儀節並不異也。

“姜兆錫曰：若不醴及若殺，皆禮之變。用酒禮盛於醴，殺牲禮盛於脯醢折俎，而冠禮不以盛禮先之者，聖人於始冠示以淳古之意，即始加用緇布冠之意也。其又及於用酒殺牲者則權也。夫拜下改爲拜上，聖人雖違衆而不從其泰，若麻冕改純，則聖人亦以無害於禮而從之。若不醴若殺意亦如此。若如疏者之説，則夏尚忠，商尚質，而反謂其文勝於周也。豈理之所可通哉？

“盛世佐曰：衆説不同，當以朱子爲正。凡禮皆由質而趨於文，疏以醴之質者爲周禮，醮之文者爲夏殷禮，倒矣。宜後儒莫之從也。劉氏知疏説之非而其自爲説，亦未善。如以此節爲醮庶子，經當云若庶子則醮用酒，而下文亦不應别見庶子冠法矣。朱子謂庶子一醮以酒，安得有若此及下文殺牲之盛禮哉？蓋冠禮之初惟醴而已。庶子則一醮以酒，所謂醴重而醮輕也。（醴重醮輕，鄭注曾子問語。）若三醮殺牲乃後人爲，此以尊異適子而庶不敢干焉。敖氏知冠禮始惟有醴，後乃爲醮，所見最卓。而以醮爲聖人所制則惑也。此特叔世變禮之後，國俗有此不同，記者以其無甚害於禮而存之，猶夫子從純之意耳。姜説實本朱子，然亦不能堅守其説而遷就之，至以用酒殺牲爲聖人之權，蓋見此節列於經文之内，不敢斷然以爲變禮，不得不曲爲回護而其辭屈矣。是皆不知此篇經記混淆之所致也。竊謂此篇之經至歸賓俎而止矣。自此以下皆記也。凡爲記者有三，有記經所未備者，有記禮之變異者，（變以時代言，異以國俗言。）有各記所聞頗與經義相違者。記經所未備者，周公之徒爲之，與經並行者也。記禮之變異，則非周之盛時之書矣。至於各記所聞而頗失經意者，則七十子後學所記也。意其初經與記分，記與記亦不相雜，至漢儒掇拾灰燼之餘，竄以經師之説，而三者之辨不可復知，且有經連於記，記混於經者矣。何以明其爲記也？試以昏禮較之。若不醴及若殺猶昏禮記，若不親迎也，所謂記禮之變異也。若孤子若庶子及冠者母不在，猶昏禮記，庶婦及宗子無父之類，所謂記經未備也。諸辭則昏禮俱屬記，尤爲明證，惟屨制一節，朱子移附陳器服節之末，或是彼處脱簡。然詳其文體亦似昏禮，記摯不用死臘必用鮮之類，經蓋以屨賤不與冠服並言，而記者詳之亦是記所未備也。自冠義以下乃漢儒取《戴記》《家語》以成文，非本記之舊矣。觀其首冠義二字，若《小戴記》篇目十七篇無此例也，疑作者原不敢自附於本經之記，而編禮者誤以記之一字加之，若移彼記字於若不醴之首，則得矣。朱子謂體賓節以上正禮已具，以下皆禮之變，是也。特未正其爲記耳。

“蕙田案：盛説頗有見地，存參。

“觀承案：醴重而醮輕，醮文而醴質，醮繁而醴簡，此注家所以互異也。舊説以醴爲周禮，醮爲夏殷禮者，固爲無據。謂適子用醮，庶子用醮，下文又别見庶子，冠法亦未見其然，竊謂饗以訓恭儉，適子用醴，所以慎選古儀而不從俗之煩以重之，且以著冠禮之正義。如從俗而用醮亦非有害於禮者，故别具其儀於後。經義上下原自貫通，即不移記字於若不醴之首，未始不分明也。

……

“觀承案：士冠禮不言告廟諸侯以上告廟，且將之以裸享節之以金石，已變士禮矣，而不知仍士禮也。士之父没而冠，埽地而祭於禰，以示不敢自擅，蓋冠者父冠其子，祖亦不可以冠孫。諸侯以上之有告廟，皆自爲主人時也，與士之父没而祭禰義同。禮，孤子之冠，父兄戒宿，冠之日，主人紒而迎賓。紒，冠者之飾。方其未冠，故紒而迎賓，則冠者之孤皆得自爲主人，故曰仍士禮也。

……

“張爾岐曰：孝友時格，孝友極其至也。教以盡孝友之道，乃可長保之也。注凡醮者不祝，謂用酒以醮者，每加冠畢但用醮辭醮之其方，加冠時不用祝辭也。詳醮辭始加玄服等句與祝辭相類，兼用之則複矣。疏以爲醮庶子不用祝辭，錯會注意。

……

“張氏爾岐曰：此下言三服之屨不與上服同陳者，屨賤，故别言之。夏葛屨，冬皮屨，春秋熱則從夏，寒則從冬。此玄端黑屨，初加時所用。注云以玄裳爲正者，玄端兼有黄裳雜裳，屨獨用黑，與玄同色，故云以玄裳爲正也。絇在屨頭，繶其牙底相接縫中之絛，純謂繞口緣邊，三者皆青色也。

……

“張氏爾岐曰：此三加所用之屨。疏云爵弁尊，其屨飾以繢次者，案冬官畫繢之事，云青與白相次，赤與黑相次，玄與黄相次。繢以爲衣青與赤，謂之文，赤與白謂之章，白與黑謂之黼，黑與青謂之黻。綉以爲裳是對方爲繢次，比方爲綉次。又鄭注屨人云：‘複下曰舄，禪下曰屨，凡舄之飾如繢之次，凡屨之飾如綉之次。’上文黑屨青飾、白屨黑飾皆綉之次，此爵弁纁屨而黑飾，不取比方之色而以對方黑色爲飾，是用繢次，與舄同，故云爵弁尊也。

“朱子曰：三屨，經不言所陳處，疑在房中。既冠而適房改服，並得易屨也。

……

“方氏慤曰：冠者，成人之服。阼者，主人之階。成人則將代父爲主，故冠於阼，以著代也。醮則以酒澤之也，每一加則一醮，蓋酒以饗賓，冠於阼是以主道期之。醮於客位是以賓禮崇之也。以其有成人之道，故以是禮加之，故曰加有成也。然緇布之粗不若皮弁之精，皮弁之質不若爵弁之文，故曰三加彌尊，服彌尊則志宜彌大，故曰喻其志也。以冠考之非特冠彌尊，而衣也屨也亦彌尊。非特衣屨彌尊，至於祝辭醮辭亦然。所以喻其志則一而已。

……

“葉氏夢得曰：諸侯既冠而即位，固已同於士禮矣。未冠而即位，則既爲諸侯，何緇布皮弁、爵弁之云？則冠禮無復施，安得有公侯之冠禮？此所以爲夏之末造也。鄭氏謂諸侯雖父死，年未及五十亦服士服，行士禮，五十乃命古禮，雖不可盡見，然諸侯固未嘗以年斷。審如其說，不幸有未冠而立，立未及五十而死，則終身不得爲諸侯乎？此理之必不然者也。

“張氏爾岐曰：此言不獨大夫無冠禮，雖公侯冠禮亦夏末始作，非古也。據注訓‘造’爲‘作’，則末字當一讀。近徐師曾解《郊特牲》云：末造猶言末世，則二字連讀。

……

“敖繼公曰：元子長子其冠時猶用士禮，以其未即位則無爵故也。舉天子之元子以見其餘。

“方氏慤曰：嗣諸侯者有冠禮，嗣大夫則無之，蓋諸侯繼世以立，大夫以官爵之而不繼世也。諸侯必繼世以立，所以象賢；大夫不繼世爲其德之殺也。

“王氏安石曰：天子元子冠同於士，雖君儲副，有君父在上，故冠用士禮，所謂無生而貴者也。象，法象也。父祖之賢子孫能法象之，故使之雖未冠南面君國，是以諸侯别有冠禮也。爵言命爲大夫也。視諸侯德有殺，故冠惟士禮，與諸侯不同。此言大夫之所以無冠禮也。

“盛世佐曰：記自無大夫冠禮，下即劉歆所謂倉等推士禮而致於天子之説也。古者謂殷以前耳，非周初也。《喪服》殤小功章云：‘大夫爲昆弟之長殤。’此周公之書也，身爲大夫其兄乃有未冠而殤者，則年未二十而爲大夫者有矣。如謂試爲大夫而仍行士禮，則爲昆弟之長殤當服大功，不得降而爲小功也。降而爲小功，則已爵也。又案大夫以上本無冠禮，而《玉藻》記天子諸侯始冠之冠。《家語》載成王冠頌及公侯冠禮，《左傳》載魯襄公冠事，《國語》載趙文子冠事，然則諸侯冠禮始於夏末，天子冠禮始於周初，大夫冠禮其始於周之季世乎？孔穎達謂此記直云諸侯不云天子，又下云天子之元子猶與士同，則天子冠禮由來已久，但無文以明之，此臆説也。《家語》言天子冠禮而直以成王之事實之，且曰‘此周公之制也’，足徵其所自起矣，惟其先有諸侯冠禮而後有天子冠禮，故《大戴禮·公冠》篇（公冠今本作公符）云天子儗焉，歸有光作天子諸侯無冠禮論乃訾之，殆未之深考與？

……

“楊氏復曰：《儀禮》所存者惟《士冠禮》，自士以上有大夫、諸侯、天子冠禮，見於《家語·冠頌》《大戴·公冠》與《禮記·特牲》《玉藻》者，雖遺文斷缺不全，而大概亦可考。如趙文子冠則大夫禮也，魯襄公、邾隱公冠則諸侯禮也，周成王冠則天子禮也。大夫無冠禮，古者五十而後爵，何大夫冠禮之有？其冠也，則服士服行士禮而已。歸氏有光天子諸侯無冠禮論，《儀禮》有士冠禮無天子冠、諸侯冠禮，非逸也。記曰無大夫冠禮而有其昏禮。古者五十而後爵，何大夫冠禮之有？公侯之有冠禮，夏之末造也。天子之子猶士也，天下無生而貴者也。繼世以立諸侯，象賢也。明天子諸侯大夫之無冠禮也。冠者將責爲人子、爲人弟、爲人臣、爲人少之禮，故冠必有主人。孤子則父兄戒宿，父謂諸父，蓋父兄以成人之禮責子弟也。天子爲元子之時以士冠禮，所謂有父在則禮然也。已奉宗統君臨天下，將又責之爲人子、爲人弟、爲人臣、爲人少之禮乎？《家語》稱孔子答孟懿子之問，吾取焉曰‘古者王世子雖幼，其即位則尊爲人君，人君，治成人之事者，何冠之有’？曰‘諸侯之冠異天子與’？曰‘君薨而世子主喪，是亦冠也，與人君無所殊也’。‘諸侯之有冠禮也，夏之末造也’，此孔子之遺言也。益以《祝雍頌》《公冠》之篇則誣矣。公冠曰‘公冠，自爲主，迎賓揖，升自阼，立於席。既醴，降自阼，享之以三獻之禮。無介無樂，其酬幣朱錦綵，四馬’，其慶也天子儗焉。曰‘自爲主’，曰‘賓降阼’，嫌尊矣。非爲人子、爲人弟、爲人臣、爲人少之禮也。且禮自上達而曰天子擬冠何也？此非孔氏之言也。《公冠》曰‘公冠四加玄冕’，《左傳》季武子曰‘君冠必以祼享之禮行之，以金石之樂節之，以先君之祧處之’，《玉藻》曰‘始冠緇布冠’，自諸侯下達，冠而敝之可也。玄冠朱組纓，天子之冠也，緇布冠繢緌，諸侯之冠也，蓋務爲天子諸侯士庶之别，而不知先王制冠禮之義所以同之於士庶者也。

“郝氏敬曰：古無大夫冠禮，亦附會之說。禮所以獨有士者禮，莫不始於士也，明乎士禮而大夫以上可引而伸之，加其等，益其數，天子諸侯皆可知矣。今謂五十爲大夫，故無大夫冠禮，天子諸侯未聞必五十而後爲，其亦無冠禮又何也？《玉藻》云‘玄冠朱組纓天子之冠，緇布冠繢緌諸侯之冠’。《大戴記》云‘諸侯冠禮四加玄冕’。《春秋傳》云‘公冠用祼享之禮行之，金石之樂節之’，此禮皆起於夏末乎？焉知士冠之獨始於古也？古有士即有大夫，有士冠即有大夫冠，而諸侯天子所損益可知也。

“徐氏師曾：曰古者天子諸侯十二而冠，與大夫皆用士禮。故《儀禮》無天子諸侯大夫之冠禮，非逸也。設不幸天子崩，太子未冠，則冕而踐祚不行冠禮，蓋已奉宗統君天下，不可復責以成人之道也。故《家語》孔子曰‘古者王世子雖幼，其即位則尊爲人君，人君治天下之事者，何冠之有？’又曰‘君薨而世子主喪，是亦冠也’，所謂因喪而冠也。蓋世子未命於天子，故不言即位而言主喪。周氏不考於禮，乃謂元子世子不當用士禮而引《玉藻》《公符》《左傳》《冠頌》以補之，殊不知《玉藻》《公符》《左傳》所云皆後世之失。成王《冠頌》如誠有之意者，周公欲王修德，故因仍夏末之禮，而使祝雍作頌，以勖之爾，安可取以補《儀禮》之逸乎？

“盛氏世佐曰：大小《戴記》《家語》《左傳》《國語》諸書及《儀禮》之記所論天子諸侯大夫冠禮之有無何其殊也！有謂天子諸侯即位已冠，無冠禮者，《冠頌》云古者王世子雖幼，其即位則尊爲人君，人君治成人之事者，何冠之有？又云君薨而世子主喪，是亦冠也。已人君無所殊也是也。（有援此以證大夫者，鄭注《喪服》云大夫無殤服。疏云已爲大夫則冠矣，大夫冠而不爲殤。朱子云得爲大夫之時已治成人之事，如《家語》所説人君之例。）有謂天子之元子、諸侯之世子其冠與古士禮同者，《冠頌》邾隱公既即位將冠，問禮於孔子。子曰：其禮如世子之冠，雖天子之元子猶士也。其禮無變。天下無生而貴者故也。此記亦云，天子之元子猶士是也。有謂諸侯大夫因喪而冠後不改冠者。《曾子問》云，天子賜諸侯大夫冕，弁服於太廟，歸設奠服、賜服，於是乎有冠醮無冠醴。（注云不醴，明不爲改冠，然則此諸侯大夫亦因喪而冠者。疏乃謂其幼弱未冠，總角從事至當冠之年，因朝天子非。）是也。有謂諸侯大夫年未五十猶服士服，行士禮，至五十乃命，所以無冠禮者。此記與《郊特牲》所云是也。此皆論其無者之據也言。天子冠者，《冠頌》記冠成王之頌，公冠云天子儗焉。《玉藻》記天子之冠是也。言諸侯王太子世子之冠與士異者，《冠頌》記公冠則以卿爲賓，至其酬幣於賓，則束帛乘馬等儀節。又云王太子世子之冠儗焉。《公冠》篇略同。及《左傳》季武子之説，《玉藻》記諸侯之冠是也。言大夫冠者，《國語》云晋趙文子冠是也。此則論其有者也。或一禮而異議，或一篇而異詞，覽者幾茫乎不知所從矣。然其説蓋各有指焉，未可是彼而非此也。夏以前諸侯無冠禮，周以前天子無冠禮，春秋以前大夫無冠禮，凡言無者，皆推本古義以見世代之升降，而其中有二説焉。即位已冠爲繼世者言之也，五十乃命爲崛起者言之也。至於除喪不改冠者，爲其先已冠訖，特與吉冠不同耳。今亦略見於《雜記》(記云既冠於次，入哭踴三者三，乃出)，非無其禮也。夫自天子諸侯之冠禮，既作必有成書以著其詳。中更去籍滅學之變而亡之，故本經不能具要其大節目之所在，未嘗不以士禮爲準，而其中四加三獻之類，則亦尊卑隆殺之所由辨也。見謂同者不盡同，見謂異者不盡異，自天子以至諸侯之世子，其冠禮大略可睹矣。惟大夫之冠僅一見於《國語》，而其禮不得聞，記殆以其衰世之制而略之與？

“蕙田案：自《家語》以下各條，與《儀禮》記互相發類。附於後諸家之説，盛氏近之。

……

“吕氏大臨曰：母拜之義，古今學者疑焉。孔氏疏義曰：廟中冠子，以酒脯奠廟，子持所奠脯以見母，母以脯自廟中來，故拜之，非拜子也。此説未然。所薦脯醢爲醴，子設非奠廟也。蓋古者有庸敬，有斯須之敬，子之於母固所尊也，所尊則庸敬矣。然婦人之義在家從父，已嫁從夫，夫死從子。母雖尊也，卒有從子之道，故當其冠也，以成人之禮禮之，則屈其庸敬以申斯須之敬，明從子之義猶未害乎母之尊也。庸何疑焉？

“陳祥道曰：《儀禮》曰：主人玄冠而朝服，緇帶而素韠，立於廟門之東面以筮日者，以日月往來而吉凶無常者也。古之人舉大事興大功則必擇之以玄辰，占之以卜人，况冠禮之大者也。玄冠以象道之幽，朝服皮弁以致其誠之潔，緇以黑爲主，素以白爲主，黑與白純而不變者也。惟夫有道之君，子素其誠而不雜其行，此所以筮日而日無不吉也。筮其賓客，《儀禮》所謂前期三日如求日之儀是也。昔之人有吉事，則與賢者歡成之；有凶事，則亦與賢者哀戚之。冠事吉禮，所以筮賓而歡成之也。上而有冠則天道也，中而有服則人道也，下而有履則地道也。故三加而彌尊，每加莫不有此三者焉。夫始加也，其冠則緇布，而服則玄端爵韠，屨則白而絇繶。

及其三加，則冠非特此而授之以纁裳靺韐也。屨則纁而其絇黑，其加之有序，其序之有章，而衆人由之，亦足以得性命之文，而况夫君子者乎！所謂喻其志則有成者凡在是也。母所以生我者也，兄所以長我者也，而見於母母拜之，見於兄弟兄弟拜之，豈非以見其既冠而深責之以成人耶？此家與之成禮也。君者出令以正我者也，而不可以不見，故玄端玄冠以奠摯見於君，非特家與之成禮也，而國又與之成禮也。鄉大夫以智帥我者也，鄉先生以德先我者也，而不可以不見，故遂以摯見於鄉大夫、鄉先生者，非特國與之成禮，而鄉黨鄰里亦與之成禮也。故自一家達於一鄉，自一鄉達於一國，莫不與之成禮。故曰將責成人者，將責其爲人子、爲人弟、爲人臣、爲人少之禮行焉，其是之謂乎？蓋冠必用醴，若不醴則醮焉。以醴者太古之物，故其禮簡，所以示質酒者；後世之味，故其禮煩，所以示文。故適子用醴，庶子用醮，適婦有醴與饗，庶婦使人醮之不饗。諸侯大夫受賜服於天子，歸設奠服。賜服於斯乎有冠醮無冠醴，是醮輕於醴也。士冠若不醴則醮者，則冠適子或醴或醮，惟其所用矣。

"方氏慤曰：所謂玄冠玄端者，《禮運》曰'天子齊玄衣、玄冠、玄裳'。《郊特牲》曰'玄冕齊戒'。《司服》曰'其齊服有玄端'，或曰玄冕，或曰玄冠，或曰玄衣，或曰玄端，何也？蓋有旒則謂之玄冕，無旒則謂之玄冠。以其身之所依則謂之玄衣，以其服有兩端則謂之玄端。或玄衣而加玄冕，或玄衣而加玄冠，皆謂之玄端。《玉藻》曰天子玄端而祭，則玄冕、玄端者祭服也。玄冠、玄端，齊服也。然而玄冕雖以祭，亦有用之以齊者。《郊特牲》言'玄冕齊戒'是也玄。冠雖以齊亦有用之以燕者，《玉藻》言'玄端而居'是也。"

[4]婚：婚禮，亦作昏禮，古代嘉禮内容之一。清秦蕙田《五禮通考》：分"昏大義""名稱"（下又分"母黨""妻黨"）"取異姓""昏年""昏時""天子諸侯昏"（下又分"天子昏""諸侯昏""王姬下嫁"）"大夫昏""《儀禮·婚禮》"（下又分"納采"

"問名""醴賓""納吉""納徵""請期""將親迎陳器饌""親迎""婦至成禮""婦見舅姑""醴婦""舅姑饗婦""饗送者""舅姑没婦廟見及饗婦饗送者之禮""昏禮時地辭命用物""笄女嫁女""問名之儀""祭醴之儀""納徵庭實之儀""父母戒女""婦升車乘几""玄酒之節""笄飾及受笄之節""醴婦饗婦饌具儀節""婦助祭之期""庶婦禮""納采之辭""問名之辭""醴賓之辭""納吉之辭""納徵之辭""請期之辭""使者反命之辭""父醮子辭""親迎及父母戒女之辭""姆辭婿授綏之辭""命使之人""不親迎見婦父母之禮"）"庶人昏""昏義"（下又分"昏禮之義""女子守禮""帝王重昏之義""男女擇昏之義"）"昏禮之變""娣媵""繼室""媒妁"等類别條目、程序環節引諸家論。又羅列了漢代至明代的昏禮内容及諸家論。其於"昏大議"論曰：

"蕙田案：天地合而後萬物興焉，夫昏禮萬世之始也，人道之本也。娶妻之禮以昏爲期，因名焉。婿曰昏，妻曰姻，謂婿以昏時而來，妻則因之而去也。鄭氏注《昏禮》云：'女氏稱昏，婿氏稱姻。'《爾雅》：'婿之父爲姻，婦之父爲昏。'又婿之黨爲姻，兄弟婦之黨爲昏。兄弟是也。《易》曰'有天地然後有萬物，有萬物然後有男女，有男女然後有夫婦。''遂皇立七政，始有夫婦。太昊制嫁娶，儷皮爲禮厘降'之文，見於《尚書》。媒官之義具於《月令》《周禮》，《士昏禮》備見於《儀禮》之經，後代循而行之不廢，故采自古以來昏禮，咸著於篇。

……

"《白虎通》：人道所以有嫁娶何？以爲情性之大，莫若男女。男女之交，人情之始，莫若夫婦。《易》曰：'天地氤氲，萬物化淳。男女構精，萬物化生。'人承天地施陰陽，故設嫁娶之禮者，重人倫、廣繼嗣也。《禮·保傅》記曰：'謹爲子嫁娶，必擇世有仁義者。'禮男娶女嫁何？陰卑不得自專，就陽而成之，故《傳》曰：'陽倡陰和，男行女隨。'男不自專娶，女不自專嫁，必由父母，須媒妁何？遠耻防淫佚也。……

“蕙田案：《禮記·昏義》皆昏禮之義。朱子謂儀禮之傳是也。今以經傳言夫婦之大義者冠於篇端，而《昏義》附於《儀禮》之後。”

［5］射：射禮，古代嘉禮内容之一。清秦蕙田《五禮通考》分“《儀禮·大射儀》”（下又分“戒百官”“張侯”“樂縣”“陳設”“即位命賓納賓”“主人獻賓”“賓酢主人”“主人獻公”“主人自酢”“主人酬賓”“媵觶於公”“公爲賓舉旅”“主人獻諸公卿”“二人再媵觶於公”“公爲卿舉旅”“主人獻大夫”“作樂娱賓射前燕禮備”“將射立司正安賓察儀”“誓太史納射器比三耦”“司射誘射”“三耦初射”“設楅取矢第一番射禮竟”“請射於公及比衆耦”“三耦取矢於楅”“三耦再射釋獲”“君與賓耦射”“公卿大夫衆耦再射”“再射數左右獲算多少”“飲不勝者”“獻服不及釋獲者第二番射事竟”“將以樂射射者拾取矢”“三射以樂節射”“取矢數獲如初”“樂射後飲不勝者如初”“樂射後拾取矢如初”“三射射事終”“爲大夫舉旅酬”“徹俎脱屨安坐”“主人獻士及旅食”“賓舉爵爲士旅酬”“坐燕時復射”“主人獻庶子以下獻禮終”“無算爵燕禮畢”“賓出公入”）“《儀禮·鄉射》”（下又分“戒賓”“設席陳器具饌張侯”“迎賓拜至”“主人獻賓”“賓酢主人”“主人酬賓”“主人獻衆賓”“一人舉觶”“遵入獻酢之禮”“合樂樂賓獻工與笙立司正”“請射納射器比耦張侯遷樂”“三耦就位司射誘射”“三耦初射”“設楅取矢第一番射事竟”“比衆耦繼三耦而立”“三耦拾取矢進退相左”“衆賓受弓矢序立”“三耦再射釋獲”“賓主人射”“大夫與耦射”“衆賓繼射釋獲告卒射”“司馬命取矢乘矢”“數獲”“飲不勝者”“司馬獻獲者司射獻釋獲者第二番射事竟”“三耦賓主人拾取矢”“大夫衆賓拾取矢”“司射請以樂節射”“三耦賓主人大夫衆賓以樂射”“樂射取矢數矢”“樂射視算告獲”“樂射飲不勝者”“拾取矢授有司”“射事畢”“旅酬”“二人舉觶”“徹俎”“説屨升坐”“坐燕射後飲酒禮竟”“賓出”“拜賜”“息司正”“記賓”“記牲與尊幕筵”“記西序之席”“記爵觶之用”“記脯醢”

"記俎""記行禮諸節""記遵者諸公大夫之差""記大夫入節樂正立位""記笙""記工與笙之獻""記立者之位""記司正薦節""記三耦""記司射司馬並行""記侯""記物""記司馬命負侯之位""記適堂西所由""記旌""記挾矢之法""記司射之法司馬之執弓""記三射之序""記射位""記楅""記撻""記堂上衆賓""記兼取誘射之矢""記司射擯升降""記鹿中""記大夫立處袒法""記司射釋弓矢""記主皮""記主人飲處""記獲者釋獲者俎實""記大夫説矢束""記歌之終數""記射耦無定數""記旅及士入節""記大夫出節""記鄉侯之度""記箭籌""記撲""記君射儀""記中與獲之等""記人臣無國中射""記大夫侍君射袒法")"射禮通論"(下又分"射之大義""總論射法""通論諸射儀""射樂")"大射"(下又分"大射之几筵""大射之服""大射行禮之節次")"賓射""燕射""鄉射""射雜儀"(下又分"養老之前射以擇賓""巡守諸侯從王賜射餘獲""祭禮射牲之禮""游倅合射""元日習射於序""試貢士於射宫""始生之射""成童學射""卑幼侍尊長射""不能射辭疾""散軍之射")"射器"(又分"侯""弓矢""并夾""中""楅""韋當""旌""算""撲""物""遂""次")"投壺""歷代射禮"等類别條目、程序環節引諸家論闡述射禮。其篇首論曰:

"蕙田案:孔氏穎達曰,射禮有三:一爲大射,是將祭擇士之射。二爲賓射,是諸侯來朝而天子與之射,或諸侯相朝而與之射。三爲燕射,謂燕息而與之射。此所論皆臨時行禮之射,又有平日肄習之射,則鄉射是也。射以觀德行,故古聖人最重其事。禮既殘缺,其完善可考者,獨有《儀禮·大射儀》《鄉射禮》二篇,又戴記《射義》一篇而已。鄭康成注,鄉射以爲惟大射、賓射、燕射謂之禮射,則其餘皆散射也。又注《周官》云,庶民無禮射,今取《儀禮·大射》《鄉射》二篇爲首,尊全經也。旁采經傳分大射、賓射、燕射、鄉射存其略也。終以諸書所論射雜儀及射器,而射禮粗備矣。

“又案劉向《别録》以射入吉禮，《唐開元禮》入軍禮，《通典》因之射爲六藝之一，原所以習禮樂非專尚威武，至於諸經言射兼朝祭、饗燕，亦不得專屬吉禮。鄭康成注《儀禮·大射》《鄉射》皆屬嘉禮。《宋史》亦以大射入嘉禮，頗存古意，今從之。”

[6]飲食：飲食之禮，古代嘉禮内容之一。清秦蕙田《五禮通考》分“飲食通義”“經傳飲食禮”“漢至明飲食之禮”等條目引諸家論，其於“飲食通義”曰：

“蕙田案：《周禮·大宗伯》以嘉禮親萬民，以飲食之禮親宗族兄弟。《大傳》云：‘上治祖禰，尊尊也；下治子孫，親親也；旁治昆弟，合族以食，序以昭穆，别之以禮義，人道竭矣。’《小記》曰：‘親親以三爲五，以五爲九，上殺下殺旁殺而親畢矣。’《坊記》曰：‘君子因睦以合族。’嗚呼！此堯之所以克明峻德以親九族。九族既睦，平章百姓者也，周之盛也。内睦九族，外尊事黄耇，則有《常棣》《行葦》之詩，及其衰也，《葛藟》《頍弁》《角弓》《杕杜》刺焉。先王之於宗族兄弟也，親睦之，因而燕樂之，故有族燕之禮，有族飫之禮。《文王世子》：‘若公與族燕，則異姓爲賓，膳宰爲主人，公與父兄齒，族食，世降一等。’《周語》：‘王公立飫，則有房烝；親戚燕饗，則有肴烝飫’，以顯物宴，以合好夫，曰燕曰飫，皆所謂飲食之禮也。陳氏《禮書》云：古者合族之禮，方其平居無事則有燕以申好，及其有大疑謀則有飫以圖事。燕則脱屨升堂，坐而不立，其牲體折節而肴烝。所以致愛飫，不脱屨升堂，立而不坐，其牲半解而房烝，所以致嚴致愛，致嚴其禮盛矣。然燕之禮又有二，有時燕，有因祭而燕。《詩·常棣》：‘儐爾籩豆，飲酒之飫。兄弟既具，和樂且孺。’《湛露》‘厭厭夜飲，在宗載考’，《周語》‘時燕不淫’，此時燕也。《詩·楚茨》‘諸父兄弟，備言燕私’，‘既醉既飽，小大稽首’，《行葦》‘戚戚兄弟，莫遠具邇。’‘曾孫維主，酒醴維醹。’《坊記》‘因其酒肉，聚以宗族’，此因祭而燕也。《禮書》云，其禮之祥雖不可考，要之服皮弁服，即於路寢。宰夫爲主，異姓爲賓，王與族人燕於堂，后率内宗之屬燕於房。其物餚烝，所以合好也。其食世降一等，所以辨親疏也。昭穆以序之，所以明世次也。夜飲以成之，所以別異姓也。若夫几席之位，升降之儀，脱屨而坐，立監相視，羞庶羞以盡愛，爵樂無算以盡歡，其大率與諸侯燕禮不異。蓋先王之禮，以孝弟治天下，而孝弟莫不始於親親，親親之心無所不至，則飲食之禮隆焉，且不特天子諸侯而已。《儀禮》特牲祝告利成，徹庶羞設於西序下。鄭康成注引書傳曰：宗室有事，族人皆侍終日。大宗已侍於賓奠，然後燕私。燕私者何也？祭已而與族人飲，此徹庶羞置西序下者，爲將以燕飲與？書傳云：不醉而出是不親也，醉而不出是媟宗也，出而不止是不忠也，親而甚敬，忠而不倦，若是，則兄弟之道備。故曰君子篤於親，則民興於仁，此物此志也。夫《大宗伯》叙爲嘉禮第一，《通典》《通解》《通考》皆莫詳。今從《周禮》之次序於昏冠之上，而九族三族錫姓命氏，天子睦族宗子收族立後之法，以類附焉。觀於此者，孝弟之心可以油然而生矣。

"觀承案：《儀禮》有公食大夫禮，有鄉飲酒禮，有燕禮。鄉飲酒與燕其牲皆狗，然骨體致敬庶饈盡愛，亦可云食。而曰飲者，有舉有薦，薦爲舉設，故曰飲也。公食大夫，其牲則牢，其儀則具饌於東房而無尊，雖酒亦實於觶加於豐，而賓引奠於薦右而不飲其後，有卒食之文而無卒爵之文，故曰食禮。食與飲之分各有其具者如此。至王之食禮九舉，公侯之食禮七舉，王燕飲酒，膳夫爲獻主，公侯燕飲酒，宰夫爲獻主，是其等威之辨也。而《周禮·酒人》'共賓客之禮酒，飲酒而奉之'，注曰：'禮酒，燕饗之酒。飲酒，食之酒。'麴，禮之酒漿，處右即食酒，所謂酳也。又酒正有三酒四飲之辨，三酒：事酒、昔酒以飲，清酒以祭。四飲：清醫漿酏，皆以共食。清即醴也，凡醴啐而不飲，故冠、昏、饗食之禮皆設醴而不酌酢，間有酢者亦啐之而已。此更飲與食所分之明證也。夫饗禮，鄭氏以爲無正文，然'體薦殽烝，立以卒事'，其文具在，由是推之，則族飫之禮其即饗禮乎？族食其即食禮乎？族燕之有賓主，固即燕禮。而又曰族飲者，亦即賓主以爲言曰族燕，不即賓主以爲言曰族飲，非二禮也。若公與族之私飲，酒是固有私飲時，或即《詩》與書傳所言。燕私謂燕即族燕，而以私爲厚解，如君之私於寡君，人人以爲孟嘗私已者，似燕與私爲一事，尚覺未安，何也？燕不可混於私也。《周禮·膳夫》‘凡王之稍事，設薦脯’注云：‘稍事是小事，與臣飲酒大事，則有燕饗也。故止設薦脯。’若此則王與族人圖大事設族飫，其小事則私飲酒，是在外臣有稍事之飲，而在宗族即謂之私飲酒。然則禮於異姓有饗，有食，有燕飲，有稍事之飲，而在同姓則有族飫，族食，族燕飲以及私飲酒之儀，相配以成文於以見王道，公私之無間。禮文雖缺，義可互參，因此通彼，歷歷皆可遍觀而盡識也。

“《周禮·大宗伯》：以飲食之禮，親宗族兄弟。（鄭玄）注：親者，使之相親。人君有食宗族飲酒之禮，所以親之也。《文王世子》曰：‘族食，世降一等。’《大傳》曰：‘繫之以姓而弗别，綴之以食而弗殊，百世而昏姻不通者，周道然也。’（賈公彦）疏：此經云‘飲食’，亦尊卑通有。下文别有饗燕，則經云飲者，非饗燕，是私飲酒法，其食可以通燕食俱有。以其下不别云食故也。鄭注引《文王世子》，據人君法；引《大傳》，據大夫士法，則萬民亦有此飲食之禮也。

“蕙田案：注分飲食解雖細，私飲酒謂在路寢，不在庭，即所謂族燕、族飫是也。與下饗燕自有别。

“《禮記·大傳》：上治祖禰，尊尊也。下治子孫，親親也。旁治昆弟，合族以食，序以昭繆，别之以禮義，人道竭矣。（鄭玄）注：治，猶正也。繆讀爲穆。（孔穎達）疏：‘合族以食’者，言旁治昆弟之時，合會族人以食之禮，又次序族人以昭穆之事，所謂‘旁治昆弟’也。

“陳氏祥道曰：飲食者，人情之合歡者也。觀文王燕兄弟而《棠棣》之美作，幽王不能宴樂同姓而《頍弁》之刺興，則合族以食，禮之大者也。君與族人燕，則膳宰爲主人。又曰族食世降一等。《詩》曰‘厭厭夜飲，在宗載考’。《國語》曰‘親戚享燕有殽烝’，又曰‘歲飫不倦，時宴不淫’，則族食之禮合之以時，等之以世，掌之以膳夫。其薦也，以殽烝；其飲也，或以夜。不特如此而已。序以昭穆，别以禮義，則尊者安於爲尊，卑者安於爲卑，然後孝慈友恭油然生於其間，人道不竭於此矣乎！蓋合族以食，恩也，昭穆禮義，所以節恩者也。無恩則離，恩而無節之則亂，先王之於宗族，使不至於離且亂無他，盡人道以治之而已。

“汪氏克寬曰：合族以食，使之有所同而尊卑之禮一。序以昭穆，使之有所異而親疏之義明。如此，則皆有禮義之别，而人之道盡於此矣。

“同姓從宗，合族屬。異姓主名，治際會。注：合，謂合之宗子之家，序昭穆也。異姓，謂來嫁者也，主於母與婦之名耳。際會，昏姻交接之會也。（孔穎達）疏：‘同姓從宗’者，同姓，父族也。從宗，謂從大小宗也。‘合族屬’者，謂合聚族人親疏，使昭爲一行，穆爲一行，同時食，故曰“合族屬”也。

“繫之以姓而弗别，綴之以食而弗殊。（孔穎達）疏：‘綴之以食而弗殊’者，連綴族人以飲食之禮，而不殊異也。

“陳氏祥道曰：以飲食之禮親宗族兄弟，所謂綴之以食也。

“君有合族之道，族人不得以其戚戚君，位也。（孔穎達）疏：‘合族’者，言設族食燕飲，有合食族人之道。

“陳氏祥道曰：君之於族人，主乎愛；族人之於君，主乎敬。故有合族之道，所以明其親親之恩，不得以其戚戚君。所以明其尊尊之義，不能親睦九族。燕樂同姓與夫恃親而不恭者，豈知此哉？

“吕氏祖謙曰：君有合族之道，如《詩》所謂飲食、燕樂同姓是也。”

《周禮》雖有服冕之數，而無天子冠文。又《儀禮》云，公侯之有冠禮，夏之末造也。王、鄭皆以爲夏末上下相亂，篡弑由生，故作公侯冠禮，則明無天子冠禮之審也。大夫又無冠禮，古者五十而後爵，[1]何大夫冠禮之有。周人年五十而有賢才，則試以大夫之事，猶行士禮也。故筮日筮賓，[2]冠於阼以著代，[3]醮於客位，[4]三加彌尊，[5]皆士禮耳。

[1]爵：授予爵位。

[2]筮日：以卜筮詢問禮儀日期。　筮賓：行冠禮時，在僚友衆士之中，以卜筮選取吉者爲加冠之賓。

[3]冠於阼以著代：嫡子加冠於階阼以顯示三代之禮的特點。

[4]醮於客位：嫡子冠禮，每加於阼階，醮之於客位，所以尊敬之，成其爲人也。醮，古代冠禮、婚禮中的一種簡單儀節。謂尊者對卑者酌酒，卑者接受敬酒後飲盡，不需回敬。《儀禮·士冠禮》："若不醴，則醮，用酒。"鄭玄注："酌而無酬酢曰醮。"

[5]三加彌尊：冠禮三加更顯嫡子之尊。

然漢代以來，天子諸侯頗采其儀。正月甲子若丙子爲吉日，可加元服，[1]儀從冠禮是也。漢順帝冠，又兼用曹褒新禮，[2]乘輿初加緇布進賢，[3]次爵弁、武弁，[4]次通天，[5]皆於高廟，以禮謁見世祖廟。王公已下，初加進賢而已。案此文，始冠緇布，從古制也，冠於宗廟是也。

[1]元服：帽子。古稱行冠禮爲加元服。《儀禮·士冠禮》："令月吉日，始加元服。"

[2]曹褒：東漢魯國薛（今山東省滕州市南）人，字叔通。初舉孝廉，章帝時徵爲博士。編纂自天子至於百姓吉凶婚冠禮制。歷任射聲校尉、城門校尉、將作大匠等職。傳《慶氏禮》。

[3]乘輿：指天子。　縕布進賢：即縕布進賢冠。《後漢書》志卷三〇《輿服志下》："進賢冠，古緇布冠也，文儒者之服也。前高七寸，後高三寸，長八寸。公侯三梁，中二千石以下至博士兩梁，自博士以下至小史私學弟子，皆一梁。"

[4]爵弁：古代禮冠之一。《儀禮·士冠禮》："爵弁服：纁裳、純衣、緇帶、靺韐。"鄭玄注："爵弁者，冕之次，其色赤而微黑，如爵頭然。或謂之緅。其布三十升。"　武弁：亦稱武冠，武官之冠。

[5]通天：即通天冠。《後漢書》志卷三〇《輿服志下》記其形制："高九寸，正豎，頂少邪却，乃直下爲鐵卷梁，前有山，展筩爲述，乘輿所常服。"

魏天子冠一加。其説曰，士禮三加，加有成也。至於天子諸侯無加數之文者，將以踐阼臨下，尊極德備，豈得與士同也。魏氏太子再加，皇子王公世子乃三加。孫毓以爲一加再加，皆非也。《禮》醮辭曰："令月吉日，以歲之正，以月之令。"案魯襄公冠以冬，[1]漢惠帝冠以三月，[2]明無定月。而後漢以來，帝加元服咸以正月。及咸寧二年秋閏九月，遣使冠汝南王柬，[3]此則非必歲首。禮冠於廟，[4]然武、惠冠太子，太子皆即廟見，斯亦擬在廟之儀也。穆帝、孝武將冠，皆先以幣告廟，訖又廟見也。

[1]魯襄公：春秋時魯國國君，名午，魯成公之子。公元前572至前542年在位。

[2]漢惠帝：西漢皇帝，名劉盈，劉邦之子。公元前195至前188年在位。即位後呂后握實權，因對呂后毒死趙王和殘害戚夫人

不滿，縱情酒色，不理朝政，憂鬱而死。

[3]汝南王柬：司馬柬，字弘度，本書卷六四有傳。

[4]禮冠於廟：禮冠，殿本乙作“冠禮”。

惠帝之爲太子，將冠，武帝臨軒，使兼司徒、高陽王珪加冠，[1]兼光禄大夫、屯騎校尉華廙贊冠。[2]

[1]高陽王珪：司馬珪，字子璋，本書卷三七有傳。

[2]屯騎校尉：官名，北軍五校尉之一，隸屬中領軍，掌本營騎士，戍衛京師。四品。　華廙：字長駿，本書卷四四有傳。

江左諸帝將冠，金石宿設，百僚陪位。又豫於殿上鋪大床，御府令奉冕、幘、簪導、衮服以授侍中、常侍，[1]太尉加幘，太保加冕。將加冕，太尉跪讀祝文曰："令月吉日，始加元服。皇帝穆穆，思弘衮職。欽若昊天，[2]六合是式。[3]率遵祖考，永永無極。眉壽惟祺，[4]介兹景福。"[5]加冕訖，侍中繫玄紞，[6]侍中脱帝絳紗服，加衮服冕冠。事畢，太保率群臣奉觴上壽，王公以下三稱萬歲乃退。案《儀注》，一加幘冕而已。

[1]御府令：官名，御府長官，由士人擔任。御府爲管理工匠製作宫廷所用器玩之官署。隸屬光禄勛。　簪導：用以束髮的冠飾。　衮服：繪有捲龍的禮服，爲帝王所服。《詩·豳風·九罭》："我覯之子，衮衣綉裳。"毛亨傳："衮衣，卷龍也。"陸德明釋文："天子畫升龍於衣上，公但畫降龍。"　侍中、常侍：按，中華本標點爲"侍中常侍"，無"侍中常侍"一職，應頓開。

[2]欽若昊天：敬順昊天。

[3]六合是式：天下效法。

[4]眉壽惟祺：長寿吉祥。眉壽，長壽。惟，語助詞。祺，殿本作“期”。

[5]介兹景福：憑藉此洪福。

[6]玄紞：古代禮冠上繫塞耳玉的絲帶。《國語·魯語下》：“王后親織玄紞。”韋昭注：“説云：‘紞，冠之垂前後者。’昭謂：紞，所以懸瑱當耳者也。”

泰始十年，南宫王承年十五，[1]依舊應冠。有司奏議：[2]“禮，十五成童，國君十五而生子，以明可冠之宜。又漢魏遣使冠諸王，非古典。”於是制王十五而冠，[3]不復加使命。王彪之云，《禮》《傳》冠皆在廟。案成帝既加元服，[4]車駕出拜於太廟，以告成也。蓋亦猶擬在廟之儀。

[1]南宫王承：司馬承，司馬邕的庶子。

[2]有司奏議：奏議，中華本作“議奏”，原本、宋本、殿本作“奏議”。

[3]於是制王十五而冠：中華本於“王”前有“諸”字，原本、宋本、殿本無。

[4]成帝既加元服：成帝，原本、殿本作“武帝”，宋本作“成帝”，據宋本改。

魏齊王正始四年，立皇后甄氏，[1]其儀不存。

[1]立皇后甄氏：原本、宋本、殿本於“立”前有“始”字，據中華本删。

武帝咸寧二年，臨軒，遣太尉賈充策立皇后楊氏，納悼后也。因大赦，[1]賜王公以下各有差，百僚上禮。太康八年，有司奏："婚禮納徵，[2]大婚用玄纁束帛，[3]加珪，馬二駟。[4]王侯玄纁束帛，加璧，乘馬。大夫用玄纁束帛，加羊。古者以皮馬爲庭實，[5]天子加以穀珪，諸侯加大璋，[6]可依周禮改璧用璋，其羊、雁、酒、米、玄纁如故。諸侯婚禮，加納采、告期、親迎各帛五匹，[7]及納徵馬四匹，皆令夫家自備。惟璋，官爲具致之。"尚書朱整議："案魏氏故事，王娶妃、公主嫁之禮，天子諸侯以皮馬爲庭實，天子加以穀珪，諸侯加以大璋。漢高后制聘，后黄金二百斤，馬十二匹。夫人金五十斤，馬四匹。魏氏王娶妃、公主嫁之禮，用絹百九十匹。晋興，故事用絹三百匹。"詔曰："公主嫁由夫氏，不宜皆爲備物，賜錢使足而已。惟給璋，餘如故事。"

[1]大赦：大，宋本作"太"。

[2]婚禮納徵：原本、宋本、殿本無"禮"字，據中華本加。納徵，亦稱納幣，古代婚禮六禮之一。納吉之後，擇日具書，送聘禮至女家，女家受物復書，婚姻乃定。亦稱文定，俗稱過定。

[3]玄纁：黑色和淺紅色的布帛。

[4]馬二駟：八匹馬。馬四匹曰駟。

[5]皮馬爲庭實：把獸皮和馬匹等貢獻物品陳列於庭。

[6]璋：玉器名，狀如半圭。《尚書·顧命》："秉璋以酢。"孔安國傳："半圭曰璋。"

[7]納采：古婚禮六禮之一。男方向女方送求婚禮物。　告期：亦稱請期，古婚禮六禮之一。男方派人至女方家詢問迎請日期。

親迎：古代婚禮六禮之一。夫婿親至女家迎新娘入室，行交拜合巹之禮。

成帝咸康二年，臨軒，遣使持節、兼太保、領軍將軍諸葛恢，[1]兼太尉、護軍將軍孔愉，六禮備物，[2]拜皇后杜氏。即日入宫，帝御太極殿，群臣畢賀。賀，非禮也。王者婚禮，禮無其例。《春秋》“祭公逆王后於紀”，[3]《穀梁》《左氏傳》説與《公羊》又不同。而自漢魏遺事，並皆闕略。武、惠納后，江左又無復《儀注》。故成帝將納杜后，太常華恒始與博士參定其儀。據杜預《左氏傳》説，主婚是供其婚禮之幣而已。[4]又，周靈王求婚於齊，[5]齊侯問於晏桓子，[6]桓子對曰：“夫婦所生若如人，姑姊妹則稱先守某公之遺女若如人。”[7]此則天子之命自得下達，臣下之答徑自上通。先儒以爲丘明詳録其事，[8]蓋爲王者婚娶之禮也。故成帝臨軒，遣使稱制拜后，然其《儀注》又不具存。

[1]領軍將軍：官名，三國曹丕置，職掌同於中領軍，但任職者資位重於中領軍，簡稱領軍。爲禁衛軍最高統帥，常由皇帝親信或宗室擔任。兩晋沿置。三品。　諸葛恢：字道明，本書卷七七有傳。

[2]六禮：古代婚禮六個程序：納吉、納彩、問名、請期、納徵、親迎。

[3]祭公逆王后於紀：事見《左傳·桓公八年》：“祭公來，遂逆王后於紀。”

[4]婚禮之幣：婚禮禮品。

[5]周靈王：東周王，名泄心。周簡王之子，公元前 571 至前

545年在位。

[6]齊侯問於晏桓子：《左傳·襄公十二年》："靈王求后於齊。齊侯問對於晏桓子，桓子對曰：'先王之禮辭有之，天子求后於諸侯，諸侯對曰：夫婦所生若而人。妾婦之子若而人。無女而有姊妹及姑姊妹，則曰：先守某公之遺女若而人。'"

[7]若如：若干。

[8]丘明：左丘明，春秋末年魯國人，曾任魯國太史。著有《國語》《左氏春秋》。

康帝建元元年，納皇后褚氏，而《儀注》陛者不設旄頭。[1]殿中御史奏："今迎皇后，[2]依成恭皇后入宮御物，而《儀注》至尊衮冕升殿，旄頭不設，求量處。[3]又案，昔迎恭皇后，惟作青龍旂，其餘皆即御物。今當臨軒遣使，而立五牛旗，旄頭、畢罕並出即用，[4]故致今闕。"詔曰："所以正法服、升太極者，[5]以敬其始，故備其禮也。今云何更闕所重而徹法物邪！又恭后神主入廟，先帝詔后禮宜降，不宜建五牛旗，而今猶復設之邪！既不設五牛旗，則旄頭畢罕之物易具也。"又詔曰："舊制既難準，且於今而備，亦非宜。府庫之儲，惟當以供軍國之費耳。法服儀飾粗令舉，其餘兼副雜器停之。"

[1]旄頭：皇帝儀仗中的騎兵，走在儀仗隊最前頭。

[2]殿中御史奏：今迎皇后：今，原本、宋本作"令"，而殿本全句作"殿中御史奉令迎皇后"，據中華本改。

[3]量處：酌情裁處。

[4]而立五牛旗，旄頭、畢（bì）罕並出即用：原本、宋本、

殿本作“而五牛旂旗旄頭罼罕並出即用”，據下文“五牛旗”及中華本改。罼罕，古代帝王出行時前導的儀仗。

[5]正法服：整齊標準的禮服。　升太極：登上太極殿。

穆帝升平元年，將納皇后何氏。太常王彪之大引經傳及諸故事以定其禮，深非《公羊》婚禮不稱主人之義。又曰：“王者之於四海，無非臣妾，[1]雖復父兄之親，師友之賢，皆純臣也。夫崇三綱之始，[2]以定乾坤之儀，安有天父之尊，而稱臣下之命以納伉儷；[3]安有臣下之卑，而稱天父之名以行大禮。遠尋古禮，無王者此制；近求史籍，無王者此比。[4]於情不安，於義不通。案咸寧二年，納悼皇后時，弘訓太后母臨天下，而無命戚屬之臣爲武皇父兄主婚之文。又考大晋已行之事，咸寧故事不稱父兄師友，則咸康華恒所上禮合於舊。臣愚謂今納后儀制，宜一依咸康故事。”於是從之。華恒所定之禮，[5]依漢舊及晋已行之制，故彪之多從咸康，[6]由此也。惟以娶婦之家三日不舉樂，而咸康群臣賀，爲失禮。故但依咸寧上禮，不復賀。其告廟六禮版文等儀，皆彪之定也。[7]其納采版文璽書曰：“皇帝咨前太尉參軍何琦。[8]渾元資始，[9]肇經人倫，[10]爰及夫婦，[11]以奉天地宗廟社稷。謀於公卿，咸以宜率由舊典。今使使持節、太常彪之，宗正綜以禮納采。”主人曰：“皇帝嘉命，訪婚陋族，備數采擇。臣從祖弟故散騎侍郎準之遺女，[12]未閑教訓，衣履若如人。欽承舊章，肅奉典制。前太尉參軍、都鄉侯糞土臣何琦稽首頓首，再拜承詔。”次問名版文曰：[13]“皇帝曰：咨某官某姓。兩儀配合，承天統物，正位於内，必俟令族，重申舊典。[14]今使使持節、太常某，宗正某，以禮問名。”主人曰：“皇帝嘉命，使者某到，重宣中詔，問臣名族。臣族女父母所生，先臣故光禄大夫、雩婁侯禎之遺玄孫，[15]先臣故豫州刺史、關中侯惲之曾孫，[16]先臣故安豐太守、關中侯叡之孫，[17]先臣故散騎侍郎準之遺女。外出自先臣故尚書左丞孔胄之外曾孫，[18]先臣故侍中、關内侯夷之外孫女，年十七。欽承舊章，肅奉典制。”次納吉版文曰：[19]“皇帝曰：咨某官某姓。人謀龜從，[20]僉曰貞吉，敬從典禮。今使使持節、太常某，宗正某以禮納吉。”主人曰：“皇帝嘉命，使者某重宣中詔，太卜元吉。臣陋族卑鄙，憂懼不堪。欽承舊章，肅奉典制。”次納徵版文曰：“皇帝曰：咨某官某姓之女，有母儀之德，窈窕之姿，如山如河，宜奉宗廟，永承天祚。以玄纁皮帛，馬羊錢璧，以章典禮。今使使持節、司徒某，太常某，以禮納徵。”主人曰：“皇帝嘉命，降婚卑陋，崇以上公，寵以典禮，備物典策。欽承舊章，肅奉典制。”次請期版文：[21]“皇帝曰：咨某官某姓。謀於公卿，泰筮元龜，罔有不臧，[22]率遵典禮。今使使持節、太常某，宗正某，以禮請期。”主人曰：“皇帝嘉命，使者某重宣中詔，吉日惟某可迎。臣欽承舊章，肅奉典制。”次親迎版文：“皇帝曰：咨某官某姓。歲吉月令，吉日惟某，率禮以迎。今使使持節、太保某，太尉某，以禮迎。”主人曰：“皇帝嘉命，使者某重宣中詔，令月吉辰，備禮以迎。上公宗卿兼至，副介近臣百兩。臣螻蟻之族，猥承大禮，憂懼戰悸。欽承舊章，肅奉典制。”某稽首承詔，皆如初答。

［1］無非臣妾：非，中華本作“不”，原本、宋本、殿本皆作“非”。

［2］三綱：即儒家三綱，君爲臣綱、父爲子綱、夫爲妻綱。三，原本作“王”，宋本、殿本作“三”，據宋本、殿本改。

［3］伉儷：妻子，配偶。

［4］無王者此比：殿本於“比”字前有“制”字。

［5］華恒所定之禮：中華本校勘記：“‘之’，《宋志》一及《通典》五八皆作‘六’。”

［6］“則咸康華恒”至“故彪之多從咸康”：這一段文有三處“咸康”，原本、宋本、殿本皆作“咸寧”，據中華本改。

［7］皆彪之定也：中華本於“定”前有“所”字，原本、宋本、殿本皆無。

［8］太尉參軍：官名，太尉府屬官。參軍，亦作參軍事，謂參謀軍事。兩晋公府、軍府皆置。

［9］渾元資始：天地從其開始。

［10］肇：創始，開始。

［11］爰及：至於，到達。

［12］準：何準，字幼道，本書卷九三有傳。

［13］問名：古時婚禮中六禮之一。男家俱書托媒請問女子的名字和出生的年月日。女家復書具告。此處問名爲詢問名族家世。

［14］重申舊典：申，原本、宋本、殿本作“章”，據中華本改。

［15］雩婁侯禎：禎，原本、宋本避諱作小字“御名”二字，殿本作“禎”，今據殿本、中華本復用本字。中華本校勘記：“《武紀》《文紀》《魏志·管寧傳》注引《文士傳》‘禎’並作‘楨’。

楨字元幹，當作‘楨’。”何楨，字元幹，廬江（今安徽省廬江縣西南）人，有文學器幹，容貌甚偉。曹魏時歷幽州刺史、廷尉等職，入晋爲尚書光禄大夫。

[16]關中侯惲：何惲，何楨子，官至豫州刺史。

[17]先臣故安豐太守：原本、宋本、殿本無“故”字，據中華本加。安豐，郡名，治所在安風縣（今安徽省霍邱縣西南）。

[18]外：此指母系親屬。　孔胄：原本、宋本無“孔”字，殿本有，據殿本補。

[19]納吉：古代婚姻六禮之一。納幣之前，男方卜得吉兆，備禮通知女方，决定締結婚姻。

[20]人謀龜從：占卜的結果與人的想法一致。

[21]請期：古代婚姻六禮之一。男家行聘之後，卜得吉日，使媒人赴女家告成婚日期。形式上似由男家請示女家，故稱“請期”。　版文：殿本於“文”下有“曰”字。下文“次親迎版文”同。

[22]罔有不臧：没有不吉。

孝武納王皇后，其禮亦如之。其納采、問名、納吉、請期、親迎，皆用白雁、白羊各一頭，酒米各十二斛。惟納徵羊一頭，玄纁用帛三匹，絳二匹，絹二百匹，獸皮二枚，錢二百萬，玉璧一枚，馬六匹，酒米各十二斛。鄭玄所謂五雁六禮也。[1]其珪馬之制，[2]備物之數，校太康所奏又有不同云。

[1]鄭玄：東漢北海高密（今山東省高密市西南）人，字康成。著名經學家，師事古文經學家馬融，兼通今古經文，破兩家門户，遍注群經，自成一家之言。

[2]其珪馬之制：珪，原本、宋本、殿本無此字，據中華本補。

古者婚、冠皆有醮，鄭氏醮文三首具存。升平八年，[1]臺符問“迎皇后大駕應作鼓吹不”。博士胡訥議：“臨軒《儀注》闕，無施安鼓吹處所，又無舉麾鳴鍾之條。”[2]太常王彪之以爲：“婚禮不樂。鼓吹亦樂之總名。《儀注》所以無者，依婚禮。今宜備設而不作。”時用此議。

[1]升平八年：中華本校勘記：“《諸史考異》：穆帝立皇后何氏在升平元年八月。升平止五年，無八年。”

[2]舉麾鳴鍾：指揮奏響編鐘之樂。麾，指揮。鍾，通鐘，編鐘。

永和二年納后，[1]議賀不。王述云：“婚是嘉禮。《春秋傳》曰：‘娶者大吉，非常吉。’又《傳》曰：‘鄭子罕如晋，賀夫人。’[2]鄰國猶相賀，况臣下邪！如此，便應賀，但不在三日内耳。今因廟見成禮而賀，亦是一節也。”王彪之議云：“婚禮不樂不賀，《禮》之明文。《傳》稱子罕如晋賀夫人，既無《經》文，又《傳》不云禮也。《禮》，取婦三日不舉樂，明三日之後自當樂。至於不賀，無三日之斷，恐三日之後故無應賀之禮。”又云：“《禮記》所以言賀取妻者，是因就酒食而有慶語也。愚謂無直相賀之體，[3]而有禮貺共慶會之義，今世所共行。”於時竟不賀。

[1]永和二年納后：中華本校勘記：“《諸史考異》：永和二年，穆帝四歲，無納后之文。”

[2]子罕：春秋時鄭國人，亦稱公子喜，鄭穆公之子，後執國政。

[3]無直相賀之體：中華本校勘記："《斠注》：《通典》五八'體'作'禮'。"

穆帝納后欲用九月，九月是忌月。范汪問王彪之，[1]答云："禮無忌月，不敢以所不見，便謂無之。"博士曹耽、荀訥等並謂無忌月之文，不應有妨。王洽曰：[2]"若有忌月，當復有忌歲。"

[1]范汪：字玄平，本書卷七五有傳。

[2]王洽：字敬和，本書卷六五有傳。

太元十二年，臺符問："皇太子既拜廟，朝臣奉賀，應上禮與不？"國子博士車胤云："百辟卿士，[1]咸預盛禮，展敬拜伏，不須復上禮。惟方伯牧守，不睹大禮，自非酒牢貢羞，[2]無以表其乃誠，故宜有上禮。猶如元正大慶，方伯莫不上禮，朝臣奉璧而已。"太學博士庾弘之議："案咸寧三年始平、濮陽諸王新拜，有司奏依故事，聽京城近臣諸王公主應朝賀者復上禮。今皇太子國之儲副，既已崇建，普天同慶。謂應上禮奉賀。"[3]徐邈同。又引一有元良，[4]慶在於此。封諸王及新宫上禮，既有前事，亦皆已瞻仰致敬，而又奉觴上壽，應亦無疑也。

[1]百辟：百官。

[2]酒牢貢羞：進貢的美酒珍饈。

[3]謂應上禮奉賀：謂，原本、宋本作“諸”，殿本作“謂”，據殿本改。

[4]一有元良：元良，太子。語出《禮記·文王世子》：“一有元良，萬國以貞，世子之謂也。”意爲太子若有大善則萬國安定。

江左以來，太子婚，納徵禮用玉璧一，獸皮二，未詳何所準況。[1]或者獸取其威猛有班彩，玉以象德而有温潤。[2]尋珪璋亦玉之美者，豹皮采蔚以譬君子。王肅納徵辭云：“玄纁束帛，儷皮雁羊。”前漢聘后，黄金二百斤，馬十二匹，亦無用羊之旨。鄭氏《婚物贊》曰“羊者祥也”，然則婚之有羊，自漢末始也。[3]王者六禮，尚未用焉。是故太康中有司奏：“太子婚，納徵用玄纁束帛，加羊馬二駟。”

[1]準況：根據。

[2]温潤：温，原本、宋本、殿本無此字，據中華本補。

[3]自漢末始也：末，原本作一字空白，宋本、殿本作“末”，據宋本、殿本補。

武帝泰始十年，將聘拜三夫人、九嬪。[1]有司奏：“禮，皇后聘以穀珪，無妾媵禮贄之制。”詔曰：“拜授可依魏氏故事。”於是臨軒，使使持節兼太常拜三夫人，兼御史中丞拜九嬪。

[1]聘：殿本作“納”。　三夫人、九嬪：《南史》卷一一《后妃傳序》：“晋武帝采漢魏之制：置貴嬪、夫人、貴人，是爲三夫

人，位視三公；淑妃、淑媛、淑儀、修華、修容、修儀、婕好、容華、充華，是爲九嬪，位視九卿。”

漢魏之禮云，公主居第，尚公主者來第成婚。司空王朗以爲不可，其後乃革。太元中，公主納徵以獸豹皮各一具禮，[1]豈謂婚禮不辨王公之序，故取獸豹以尊革其事乎！[2]

[1]具禮：具，原本、宋本、殿本作“其”，據中華本改。

[2]故取獸豹以尊革其事乎：革，殿本作“崇”。中華本校勘記：“周校：‘革’當在‘獸豹’下，文乃順。”

《禮》有三王養老、[1]膠庠之文，[2]饗射、[3]飲酒之制，[4]周末淪廢。漢明帝永平二年三月，[5]帝始率群臣躬養三老、五更於辟雍，[6]行大射之禮。郡國縣道行鄉飲酒於學校，皆祠先聖先師周公、孔子，牲以太牢。[7]孟冬亦如之。[8]及魏高貴鄉公甘露二年，天子親帥群司行養老之禮。[9]於是王祥爲三老，鄭小同爲五更。其《儀注》不存，然漢禮猶在。武帝泰始六年十二月，帝臨辟雍，行鄉飲酒之禮。詔曰：“禮儀之廢久矣，乃今復講肄舊典。”[10]賜太常絹百匹，丞、博士及學生牛酒。咸寧三年，惠帝元康九年，復行其禮。

[1]養老：養老禮。《禮記·王制》：“凡養老：有虞氏以燕禮，夏后氏以饗禮，殷人以食禮，周人脩而兼用之。五十養於鄉；六十養於國；七十養於學，達於諸侯；八十拜君命，一坐再至，瞽亦如

之；九十使人受。”清秦蕙田《五禮通考》分“養老之禮”（下又分“總論養老之義”“論國老庶老及死政之老”“養老之時”“養老之服”“几杖”“酒食”“視學養老行事之禮節”“教民養老之法”）“優老之事”（下又分“服官致政之期”“大夫年老未許致仕者”“大夫士已致仕者”“巡狩優禮老者”“田役優老”“鄉黨優老”“道路優老”“刑罰優老”）“歷代親學養老之禮”“歷代優老之事”等類别條目、程序環節引諸家論闡述了養老禮。其“總論養老之義”論曰：

“蕙田案：養老之禮，自虞、夏、殷以來已重之至，周而大備。其所養之老有三：曰國老、曰庶老、曰死政之老。每歲仲春、季春、仲秋之月，天子親視學，大合樂，擇公卿大夫之致仕有賢德者以爲三老、五更。天子袒而割牲，執醬而饋，執爵而酳，尊之如父兄。其群老皆設席位，禮之如衆賓，欲陳孝弟以教天下也。其餘如簡不帥，教出征，受成於學，以訊馘告，凡天子有事於學，必舉養老之禮。而諸侯之國及鄉遂之吏，亦皆得養老於學焉。若庶人之老不能遍養於學，則有引年復除之令，而又制民田里，教之樹畜，導其妻子，使養其老。孟子所謂‘善養老者’是也。養老之禮散見於《月令》《王制》《祭義》《内則》《樂記》諸篇，而《文王世子》尤爲詳備。今以類編入學禮，而經傳所載優老之事亦附焉。後世舉視學養老之典者，惟後漢及魏與後魏及周，至於優禮高年之事，則歷代史册皆不絶書。今並搜輯以著於篇。

“《禮記·祭義》：先王之所以治天下者五，貴老爲其近於親也，敬長爲其近於兄也，是故至孝近乎王，雖天子必有父。至弟近乎霸，雖諸侯必有兄。（注：天子有所父事，諸侯有所兄事，謂若三老、五更也。）昔者有虞氏貴德而尚齒，夏后氏貴爵而尚齒，殷人貴富而尚齒，周人貴親而尚齒。（注：貴，謂燕賜有加於諸臣也。尚，謂有事尊之於其黨也。臣能世禄曰富。舜時多仁聖有德，後德則在小官。疏：今此一經，論四代弟順尚齒之義。虞氏帝德弘大，故貴德。德之中，年高者在前，是德中尚齒。夏后氏尚功，功高則爵高。既貴其官爵，德雖下而爵高者則貴之，於貴爵之中，年高者在前，故云尚齒。殷家累世有功，世爵而富，乃貴之。亦年高者在前。周人敬愛彌狹。殷人疏而富者，猶貴之，周人於已有親乃貴之。就此之中，亦年高者在前。

“輔氏廣曰：有德者必有爵，有爵者必有富，此虞、夏、殷之所貴如此。至於周則又厚親以反本焉。此世變使然。聖人因時定制也。若夫年齒之尚，行乎萬世而不可變者。

“虞、夏、殷、周，天下之盛王也，未有遺年者。年之貴乎天下久矣，次乎事親也。（注：言其先老也。孔穎達疏：‘次乎事親也’者，言貴年之次弟，近於事親之孝。）

“吕氏澄曰：此承上文申言四代皆尚齒之義。遺，謂忽忘之，與違其親之違同。年即齒也。四代之所貴雖有不同，而其尊年尚齒則一。蓋年齒之可貴，於天下、歷四代至今不變，故曰久矣。尚齒之弟次乎事親之孝也。

“方氏慤曰：或曰年，或曰齒，年以所歷言，齒以所序言。

“《王制》：司徒養耆老以致孝。（注：耆老所當孝養上之人，養耆老則民皆知孝矣。）

“《大學》：上老老而民興孝，上長長而民興弟。

“《周禮·地官·大司徒》：以保息六養萬民：一曰慈幼，二曰養老。（注：養老，七十養於鄉，五十異粻之屬。疏：《王制》云：‘五十養於鄉，六十養於國，七十養於學。’彼謂大夫士也。《王制》又云‘凡三王養老，皆引年’，注云：‘已而引户校年，當行復除也。老人衆多，非賢者不可皆養。’故《食貨志》云‘七十已上上所養也’。此云七十養於鄉，亦謂有賢行者也。云‘五十異粻之屬’者，是《王制》文。《禮記》常法，庶人食稷，士兼食黍，大夫又加以粱。今雖庶人，至五十，或與士大夫同食黍粱，故云異粻。）

“《孟子》：伯夷辟紂，居北海之濱，聞文王作興，曰：‘盍歸乎來！吾聞西伯善養老者。’太公辟紂，居東海之濱，聞文王作興，曰：'盍歸乎來！吾聞西伯善養老者。'天下有善養老，則仁人以爲已歸矣）。

"《白虎通·德論》：王者父事三老、兄事五更者何？欲陳孝悌之德以示天下也。故雖天子必有尊也，言有父也，必有先也，言有兄也。"

[2]膠庠：周代學校名。周時膠爲大學，庠爲小學。後世通稱學校爲"膠庠"。語本《禮記·王制》："周人養國老於東膠，養庶老於虞庠。"

[3]饗射：古禮。宴飲賓客並舉行射箭之禮。《周禮·春官·司服》："享先公、饗射，則鷩冕。"鄭玄注："饗射，饗食賓客與諸侯射也。"

[4]飲酒：即鄉飲酒禮。《儀禮·鄉飲酒禮》賈公彦疏引鄭玄《三禮目録》："諸侯之鄉大夫三年大比，獻賢者能於其君，以賓禮待之，與之飲酒。於五禮屬嘉禮。"清秦蕙田《五禮通考》分"《儀禮·鄉飲酒禮》"（下又分"謀賓介""戒賓介""設席及器""速賓介""迎賓""主人獻賓""賓酢主人""主人酬賓""主人獻介""介酢主人""主人獻衆賓""樂賓""立司正""賓酬主人""主人酬賓""徹俎""升坐""無算爵""賓出""遵者之禮""拜賜拜辱""息司正""記賓介""記筵及尊冪""記牲""記爵觶之用""記脯""記俎""記諸行禮之節""記衆賓之立位""記樂正薦節""記不徒爵""記大夫入節""記獻工與笙""記懸磬之所""記升席降席之法""記薦司正節""記旅酬殺禮""記士入節""徹俎之節""記奏陔之節""記遵者席位""記主人之贊者"）"經傳鄉飲諸儀""鄉飲酒義""歷代鄉飲酒禮"等類别條目、程序環節引諸家論闡述了"鄉飲酒禮"。其篇首曰：

"蕙田案：鄉飲酒之禮見於經傳者有四：鄉大夫三年大比，獻賢能於王，以禮禮賓，之一也。黨正國，索鬼神而祭祀，則以禮屬民飲酒，以正齒位，二也。州長春秋習射於序，先行鄉飲酒禮，三也。鄉大夫士飲其國中賢者，四也。其用之州黨而亦謂之鄉者，先儒以爲州黨鄉之屬也。或鄉大夫入而觀禮，或鄉大夫居此黨内，故亦以名之也。《儀禮》所載乃鄉大夫禮賓之禮，其正齒位之法見於《周官》者，一命齒於鄉里，再命齒於父族，三命而不齒。見於《禮記》者，六十者坐，五十者立侍。又有三豆、四豆、五豆、六豆之等。而《儀禮》佚其篇，其詳不可得聞焉。州長習射之儀，先飲酒而後射。《儀禮·鄉射》篇可以互參，惟飲國中賢者之禮經無正文，大約與鄉大夫賓賢之典略相類耳。漢制，郡國行鄉飲酒禮，蓋用正齒位之説。魏晋以下間或行之，唐兼采二説，賓興賢能則以刺史或上佐爲主，其制皆仿於古而小損之。有主賓，介而無僎，樂則笙歌，間合各一，作而不備，所謂鹿鳴宴也。正齒位則行於冬季，主人以縣令爲之，復降殺其禮。宋淳化中，詔有司講求鄉飲酒禮。政和中，有司奏，參酌古制，於州軍貢士之月，以禮飲酒，用知州軍事或本州佐官爲主，上舍生當貢者與州之群老爲衆賓，略如辟雍宴貢士之儀。紹興十三年，禮部奏，修定儀制，頒下郡國。蓋本用賓賢之説，而已仕未仕者以齒序位於兩廊，則亦兼取黨正正齒位之文。二者合爲一禮矣。明初定鄉飲禮儀，命有司與學官率士大夫之老者於儒學行之，又於是日令一人升讀律令，蓋取正齒位之義。其鄉試，舉人中式者亦有鹿鳴宴，然不名之爲鄉飲酒也。《周禮》云以陽禮教讓，則民不争。先儒以鄉飲鄉射當之，《禮記》亦云鄉飲酒之禮廢，則長幼之序失而争鬥之獄繁。然則先王制此禮，或主於興賢，或主於尚齒，雖所重不同而所以勸民行、厚民俗之意則一也。今采經傳及歷代史志所述具列於篇云。”

[5]漢明帝：東漢皇帝，名劉莊，原名劉陽，字子麗。光武帝第四子，公元57至75年在位。在位期間提倡儒術，行養老禮，尊事三老、五更。省檢徭役賦税，民生安定，與章帝統治期並號“明章之治”。

[6]躬養：躬，原本、宋本、殿本作“射”，據中華本改。三老、五更：《禮記·樂記》：“食三老、五更於大學。”鄭玄注：“三老、五更，互言之耳，皆老人更知三德五事者也。”孔穎達疏：

“三德謂正直、剛、柔。五事謂貌、言、視、聽、思也。”

[7]牲以太牢：中華本校勘記：“《拾補》：《續漢志》‘太牢’作‘犬’，劉昭引《儀禮》鄭注云‘狗取擇人’，‘太牢’誤。”

[8]孟冬：冬季的第一個月。

[9]天子親帥群司行養老之禮：原本、宋本於“禮”下有“於太學”三字，殿本無，據殿本删。

[10]講肄：肄，原本、宋本作“肆”，殿本作“肄”，據殿本改。

魏正始中，齊王每講經遍，輒使太常釋奠先聖先師於辟雍，[1]弗躬親及。惠帝、明帝之爲太子，及愍懷太子講經竟，並親釋奠於太學，太子進爵於先師，中庶子進爵於顔回。[2]成、穆、孝武三帝，亦皆親釋奠。孝武時，以太學在水南懸遠，[3]有司議依升平元年，於中堂權立行太學。[4]於時無復國子生，有司奏：“應須復二學生百二十人。太學生取見人六十，國子生權銓大臣子孫六十人，事訖罷。”奏可。釋奠禮畢，會百官六品以上。

[1]輒：總是。

[2]中庶子：官名，即太子中庶子，太子侍從，掌侍從、奏事、諫議等。五品。

[3]以太學在水南：原本、宋本、殿本無“太”字，據中華本補。

[4]中堂：又稱南皇堂。《江南通志》卷三〇《輿地志·江寧府》載，中堂在上元縣古都城宣陽門外，或謂之南皇堂。六朝時建康有警，多以親貴出屯中堂。

漢儀，季春上巳，[1]官及百姓皆禊於東流水上，[2]洗濯祓除去宿垢。[3]而自魏以後，但用三日，不以上巳也。晋中朝公卿以下至於庶人，皆禊洛水之側。趙王倫篡位，[4]三日會天泉池，誅張林。[5]懷帝亦會天泉池，賦詩。陸機云："天泉池南石溝引御溝水，池西積石爲禊堂。"本水流杯飲酒，亦不言曲水。元帝又詔罷三日弄具。海西於鍾山立流杯曲水，[6]延百僚，皆其事也。九月九日，馬射。[7]或説云"秋，金之節，[8]講武習射，象立秋之禮也"。

[1]上巳：舊時節日名。漢以前以農曆三月上旬巳日爲"上巳"；魏晋以後，定爲三月三日，不必取巳日。

[2]禊：祭名。古人祓除不祥之祭。常在春秋二季於水濱举行。农曆三月上巳行春禊，七月十四日行秋禊。

[3]祓除：除灾去邪之祭。

[4]趙王倫：司馬倫，字子彝，本書卷五九有傳。

[5]張林：趙王司馬倫黨羽，與孫秀均爲司馬倫所重用。後因與孫秀不和，孫秀乃勸司馬倫將其誅殺。

[6]立流杯曲水：杯，原本、宋本、殿本作"水"，據中華本改。

[7]馬射：騎馬射箭。

[8]金：古代五行學説秋天爲金。《吕氏春秋·孟秋》："先立秋三日，太史謁之天子，曰：'某日立秋，盛德在金。'"

晋書　卷二二

志第十二

樂上[1]

夫性靈之表，[2]不知所以發於咏歌；[3]感動之端，不知所以關於手足。生於心者謂之道，成於形者謂之用。譬諸天地，其猶影響，[4]百獸率舞，而况於人乎！美其和平而哀其喪亂，以兹援律，乃播其聲焉。

[1]樂：中國傳統文化的内容之一。《通典》卷一四一、一四二述歷代音樂沿革説："夫音生於人心，心慘則音哀，心舒則音和。然人心復因音之哀和，亦感而舒慘，則韓娥曼聲哀哭，一里愁悲；曼聲長歌，衆皆喜忭，斯之謂矣。是故哀、樂、喜、怒、敬、愛六者，隨物感動，播於形氣，叶律吕，諧五聲。舞也者，咏歌不足，故手舞之，足蹈之，動其容，象其事，而謂之爲樂。樂也者，聖人之所樂，可以善人心焉。所以古者天子、諸侯、卿大夫無故不徹樂，士無故不去琴瑟，以平其心，以暢其志，則和氣不散，邪氣不干。此古先哲后立樂之方也。周衰政失，鄭衛是興。秦漢以還，古樂淪缺，代之所存，韶武而已。下不聞振鐸，上不達謳謡，但更其

名，示不相襲，知音復寡，罕能制作。而况古雅莫尚，胡樂薦臻，其聲怨思，其狀促遽，方之鄭衛，又何遠乎！爰自永嘉，戎羯迭亂，事有先兆，其在於兹。聖唐貞觀初作破陣樂，舞有發揚蹈厲之容，(象其威武也。) 歌有粗和嘽發之音，(粗謂初用干戈平戎，戎既平，子愛百姓，有和樂之心。嘽謂樂心，發謂喜心，言天下既安，功成而喜樂也。嘽音昌善反。) 表興王之盛烈，何謝周之文武，豈近古相習所能關思哉！而人間胡戎之樂，久習未革。古者因樂以著教，其感人深，乃移風俗。將欲閑其邪，正其頽，唯樂而已矣。"

[2]性靈之表：從外表看性靈。

[3]歌：人聲之樂，後與詩相連。《通典》卷一四五《樂》闡述晋及前代之歌："《釋名》曰：'人聲曰歌。歌者，柯也。所歌之言，是其質也。以聲吟咏，其上下如草木之有柯葉。'《説文》曰：'咏，歌也，從言，永聲也。'《爾雅》曰'徒歌謂謡'，齊歌也。

"《虞書》曰：'九功惟序，九序惟歌。(六府三事之功有次序，皆可歌樂，乃德政之致也。) 勸之以九歌，俾勿壞。'(歌以勸之，使政勿壞，在此三者而已。) 又：'帝庸作歌曰："敕天之命，惟時惟幾。"(用庶尹允諧，故作歌以戒之，安不忘危也。敕，正也。奉天命以臨民，惟政在順時，在慎微。) 乃歌曰："股肱喜哉，元首起哉，百工熙哉。"(元首，君也。股肱之臣，喜樂盡忠，君之治功乃起，百官之業乃廣。) 乃賡載歌曰："元首明哉，股肱良哉，庶事康哉。"(賡，續。載，成也。帝歌歸美股肱，乃安以成其美。賡音加孟反。) 又歌曰："元首叢脞哉，股肱惰哉，萬事墮哉。"'(叢脞，細碎無大略也。君如此，則臣懈惰，萬事墮廢，其功不成，歌以申戒。)

"《帝王世紀》曰：'舜恭己無爲，歌《南風》之詩。《詩》曰：南風之時兮，可以阜吾人之財兮；南風之薰兮，可以解吾人之愠兮。'

"禹省南土，塗山之女令其妾候禹於塗山之陽，女乃作歌，始爲南音。(昔有娀氏二女居九成臺，天帝使燕夜往，二女覆以玉筐，既而視之，燕遺二卵，五色，北飛不反。二女作歌，始爲北音。夏后孔甲田於東陽萯山，天大風，晦冥，迷入人室，主人方乳，或曰：'后來是良日也，必大吉。'或曰：'不勝之子，必有殃。'后乃取以歸，曰：'以爲余子，誰敢殃之！'後析橑，斧破斷其足。孔甲曰：'嗚呼！有命矣。'乃作《破斧之歌》，始爲東音。周昭王南征，殞於漢中，王右辛餘靡，長且多力，振王北濟，周公乃封之西翟，徙宅西河，追思故處，作歌，始爲西音。此蓋四方之歌也。）

"夏太康失道，畋游十旬弗反。其弟五人，待於洛汭，述大禹之戒，作《五子之歌》。

"《周禮·春官》：太師，大祭祀帥瞽登歌。小師，掌教弦歌。（教，謂教瞽矇。弦，謂琴瑟。歌，依咏詩也。）樂師，帥學士而歌徹。（於有司徹而歌《雍》也。）

"《樂記》：'師乙曰："夫歌者，直己而陳德也。寬而静、柔而正者，宜歌《頌》；廣大而静、疏達而信者，宜歌《大雅》；恭儉而好禮者，宜歌《小雅》；正直而静、廉而謙者，宜歌《風》；肆直而慈愛者，宜歌《商》；温良而能斷者，宜歌《齊》。故《商》者，五帝之遺聲也，商人識之，故謂之《商》；《齊》者，三代之遺聲也，齊人識之，故謂之《齊》。"又曰："歌者，上如抗，下如墜，曲如折，止如槁木，倨中矩，句中鉤，纍纍乎端如貫珠。（言歌聲之著，動人心之審，有如此事也。《郊特牲》曰：'歌者在上，匏竹在下，貴人聲也。'注云：'匏，笙也。'）故歌之爲言也，長言之也。説之，故言之；言之不足，故長言之；長言之不足，故嗟嘆之；嗟嘆之不足，故不知手之舞之，足之蹈之也。"'（長言，引其聲也。嗟嘆，和續之也。不知手足舞蹈，懽之至也。）

"周衰，有秦青者，善謳，而薛談學謳於青，未窮青之伎而辭歸。青餞之於郊，乃撫節悲歌，聲振林木，響遏行雲。遂留不去，以卒其業。

"又有韓娥，東之齊，至雍門，匱糧，乃鬻歌假食，既而去，餘響繞梁，三日不絶，左右謂其人不去也。又過逆旅，逆旅人辱之，韓娥因曼聲哀哭，一里老幼悲愁，垂涕相對，三日不食。遽而追之，韓娥還，復爲曼聲長歌，衆皆喜躍抃舞，不能自禁，遺向之悲也。乃厚賂遣之。故雍門之善歌哭，效韓娥之遺聲也。（許慎曰：‘曼聲，長聲也。’）

“衛人王豹處淇川，善謳，河西之人皆化之。齊人綿駒居高唐，善歌，齊之右地亦傳其業。

“漢有虞公，善歌，能令梁上塵起。

“武帝時，李延年善歌，爲協律都尉。

“《但歌》，四曲，出自漢代。無弦節，作伎最先，一人唱，三人和。魏武帝尤好之。時有宋容華者，清徹好聲，善唱此曲，當時稱妙。自晋以來不復傳，遂絶。”

[4]影響：影子和回聲。《尚書·大禹謨》：“惠迪吉，從逆凶，惟影響。”孔安國傳：“吉凶之報，若影之隨形，響之應聲，言不虚。”

農瑟羲琴，[1]倕鍾和磬，[2]達靈成性，象物昭功，[3]由此言之，其來自遠。殷氏不綱，遺風餘孽，淫奏既興，雅章奔散，《英》《莖》之制，[4]蓋已微矣。孔子曰：“人能弘道，非道弘人。”周始二《南》，[5]風兼六代。昔黄帝作《雲門》，[6]堯作《咸池》，[7]舜作《大韶》，[8]禹作《大夏》，[9]殷作《大濩》，[10]周作《大武》，[11]所謂因前王之禮，設俯仰之容，和順積中，英華發外。《書》稱命夔典樂，[12]教胄子，[13]則《周官》所謂奏大吕，[14]歌黄鍾。[15]天睨來下，[16]人祇動色，[17]抑揚周監，[18]以弘雅音。及褒艷興灾，[19]平王逢亂，[20]禮廢親疏，樂沉河海。[21]是以延陵季子聞歌《小雅》曰：[22]“其周德之衰乎！猶有先王之遺風焉。”而列壤稱孤，[23]各興吟咏。魏文侯聆古樂而恐卧，[24]晋平公聽新聲而忘食，[25]先王之道，漸以陵夷。八方殊風，九州異則。秦氏并吞，遂專刑憲，至於弦歌《詩頌》，[26]干戚旄羽，[27]投諸烟火，掃地無遺。

[1]農瑟：傳説神農氏做瑟琴。《新論·琴道》篇："昔神農氏繼宓羲而王天下，上觀法於天，下取法於地，近取諸身，遠取諸物，於是始削桐爲琴，練絲爲弦，以通神明之德，合天地之和焉。梧桐作琴，三尺六寸有六分，象期之數；厚寸有八，象三六數；廣六分，象六律。上圓而斂，法天；下方而平，法地。上廣下狹，法尊卑之體。琴隱長四十五分，隱以前長八分。五弦，第一弦爲宫，其次商、角、徵、羽。"《通典》卷一四四《樂》："瑟，《世本》云：'庖羲作，五十弦。黄帝使素女鼓瑟，哀不自勝，乃破爲二十五弦，具二均聲。'（《爾雅》曰：'大瑟謂之灑。'《禮圖》舊云：'雅瑟，長八尺一寸，廣一尺八寸，二十三弦。其常用者，十九弦。頌瑟，長七尺二寸，廣尺八寸，二十五弦，盡用之。'）《易通卦驗》曰：'人君冬至日，使八能之士，鼓黄鐘之瑟，瑟用槐木，長八尺一寸；夏至日，瑟用桑木，長五尺七寸。'（槐取氣上也。桑取氣下也。）" 羲琴：傳説伏羲氏做琴。《文選·張衡〈歸田賦〉》李善注引《琴操》："伏羲氏作琴，弦有五者，象五行也。"《通典》卷一四四《樂》："琴，《世本》云：'神農所造。'《琴操》曰：'伏羲作琴，所以修身理性，反其天真。'《白虎通》曰：'琴，禁也，禁止於邪，以正人心也。'《廣雅》曰：'琴長三尺六寸六分，象三百六十六日；五弦象五行。大弦爲君，寬和而温；小弦爲臣，清廉不亂。文王、武王加二弦，以合君臣之恩也。'《琴操》曰：'廣六寸，象六合也。'又：'上曰池，言其平；下曰濱，言其服。前廣後狹象尊卑，上圓下方象天地。'（一弦琴十有二柱，柱如琵琶。擊琴，柳惲所作。惲嘗爲文咏，思有所屬，摇筆誤中琴弦，因爲此

樂。以管承弦，又以片竹約而束之，使弦急而聲亮，舉以擊之，以爲節曲。）楊雄《琴清英》曰：‘舜彈五弦之琴，而天下化；堯加二弦，以合君臣之恩。’（桓譚《新論》曰：‘五弦，第一弦爲宫，其次商、角、徵、羽，文王、武王各加一弦，以爲少宫、少商。’説者不同。又琴之始作，或云伏羲，或云神農，諸家所説，莫能詳定。）《爾雅》曰：‘大琴謂之離。’二十七弦。今無其器。齊桓公曰‘號鐘’，楚莊曰‘繞梁’，相如曰‘緑綺’，伯喈曰‘焦尾’，而傅玄《琴賦》云非伯喈也。（一云‘焦尾’，蔡邕琴。）”

［2］倕：古代傳説中的巧匠。　磬：古代打擊樂器。狀如曲尺。用玉、石或金属製成。懸挂於架上，擊之而鳴。《通典》卷一四四《樂》：“磬，《世本》云：‘叔所造。’不知何代人。又曰：‘無句作磬。’（《古史考》曰：‘堯時人也。’《禮記》曰：‘叔之離磬。’）《周禮·冬官·考工記》：‘磬氏爲磬，倨句一矩有半，（必先度一矩爲句，一矩爲股，而求其弦。既而以一矩有半觸其弦，則磬之倨句也。磬之制有大小，此假矩以定倨句，非用其度耳。）其博爲一，（博，謂股博也。博，廣也。）股爲二，鼓爲三。參分其股博，去一以爲鼓博，以其一爲之厚。（鄭衆云：‘股，磬之上大者。鼓，其下小者，所當擊也。’鄭玄謂：‘股外面，鼓内面也。假令磬股廣四寸半者，股長九寸也，鼓廣三寸，長尺三寸，厚一寸。’）已上則摩其旁，（鄭衆云：‘磬聲太上，則摩鑢其旁。’玄謂：‘太上聲清也。薄而廣則濁。’）已下則摩其耑。’（太下聲濁也。短而厚則清。）磬師掌教擊磬，（教視瞭也。磬亦編。）教縵樂、燕樂之鐘磬。（鄭玄云：‘縵，謂雜聲之和樂者。《學記》曰：“不學操縵，不能安弦。”燕樂，房中之樂，所謂陰聲。二樂皆教其鐘磬。’）”

［3］象物昭功：取法物象昭顯功能。

［4］《英》《莖》：傳説顓頊作《六莖》，帝嚳作《五英》。此指古代的雅樂。

［5］二《南》：《詩經》的《周南》和《召南》。

［6］《雲門》：周六樂舞之一。用於祭祀天神。相傳爲黄帝時

所作。《周禮·春官·大司樂》:“以樂舞教國子:舞《雲門》《大卷》《大咸》《大韶》《大夏》《大濩》《大武》。”鄭玄注:“此周所存六代之樂。黄帝曰《雲門》《大卷》,黄帝能成名,萬物以明,民共財,言其德如雲之所出,民得以有族類。”

[7]《咸池》:《周禮·春官·大司樂》鄭玄注:“《咸池》,堯樂也。堯能殫均刑法以儀民,言其德無所不施。”

[8]《大韶》:《周禮·春官·大司樂》鄭玄注:“《大韶》,舜樂也。言其德能紹堯之道也。”

[9]《大夏》:《周禮·春官·大司樂》鄭玄注:“《大夏》,禹樂也。禹治水傅土,言其德能大中國也。”

[10]《大濩》:濩,原本、宋本作“護”,殿本作“濩”,據殿本改。《周禮·春官·大司樂》鄭玄注:“《大濩》,湯樂也。湯以寬治民,而除其邪,言其德能使天下得其所也。”

[11]《大武》:《周禮·春官·大司樂》鄭玄注:“《大武》,武王樂也。武王伐紂以除其害,言其德能成武功。”

[12]夔:相傳爲虞舜之臣。因懂音律,被重黎推薦給舜,被任爲樂正。在任正六律,和五聲。

[13]胄子:帝王或貴族的長子。

[14]大吕:古代音樂六陰律之一。

[15]黄鍾:古代音樂六陽律之一。

[16]天貺:上天的恩賜。

[17]人祇:人與神。

[18]周監:周朝比視於夏商二代。語出《論語·八佾》:“子曰:周監於二代,郁郁乎文哉,吾從周。”孔安國曰:“監,視也。言周文章備於二代,當從周也。”

[19]褒艷:美女褒姒。周幽王妃子。褒國(今陝西省漢中市褒城鎮東)人,姒姓。因深得幽王寵愛,幽王廢太子宜臼,立褒姒子伯服爲太子。相傳幽王爲博其一笑,以烽火戲諸侯,引起諸侯不滿。

［20］平王：周平王，名宜臼，幽王之子。幽王被犬戎攻殺後，因鎬京殘破，即位的平王便東遷雒邑。

［21］樂沉河海：沉，殿本作“沈”。

［22］延陵季子：即春秋吴國人季札，吴王壽夢少子，先封於延陵，故稱延陵季札。曾奉命出使魯國，觀賞周代詩歌和樂舞。

［23］列壤稱孤：割據稱王。

［24］魏文侯：戰國時魏國國君，名斯，魏桓公之子。公元前445至前396年在位。先後重用翟璜、吴起、西門豹、樂羊、李悝等人，致力於改革，使魏國成爲戰國首强。

［25］晋平公：春秋時晋國國君，名彪，晋悼公之子。公元前557至前532年在位。爲政厚賦斂，喜淫逸。

［26］《詩頌》：《詩經》中的一類，包括《周頌》《魯頌》《商頌》，均爲廟堂祭祀時用的舞曲歌辭。

［27］干戚旄羽：音樂舞蹈所用道具。《禮記·樂記》：“比音而樂之，及干戚、羽旄，謂之樂。”

漢祖提劍寰中，[1]削平天下，文匪躬於德化，[2]武有心於制作。[3]太后擯儒家之道，[4]大臣排賈氏之言，[5]搢紳先生所以長嘆，[6]而子政、仲舒猶不能已也。[7]炎漢中興，明皇帝即位，[8]表圭景而陳《清廟》，[9]樹槐陰而疏璧流；[10]祀光武於明堂，[11]以配上帝；召桓榮於太學，[12]袒而割牲；濟濟焉，皇皇焉，有足觀者。自斯厥後，禮樂彌殷。永平三年，官之司樂，改名大予，式楊典禮，旁求圖讖，[13]道鄰《雅》《頌》，事邇中和。其有五方之樂者，則所謂“大樂九變，天神可得而禮”也。[14]其有宗廟之樂者，則所謂“肅雍和鳴，先祖是聽”者也。[15]其有社稷之樂者，[16]則所謂“琴瑟擊鼓，以迓田祖”者也。[17]其有辟雍之樂者，[18]則所謂“移風易俗，莫善於樂”者也。[19]其有黄門之樂者，[20]則所謂宴樂群臣，“蹲蹲舞我”者也。[21]其有短簫之樂者，[22]則所謂“王師大捷，令軍中凱歌”者也。

[1]寰中：宇内，天下。

[2]文匪躬於德化：文帝奮不顧身地致力於道德文化。文指西漢文帝劉恒，高祖劉邦之子，公元前 180 至前 157 年在位。

[3]武有心於制作：武帝用心於禮樂典章制度。武指西漢武帝劉徹，景帝之子，公元前 141 至前 87 年在位。

[4]太后：西漢文帝皇后竇氏，信都關津（今河北省武邑縣東南）人。武帝即位，尊爲太皇太后。好黄老，不喜儒術。

[5]賈氏：賈誼，西漢洛陽（今河南省洛陽市）人。文帝時爲博士，後遷至太中大夫。建議改正朔、定官名、興禮樂、削藩王。因大臣周勃、灌嬰等譖毁，被貶爲長沙王太傅。

[6]搢紳先生：古代服儒服的讀書人。

[7]子政：即劉向，字子政，西漢沛郡豐（今江蘇省豐縣）人，楚元王四世孫。曾任諫大夫、散騎宗正給事、光禄大夫等職。撰有《五經通義》《洪範五行傳》等，均已佚。另撰有《列女傳》《説苑》《新序》等存世。　仲舒：董仲舒，西漢廣川（今河北省景縣廣川鎮）人，少治《春秋》。景帝時任博士，武帝時任江都王相、中大夫。提出“罷黜百家、獨尊儒術”，被武帝采納。主治《公羊春秋》學，宣傳天人感應。

[8]明皇帝：東漢明帝劉莊，原名劉陽，字子麗。光武帝第四子，公元 57 至 75 年在位。在位期間提倡儒術，行養老禮，尊事三老五更，省檢徭役賦税，民生安定，與章帝統治時期並號“明章之治”。

[9]表圭景而陳《清廟》：按照季節祭祀宗廟。圭景，圭表上

的日影，長短隨季節變化。《清廟》，原爲《詩・周頌》中的篇名，此指帝王宗廟。

[10]樹槐陰而疏璧流：任用碩儒實行教化。樹槐蔭，招來碩儒。《周禮・秋官・司寇》："面三槐"，鄭玄注："槐之言懷也，懷來人於此，欲與之謀。"疏璧流，疏通璧池流水，璧池即學校，此指實行教化。璧，原本作"壁"，宋本、殿本作"璧"，據宋本、殿本改。

[11]明堂：本爲皇帝舉行朝會、祭祀、養老、教學等大典的建築，魏晋南北朝時期主要爲祭祀場所。

[12]桓榮：東漢沛郡龍亢（今安徽省懷遠縣龍亢鎮）人，字春卿。少就學長安，習《歐陽尚書》。光武帝時招爲議郎，入授太子。歷任太子少傅、太常等職。明帝即位後，遵以師禮。　太學：古代設於京城的最高學府，主要從事儒學教育。

[13]圖讖：盛行於東漢時期的用隱語、預言表示帝王受命徵验的一類的書。

[14]大樂九變，天神可得而禮：語見《周禮・春官・大司樂》："若樂九變，則人鬼可得而禮矣。"

[15]肅雍和鳴，先祖是聽：語見《詩・周頌・有瞽》。

[16]社稷：此指土神和穀神。

[17]琴瑟擊鼓，以迓田祖：語見《詩・小雅・甫田》。鼓，打擊樂器。《通典》卷一四四《樂》："鼓，《世本》云：'夷作鼓。'以桴擊之曰鼓，以手搖之曰鼗。《周禮・地官》：'鼓人掌教六鼓四金之音聲，以節聲樂，以和軍旅，以正田役。（音聲，五聲合和者。）教爲鼓，而辨其聲用：（教爲鼓，教擊鼓者大小之數，又別其聲而用事也。）以雷鼓鼓神祀，（雷鼓，八面鼓。神祀，祀天神也。）以靈鼓鼓社祭，（靈鼓，六面鼓。社祭，祭地祇也。）以路鼓鼓鬼享，（路鼓，四面鼓也。鬼享，享宗廟也。）以鼖鼓鼓軍事，（大鼓謂之鼖鼓。鼖鼓，長八尺。鼖音扶云反。）以鼛鼓鼓役事，（鼛鼓，長丈二尺。鼛音古刀反。）以晋鼓鼓金奏。'（晋鼓，長六尺六寸。

金奏，謂樂作擊編鐘。)《冬官・考工記》:‘韗人爲皋陶，(鄭衆云:‘韗，《書》或爲鞠。皋陶，鼓木也。’鄭玄謂:‘鞠者，以皋陶名官。鞠，從革耳。’韗音運，鞠音陶。)長六尺有六寸，左右端廣六寸，中尺，厚三寸，(板中廣頭狹爲穹隆。鄭衆云:‘謂鼓木一判者，其兩端廣六寸，而中央廣尺，如此乃得有腹。’)穹者三之一，(鄭衆云:‘穹讀爲志無空邪之空，謂鼓木腹穹隆者居鼓三之一。’鄭玄:‘讀如穹蒼之穹。穹隆者居鼓面三分之一，則其鼓四尺者，版穹一尺三寸三分寸之一，倍之爲二尺六寸三分寸之二，加鼓四尺，穹之徑六尺六寸三分寸之二，此鼓合二十版也。’)上三正，(鄭衆云:‘謂兩頭一平，中央一平。’鄭玄謂:‘三讀當爲參，正，直也。參直者，穹上一直，兩端又直，各居二尺二寸，不弧曲也。此鼓兩面，以六鼓差之。賈侍中云，晋鼓大而短，近晋鼓也。以晋鼓鼓金奏。’)鼓長八尺，鼓四尺，中圍加三之一，謂之鼖。(中圍加三之一者，加於面之圍以三分之一也。面四尺，其圍十二尺，加以三分一四尺，則中圍十六尺，徑五尺三寸三分寸之一也。今亦合二十版，則版穹六寸三分寸之二。大鼓謂之鼖。以鼖鼓鼓軍事。鄭衆云:‘鼓四尺，謂革所蒙者廣四尺。’)爲皋鼓，長尋有四尺，鼓四尺，倨句磬折。(以皋鼓鼓役事。磬折，中曲之不參正也。中圍與鼖鼓同，以磬折爲異。)凡冒鼓，必以啓蟄之日，(啓蟄，孟春之中。蟄蟲始聞雷聲而動，鼓所取象也。冒，蒙鼓以革也。)良鼓瑕如積環。(革調急也。)鼓大而短，則其聲疾而短聞；(音問。下同。)小而長，則其聲舒而遠聞。’《禮記》云:‘夏后之鼓足，殷楹鼓，周懸鼓。’(足，謂四足也。楹，謂之柱貫中上出也。懸，懸之簨簴。《詩・殷頌》曰:‘植我鼗鼓。’《周頌》曰:‘應輮懸鼓。’(輮，以刃反。)應鼓在大鼓側，以和大鼓。小鼓有柄曰鞀，(音桃。)大鞀謂之鞞，《月令》‘仲夏修鞀、鞞’是也。然則鞀、鞞，即鞉類也。(《帝王世紀》曰:‘帝嚳命垂作鞞。’)又有鼉鼓焉。近代有腰鼓，大者瓦，小者木，皆廣首而纖腹。

“齊鼓，如漆桶，大一頭，設齊於鼓面如麝齊，故曰齊鼓。

“擔鼓，如小甕，先冒以革而漆之。

“羯鼓，正如漆桶，兩頭俱擊。以出羯中，故號羯鼓，亦謂之兩杖鼓。

“都曇鼓，似腰鼓而小，以槌擊之。

“毛員鼓，似都曇而稍大。

“荅臘鼓，制廣羯鼓而短，以指揩之，其聲甚震，俗謂之揩鼓。

“鷄樓鼓，正圓，而首尾可擊之處，平可數寸。

“正鼓、和鼓者，一以正，一以和，皆腰鼓也。

“節鼓，狀如博局，中開圓孔，適容其鼓，擊之以節樂也。節，不知誰所造。傅玄《節賦》云：‘黄鐄唱歌，《九韶》興舞。口非節不咏，手非節不拊。’此則所從來亦遠矣。（鐄音横。）

“撫拍，以韋爲之，實之以糠，撫之以節樂也。

“雅，《周禮·春官》：‘笙師掌教雅，以教祴樂。’（教，教視瞭也。鄭衆曰：‘雅狀如漆筩而弇口，大二圍，長五尺六寸，以羊韋鞔之，有兩紐疏畫之。’賈公彦云：‘長疏而畫之，賓醉而出奏《祴夏》，以此器築地爲之行節，明不失禮。’祴，鼓來反。）”

[18]辟雍：西周天子所設大學。東漢以後，爲行鄉飲酒、大射或祭祀之禮的地方。漢班固《白虎通·辟雍》：“天子立辟雍何？辟雍，所以行禮、樂宣德化也。辟者，璧也，象璧圓，以法天也。雍者，壅之以水，象教化流行也。辟之言積也，積天下之道德；雍之爲言壅也，天下之儀則。故謂之辟雍也。”

[19]移風易俗，莫善於樂：語出《孝經·廣要道》：“子曰：教民親愛，莫善於孝；教民禮順，莫善於悌；移風易俗，莫善於樂；安上治民，莫善於禮。”

[20]黄門之樂：宫廷宴會之樂。

[21]蹲蹲舞我：語見《詩·小雅·伐木》。

[22]短簫：吹奏樂器名。用於郊廟祭祀及軍樂。

魏武挾天子而令諸侯，思一戎而匡九服，[1]時逢吞滅，憲章咸蕩。及削平劉表，[2]始獲杜夔，[3]揚鼙總干，[4]式遵前記。三祖紛綸，[5]咸工篇什，聲歌雖有損益，愛玩在乎雕章。是以王粲等各造新詩，[6]抽其藻思，[7]吟咏神靈，贊揚來饗。

[1]匡九服：統一天下。

[2]劉表：東漢末山陽高平（今山東省鄒城市西南）人，字景升。少知名，爲"八俊"之一。東漢末黨人，後任荆州刺史。依靠當地名士大族的支持，南收零、桂，北據漢水，控地數千里，帶甲十餘萬。建學校、求儒士，保江漢間以觀天下之變。

[3]杜夔：東漢末河南（今河南省洛陽市）人，字公良。善音樂，初任雅樂郎。漢末避亂荆州，後歸曹操，任軍謀祭酒、參太樂事。官至太樂令、協律都尉。

[4]揚鼙總干：擊鼓持盾。鼙，小鼓。總干，持盾。

[5]三祖：指曹魏太祖曹操、高祖曹丕、烈祖曹叡。

[6]王粲：東漢末山陽高平（今山東省鄒城市西南）人，字仲宣。"建安七子"之一。先在荆州依附劉表，後歸曹操，任丞相掾、侍中。

[7]藻思：作文章的才思。

武皇帝采漢魏之遺範，[1]覽景文之垂則，[2]鼎鼐唯新，[3]前音不改。泰始九年，光禄大夫荀勖始作古尺，[4]以調聲韵，仍以張華等所制高文，[5]陳諸下管。永嘉之亂，伶官既滅，曲臺宣榭，咸變汚萊。[6]雖復《象舞》歌工，[7]自胡歸晋，至於孤竹之管，[8]雲和之瑟，[9]空桑之琴，[10]泗濱之磬，[11]其能備者，百不一焉。夫人受天地之靈，藴菁華之氣，剛柔遞用，哀樂分情。經春陽而自喜，遇秋彫而不悦。游乎金石之端，出乎管弦之外，因物遷逝，乘流不反。是以楚王升輕軒於彭蠡，[12]漢順聽鳴鳥於樊衢。[13]聖人功成作樂，化平裁曲，乃揚節奏，以暢中和，飾其歡欣，止於哀思者也。

[1]武皇帝：指西晋武帝司馬炎。

[2]景文：指景帝司馬師和文帝司馬昭。

[3]鼎鼐：鼎和鼐。古代兩种烹飪器具。喻指禮樂制度。

[4]光禄大夫：官名，三公等大臣告老回家即拜此職，或作爲在朝顯職的加官。三品，開府位從公者一品。　荀勖：字公曾，本書卷三九有傳。

[5]張華：字茂先，本書卷三六有傳。

[6]洿萊：荒蕪的土地。

[7]《象舞》：以武功爲内容的一種樂舞。《詩·周頌·維清序》："《維清》，奏象舞也。"孔穎達疏："《維清》詩者，奏象舞之歌樂也。謂文王時有擊刺之法，武王作樂，象而爲舞，號其樂曰象舞。"

[8]孤竹：獨生的竹。《周禮·春官·大司樂》："孤竹之管。"鄭玄注："孤竹，竹特生者。"賈公彦疏："孤竹，竹特生者，謂若嶧陽孤桐。"　管：古代吹奏樂器。《通典》卷一四四《樂》："管，《爾雅》曰：'長尺，圍寸，併漆之，有底。''大者曰簥。（音嬌。）中者曰篞。（乃結反。）小者曰篎。（音妙。）'古者以玉爲管，舜時西王母獻白玉琯是也。《月令》：'均琴、瑟、管、簫。'蔡邕《章句》曰：'管者，形長尺，圍寸，有孔無底。其器今亡。'《説文》曰：'管如篪，六孔，十二月之音。'《詩》云：'嘒嘒管聲。'《周禮》：'孤竹之管，於圜丘奏之；孫竹之管，於方丘奏之；陰竹之管，於宗廟奏之。'"

［9］雲和：山名。古取此山所産之材以製作琴瑟。《周禮·春官·大司樂》："雲和之琴瑟。"鄭玄注："雲和、空桑、龍門，皆山名。"

［10］空桑之琴：見上注。

［11］泗濱之磬：出於泗水之濱的石頭，可以作磬。語本《尚書·禹貢》："嶧陽孤桐，泗濱浮磬。"孔安國傳："泗水涯水中見石，可以爲磬。"

［12］楚王升輕軒於彭蠡：楚懷王田猎於雲夢澤遇巫山之女的故事。事見宋玉《高唐賦序》。

［13］漢順聽鳴鳥於樊衢：語見《阮籍集·樂論》："順帝上恭陵，過樊衢，聞鳥鳴而悲，泣下横流，曰：'善哉，鳥聲。'使左右吟之，曰：'使絲聲若是，豈不樂哉。'"

凡樂之道，五聲、[1]八音、[2]六律、[3]十二管，[4]爲之綱紀云。

［1］五聲：即下文所説宫、商、角、徵、羽。《通典》卷一四三《樂》："五聲者，一曰宫，（宫者，義取宫室之象，所以安容於物。宫者，土也，土亦無所不容，故謂之宫。又宫者，中也，義取中和之理。其餘四聲而和調之。）二曰商，（商者，金也，金堅强，故名之。亦當時物皆强堅成就之義也。）三曰角，（角者，觸也，言時萬物象陽氣觸動而出。角者，木生從地而出，觸動之義也。）四曰徵，（徵者，止也，言物盛則止，象陽氣盛而止。又徵者，火也，火生炎盛之義也。）五曰羽。（羽者，舒也，時陽氣將復，萬物孳育而舒生也。）"

［2］八音：即下文所説石、革、匏、竹、木、絲、土、金。《通典》卷一四三《樂》："八音者，八卦之音，卦各有風，謂之八風也。一曰乾之音石，其風不周。（乾主於石，故磬音屬之。其風謂

之不周。不周者，象天道廣被，無不周遍。）二曰坎之音革，其風廣莫。（坎主皮革，鼓音屬之。其風謂之廣莫。廣者，大也；莫者，虚無也。言時風體大，養物於地下，陽氣虚無，難見之道，故以廣莫爲名。）三曰艮之音匏，其風融。（艮主於匏，故笙、竽之聲屬之。其風謂之融。融者，明也。建寅之時風養物出於地，地有可明見，故謂之融。）四曰震之音竹，其風明庶。（震主於竹，故以簫、篪之音屬之。其風謂爲明庶。庶者，衆也。言風之生物，明見者衆，故爲明庶。）五曰巽之音木，其風清明。（巽主木，故柷、敔之音屬之。其風謂之清明。清者，潔也；明者，净也。言風生萬物，皆清潔明净，故謂之清明。）六曰離之音絲，其風景。（離主於絲，故琴、瑟之音屬之。其風謂之景。景者，大也。其風養萬物，皆長大明盛也，故謂之景。）七曰坤之音土，其風凉。（坤主於土，故塤音屬之。其風謂之凉。凉者，陰氣也，故謂之凉。）八曰兑之音金，其風閶闔。（兑主於金，故鐘音屬之。其風謂之閶闔。閶者，唱帥之義；闔者，覆闔之理。謂時萬物將歸復於土，陽唱而入，陰隨而闔，故謂之閶闔。）

"《月令》云：'正月，其音角。（謂樂器之聲，三分羽益一以生角，角數六十四。屬木，以其清濁中，人象也。春氣和，則角聲調。其二月、三月不見者，並同正月。他皆仿此。）四月，其音徵。（三分宫去一以生徵，徵數五十四。屬火，以其徵清，事之象也。夏氣和，則徵聲調。）中央土，其音宫。（聲始於宫，宫數八十一。屬土，以其最大也。）七月，其音商。（三分徵益一以生商，商數七十二。屬金，以其濁次宫，臣之象也。秋氣和，則商聲調。）十月，其音羽。'（三分商去一以生羽，羽數四十八。屬水，以爲最清，物之象也。冬氣和，則羽聲調。）《樂記》曰：'宫爲君，（居中，總四方。）商爲臣，（秋義斷决。）角爲人，（春物並生，各以區别，人之象也。）徵爲事，（夏物盛，故多事。）羽爲物，（冬物聚也。）五者不亂，則無怗懘之音矣。（五者，君、臣、人、事、物也。凡聲濁者尊，清者卑。怗懘，敝敗不和貌。怗音昌占反。懘音昌制反。）

宫亂則荒，其君驕；商亂則陂，（彼義反。注同。）其官壞；角亂則憂，其人怨，徵亂則哀，其事勤；羽亂則危，其財匱。五者皆亂，迭相陵，謂之慢，如此則國之滅亡無日矣。（君、臣、人、事、物其道亂，則其音應而亂。荒，猶散也。陂，傾也。《書》曰：‘王耄荒。’《易》曰：‘無平不陂。’）夫民有血氣心知之性，而無哀樂喜怒之常，應感起物而動，然後心術形焉。（言在所以感之也。術，所由也。形，猶見也。）是故志微、噍殺之音作，而民思憂；嘽諧、慢易、繁文、簡節之音作，而民康樂；粗厲、猛起、奮末、廣賁之音作，而民剛毅；廉直、勁正、莊誠之音作，而民肅敬；寬裕、肉好、順成、和動之音作，而民慈愛；流辟、邪散、狄成、滌濫之音作，而民淫亂。（志微，意細也。吴公子札聽《鄭風》而曰：‘其細已甚，民弗堪也。’簡節，少易也。奮末，動使四支也。賁讀爲憤，憤怒，氣充實也。《春秋傳》曰：‘血氣狡憤。’肉，肥也。狄、滌，往來疾貌。濫，僭差也。此皆民心無常之傚也。肉或爲潤。）然後聖人作爲鞉、鼓、椌、楬、壎、篪，此六者，德音之音也。（六者爲本，以其聲質也。椌、楬，謂柷敔也。壎、篪，或爲篔箎。鞉，徒刀反。椌，苦江反。楬，苦八反。壎音諠。篪音池。）然後鐘磬竽瑟以和之，干戚旄狄以舞之，此所以祭先王之廟也。鐘聲鏗，鏗以立號，號以立橫，橫以立武，君子聽鐘聲則思武臣；（號令所以警衆也。橫，充也，謂氣作充滿也。橫音光浪反。）石聲磬，磬以立辨，辨以致死，君子聽磬聲則思死封疆之臣；（言磬聲清響，能明别於節義也。）絲聲哀，哀以立廉，廉以立志，君子聽琴瑟之聲則思志義之臣；（廉，謂廉隅。）竹聲濫，濫以立會，會以聚衆，君子聽竽笙簫管之聲則思畜聚之臣；（濫，猶擥也。會，猶聚也。）鼓鼙之聲讙，讙以立動，動以進衆，君子聽鼓鼙之聲則思將帥之臣：（聞讙囂則人意動作。）君子之聽音，非徒聽其鏗鎗而已，彼亦有所合之也。’（合成己之志意也。）”

[3]六律：即下文所説陰陽律吕。六律、六吕合爲十二律。《通典》卷一四三《樂》：“先王通於倫理，以候氣之管爲樂聲之均，

吹建子之律，以子爲黄鍾，（十一月之辰名子。子者，孳也，陽氣至此更孳益而生，故謂之子也。律，法也。隸首作數，《博物志》曰：‘隸首，黄帝臣。’一説隸首，算法者。大撓作甲子，《吕氏春秋》曰：‘黄帝師大撓。’又《博物志》曰：‘容成氏造曆，黄帝臣也。’夫推曆生律制器，規圓矩方，權衡平准。度長短者，不失毫厘。量多少者，不失圭撮。權輕重者，不失黍絫。紀於一，協於十，長於百，大於千，廣於萬，故一十百千萬可得而綜也。）丑爲大吕，（十二月之辰名丑。丑者，紐也，言居終始之際，故以丑爲名。）寅爲太蔟，（正月之辰名寅。寅者，津也，津者塗之義。正月之時，生萬物之津塗，故謂之寅。）卯爲夾鍾，（二月之辰名爲卯。卯者，茂也，言陽氣至此，物生孳茂也，故謂之卯。）辰爲姑洗，（三月之辰名辰。辰者震動之義，此月物皆震動而長，故謂之辰。）巳爲中吕，（四月之辰名巳。巳者，起也，物至此時皆長而起也，故謂之巳。）午爲蕤賓，（五月之辰名午。午者，長也，明物皆長大，故謂之午。）未爲林鍾，（六月之辰名未。未者，味也，言時物向成，皆有氣味，故謂之未。）申爲夷則，（七月之辰名申。申者，身也，言萬物皆身體而成就，故名爲申。）酉爲南吕，（八月之辰名酉。酉者緧縮之義，此月時物皆縮小而成也，故謂之酉。）戌爲無射，（九月之辰名戌。戌者，滅也，言時衰滅也，故謂之戌。）亥爲應鍾。（十月之辰名亥。亥者，劾也，言陰陽氣劾殺萬物，故謂之亥。）陽管有六爲律者，謂黄鍾。（十一月之管，謂之黄鍾。黄鍾者，是陰陽之中，若天有六氣，降爲五味，天有六甲，地有五子，總十一，而天地之數畢矣，故以六爲中。黄鍾者，是六律之首，故以黄鍾爲名。黄者，土之色，陽氣在地中，故以黄爲稱。鍾者，動也，聚也。陽氣潛動於黄泉，聚養萬物，萌芽將出，故名黄鍾也。）太蔟、（太者，大也。蔟者，臻也。言正月之時，萬物之生，隨於陽氣，蔟地而出，故謂之太蔟。）姑洗、（姑之言枯，洗者洗濯之義。三月之時，物生新絜，洗除其枯，改柯易葉，謂之姑洗。亦云姑者，古也。洗者，鮮也。言萬物去古而就鮮。）蕤賓、（蕤者，葳蕤垂下之義。賓者，敬也。五月陽氣下降，陰氣始起，共相賓敬，謂之蕤賓。）夷則、（夷，平。則，法也。七月之時，萬物將成，平均結實，皆有法則，故謂之夷則。亦云夷者，傷之義。言秋之時，萬物始被刑法而傷其性，故以爲名。）無射，（射者，出也，言冬時陽氣上，萬物收藏不復出。亦云射，厭也，九月之中，物皆成實，無可厭要也。又云，射，終也，言萬物隨陽而復，又隨陽而起，無有終極，故以爲名也。）此六者爲陽月之管，謂之律。律者，法也，言陽氣施生，各有其法；又律者，帥也，所以帥導陽氣，使之通達。陰管有六爲吕者，謂大吕、（十二月之時，陽方生育之功，其道廣大，故謂之大吕。吕者，侣也，言與陽爲侣，對生萬物。又吕者，距也，言陽氣欲出，陰氣不許，恐出傷己，故距之。）應鍾、（十月之時，歲功皆成，應陽之功，收而積聚，故謂之應鍾。又應者，應和之義，言萬物聚於土中，應陽氣而動於下，故謂之應鍾。）南吕、（南者，任也。八月之中，物皆含秀，懷任之象，陰任陽功，助陽成功之義，故謂之南吕。）林鍾、（林者，茂也，盛也。六月之中，物皆茂盛，積於林野，故謂之林鍾。又林，衆也，言萬物成就，種類衆盛，謂之林鍾也。）中吕、（又云小吕。四月之時，陽氣盛長，陰助功微，故謂之小吕。）夾鍾，（夾者，佐也。二月之中，物未盡出，陰佐陽氣，聚物而出，故謂之夾鍾。又夾者，言萬物爲孚甲而俠，至此分解，所夾鍾聚而出之，因以爲名。）此六者陰月之管，謂之爲吕。（吕者，助也，所以助陽成功也。）變陰陽之聲，故爲十二調，調各文之以五聲，播之以八音，乃成爲樂，故有十二懸之樂焉。

"《周禮·春官》：'太師掌六律六同，以合陰陽之聲。陽聲：黄鍾、太蔟、姑洗、蕤賓、夷則、無射。陰聲：大吕、應鍾、南吕、函鍾、小吕、夾鍾。皆文之以五聲：宫、商、角、徵、羽。播之以八音：金、石、絲、竹、匏、土、革、木。（以合陰陽之聲者，陰陽各有合也：黄鍾，子之氣，十一月建焉，而辰在星紀；大吕，丑之氣，十二月建焉，而辰在玄枵；太蔟，寅之氣，正月建焉，而辰在娵訾；應鍾，亥之氣，十月建焉，而辰在析木；姑洗，辰之氣，三月建焉，而辰在大梁；南吕，酉之氣，八月建焉，而辰在壽星；蕤賓，午之氣，五月建焉，而辰在鶉首；林鍾，未之氣，六月建焉，而辰在鶉火；夷則，申之氣，七月建焉，而辰在鶉尾；中吕，巳之氣，四月建焉，而辰在實沉；無射，戌之氣，九月建焉，而辰在大火；夾鍾，卯之氣，二月建焉，而辰在降婁。辰與建交錯貿處，如表裏然，是其合也。其相生，則以陰陽六體爲之，黄鍾初九下生林鍾之初六，林鍾又上生太蔟之九二，太蔟又下生南吕之六二，南吕又上生姑洗之九三，姑洗又下生應鍾之六三，應鍾又上生蕤賓之九四，蕤賓又上生大吕之六四，大吕又下生夷則之九五，夷則又上生夾鍾之六五，夾鍾又上生無射之上九，無射又下生中吕之上六。同位者象夫妻，異位者象子母。所謂律娶妻而吕生子者也。黄鍾長九寸，其實一籥，下生者三分去一，上生者三分益一，五上六下，乃一終矣。文之者以調五聲，使之相次如錦綉之有文章也。播，猶揚也，揚之以八音，乃可得而觀矣。）凡爲樂器，以十有二律爲之數度，以十有二聲爲之齊量。（數度，度廣長也。齊量，侈弇之所容也。）凡和樂，亦如之。’（和樂，謂調故器。）”

［4］十二管：即下文所説代表一至十二月之律管名。

五聲：宫爲君，宫之爲言中也。中和之道，無往而不理焉。商爲臣，商之爲言强也，謂金性之堅强也。角爲民，角之爲言觸也，謂象諸陽氣觸物而生也。徵爲事，徵之爲言止也，言物盛則止也。羽爲物，羽之爲言舒也，言陽氣將復，萬物孳育而舒生也。古人有言曰：“禮樂不可斯須去身。”[1]化上遷善，有如不及。是以聞其宫聲，使人温良而寬大；聞其商聲，使人方廉而好義；聞其角聲，使人惻隱而仁愛；聞其徵聲，使人樂養而好施；聞其羽聲，使人恭儉而好禮。

[1]禮樂不可斯須去身：語見《禮記·樂記》。

八音，八方之風也。乾之音石，[1]其風不周。坎之音革，[2]其風廣莫。艮之音匏，[3]其風融。震之音竹，[4]其風明庶。巽之音木，[5]其風清明。離之音絲，[6]其風景。[7]坤之音土，[8]其風涼。兑之音金，[9]其風閶闔。[10]

[1]石：石質材料的樂器，多指石磬。陳暘《樂書》曰："石之爲物，堅實而不動。其卦則《乾》，其時則秋冬之交，其方則西北之維，其風不周，其聲尚角，其音則辨，立冬之氣也。先王作樂，擊之以爲磬之屬焉。蓋金石之樂，其聲未嘗不相應。《莊子》曰：'金石有聲，不考不鳴。'《國語》曰：'金石以動之。'唐李真以車鐸而得徵音之石，則其相應可知。三代之樂，既壞於秦、漢，漢至成帝，尚未有金石之樂。及晋武破苻堅之後，而四廂金石始備焉。後世猥以泗濱石其聲下而不和，而以華原所出者易之，信乎審一以定和，難哉！"

又曰："古之爲磬，尚象以制器，豈貴夫石哉？尚聲以盡意而已。鍾圓中規，磬方中矩，則倨句一矩有半，觸其弦也。其博爲一，股博一律也；股爲二，後長二律也；鼓爲三，前長三律也。股非所擊也短而博，鼓其所擊也長而狹。鄭司農云：'股，磬之上大者，鼓其下小者。'康成云：'股，外面；鼓，内面。'則擊者爲前而在内，不擊者爲後而在外。内者在下，外者在上。其大小、長短雖殊，而其厚均也。黄鍾之磬，股、鼓皆厚二寸，則餘磬可推矣。史傳論造磬者多矣，或謂黄帝使伶倫爲之，或謂堯使母勾氏爲之，或謂叔爲之。以《明堂位》考之，叔之離磬，則特縣之磬。然則非特縣之磬，未必非母勾氏、伶倫所造也。《曲禮》言：'立則磬折垂佩。'《考工記》言：'磬折以三五。'則磬取屈折之義也。先儒謂磬之爲言勁也，豈因屈折然邪？"

又曰："春秋之時，齊侯以玉磬賂晋師止兵，臧文仲以玉磬如齊告糴。《禮記・郊特牲》言：'諸侯宫架而擊玉磬。'《明堂位》言：'四代樂器而拊搏玉磬。'則玉之於石，類也，玉磬則出乎其類矣。《書》言：'天球在東序。'《詩》言：'受小球大球。'蓋物之美者莫如玉，而球又玉之美出於自然者也。先王樂天以保天下，因天球以爲磬，以其爲堂上首樂之器，其聲清徹，有隆而無殺，衆聲所求而依之者也。《商頌》曰：'依我磬聲。'本諸此歟！《吕氏春秋》言：'堯命夔鳴球以象上帝玉磬之音。'傳言'金石有聲，不考不鳴。'《禮》言：'玉之清越，以長樂也。'由是觀之，鳴球之樂，雖出於所考，要之其聲清越以長，無量於羽屬鱗屬之鳴也。梓人爲筍虡，取羽屬清揚而遠聞者以爲磬簴，故擊其所縣，而由是簴鳴。取鱗屬以爲筍，且其匪色必似鳴矣。然則謂之鳴球，非若瀛州青石之磬不擊而自鳴也。其鳴也因夔而已。漢武帝建招仙靈閣於甘泉西，上有浮金輕玉之磬，非古制也，其武帝之侈心乎！晋賀循奏登歌之簴，采玉以造磬；隋蘇夔妙達音律，造玉磬獻於齊。唐制：宗廟殿庭用玉磬。則玉磬堂上之樂，登歌用焉。《書》言：'搏拊琴瑟以咏'，而以鳴球爲先，義可見矣。《國語》曰：'籧篨蒙璆。'《漢樂章》曰：'軒朱璆磬。'蓋璆與球同而字異，其實一也。"

又曰："磬之爲器，昔人謂之樂石，立秋之音，夷則之氣也。蓋其用：編之則雜而小，離之則特而大。叔之離磬則專簴之特磬，非十二器之編磬也。古之爲鐘，以十有二聲爲之齊量，其爲磬非有齊量也，因玉石自然，以十有二律爲之數度而已。《爾雅》：'大磬謂之毊，徒鼓磬謂之寋。'《周官》：'磬師掌教擊磬，擊編鐘。'言編鐘於磬師，則知有編磬矣。《爾雅》言大以見小，磬師言鐘以見磬。大則特縣，小則編縣。《儀禮》：'鼗倚於頌磬西紘。'則所謂紘者，其編磬之繩歟！《小胥》：'凡縣鐘磬，半爲堵，全爲肆。'鄭康成釋之，謂編縣之十六枚同在一簴謂之堵，鐘磬各一堵謂之肆。禮圖取其倍八音之數而因之，是不知鐘磬特八音之二者爾，謂之取其數可乎？《典同》：‘凡爲樂器，以十有二律爲之數度，以十有二聲爲之齊量。’則編鐘、編磬不過十二爾，謂之十六可乎？嘗讀《漢書》，成帝時，於犍爲水濱得石磬十六，未必非成帝之前工師附益四清而爲之，非古制也。康成之説，得非因此而遂誤歟？古有大架二十四枚同一簨簴，通十二律正倍之聲，亦庶乎古也！（郭璞曰：‘鬐音鬻，以玉飾之。’）宋朝元豐中，施用李照編鐘，阮逸編磬，仍下王朴樂二律，以寫中和之聲，可謂近古矣。然補注四聲以足十六律，非先王之制也。”

又曰：“《大射之儀》：‘樂人宿縣於阼階東，笙磬西面，西階之西，頌磬東面。’蓋應笙之磬謂之笙磬，應歌之磬謂之頌磬。笙磬位乎阼階之東而面西，以笙出於東方震音，象萬物之生也。頌磬位乎西階之西而面東，以頌出於歌聲，而聲出於面言之方也。《鄉飲酒》之禮：‘笙入堂下，磬南，北面立。’《鄉射》之禮：‘笙入，立於縣中，西面。’蓋笙磬在東而面西，頌磬在西而面東。笙入，立於縣中之南而面北，故頌磬歌於西，是南鄉北鄉，以西方爲上，所以貴人聲也。笙磬吹於東，是以東方爲下，所以賤匏竹也。《大射》：‘鼗倚於頌磬西紘。’頌磬在西而有紘，是編磬在西而以頌磬名之，特磬在東而以笙磬名之。《周官》：‘眡瞭掌凡樂事，播鼗，擊頌磬，掌太師之縣。’則頌磬，編磬也；笙磬，特磬也。縣則又兼編與特言之。然言笙磬，繼之以鐘鎛，應笙之鐘鎛也，笙師共笙鐘之樂。是以言頌磬，繼之以鐘鎛，應歌之鐘鎛也。《左傳》‘歌鐘二肆’是已。《詩》言‘笙磬同音’，《書》言‘笙鏞以間’；大鐘謂之鏞，則笙鏞，特縣之鐘也。以笙鏞爲特縣之鐘，則笙磬爲特縣之磬明矣。蓋笙，震音；磬，乾音，其音皆陽；鏞，兑音，其音則陰。是笙、磬異器而同音，笙、鏞異音而同和。然則特磬、特鐘、編鐘、編磬，皆各堵而同肆，鎛則隨之而已。大夫判縣，天子倍之而爲宫，士去天子之三而爲特，諸侯倍士之二爲軒。名位不同，樂亦異數故也。唐之歌磬，編縣十六，同一簨簴，合二八之聲，郊祀設於壇上，宗廟設於堂上，皆次歌鐘之西，節登歌之句，非不合周之頌磬也。然不知編縣十六同一簨簴，鄭康成之説，非先王之制也。”

［2］革：皮革製的樂器，如各種鼓。陳暘《樂書》曰：“革去故以爲器，而群音首焉。其卦則坎，其方則北，其時則冬，其風廣莫，其律黄鍾，其聲一，其音讙，冬至之氣也。先王作樂，用之以爲鼓之屬焉。蓋鞉所以兆奏鼓者也，二者以同聲相應，故祀天神以雷鼓、雷鼗，祭地祇以靈鼓、靈鼗，享人鬼以路鼓、路鼗。《樂記》亦以鼗、鼓合而爲德音，《周官·少師》亦以鞉、鼓並而鼓之也。”

又曰：“拊之爲器，韋表糠裹，狀則類鼓，聲則和柔，倡而不和，非徒鏗鏘而已。《書傳》謂以韋爲鼓，《白虎通》謂革而糠是也。其設則堂上，《虞書》所謂搏拊是也；其用則先歌，《周禮》所謂登歌令奏擊拊是也。《書》言搏拊，《明堂位》言拊搏者，以其或搏或拊，莫適先後也。蓋乘水者付之舟，作樂者付之拊搏。拊之搏從尃，有父之用焉。荀卿曰：‘架一鐘而尚拊’，《大戴禮》曰：‘架一磬而尚拊’，則拊設於一鐘一磬之東，其衆器之父歟！荀卿曰：‘鼓，其樂之君邪。’然鼓無當於五聲，五聲不得不和，其衆聲之君歟！《樂記》曰：‘會守拊鼓。’堂上之樂衆矣，所待以作者在拊；堂下之樂衆矣，所待以作者在鼓。蓋堂上則門内之治，以拊爲之父；堂下則門外之治，以鼓爲之君。内則父子，外則君臣，人之大倫也。而樂則實通而合和之，此修身及家平均天下，所以爲古樂之發也。與夫新樂之發擾雜子女不知父子者，豈不有間乎？”

又曰：“《明堂位》曰：‘殷楹鼓。’以《周官》考之，太僕建路鼓於大寢之門外。《儀禮·大射》：‘建鼓在阼階西南。’鼓則其所建楹也，是楹鼓爲一楹而四稜也。貫鼓於端，猶四植之桓圭也。《莊子》曰‘負建鼓’，建鼓可負則以楹貫而置之矣。《商頌》曰‘置我鞉鼓’是也。魏晋以後，復商制而植之，亦謂之建鼓。隋唐又栖翔鷺於其上。國朝因之，其制高六尺六寸，中植以柱，設重斗方，蓋蒙以珠網，張以絳紫綉羅，四角有六龍竿，皆銜流蘇璧璜，以五綵羽爲飭，竿首亦爲翔鷺，旁又挾鼙應二小鼓而左右。然《詩》言'應田縣鼓'，則周制應、田在縣鼓之側，不在建鼓旁矣。"

又曰："鼓之制始於伊耆氏、少昊氏，夏后氏加四足，謂之足鼓。商人貫之以柱，謂之楹鼓。周人縣而擊之，謂之縣鼓。而《周官·鼓人》：'晋鼓鼓金奏'，鎛師掌金奏之鼓，鐘師以鼓奏《九夏》，所謂縣鼓也。《禮》曰：'縣鼓在西，應鼓在東。'《詩》曰：'應田縣鼓。'則縣鼓周人所造之器，始作樂而合乎祖者也。以應鼓爲和終之樂，則縣鼓其倡始之鼓歟！蓋宮縣設之四隅，軒縣設之三隅，判縣設之東西。李照謂西北隅之鼓合應鍾、黄鍾、大吕之聲，東北隅之鼓合太簇、夾鍾、姑洗之聲，東南隅之鼓合仲吕、蕤賓、林鍾之聲，西南隅之鼓合夷則、南吕、無射之聲，依月均而考擊之，於義或然。議者非之，疏矣。且三代所尚之色，夏后氏以黑，商人以白，周人以赤，則鼓之色稱之，亦可知矣。"

又曰："雷，天聲也；靈，地德也；路，人道也。天神之樂六變，而雷鼓、雷鼗六面；地祇之樂八變，而靈鼓、靈鼗八面；人鬼之樂九變，而路鼓、路鼗四面者。金之爲物，能化不能變，鬼亦如之。金非土不生，以土之五加金之四，此其樂所以九變歟。鄭司農謂雷鼓、雷鼗六面，則是；靈鼓、靈鼗四面，路鼓、路鼗兩面，非也。古之人辯其聲用，鼓人救日月以雷鼓，則詔王鼓以救日月，亦天事故也。冥氏攻猛獸以靈鼓，毆之以攻猛獸，亦地事故也。司馬振旅，王執路鼓。太僕建路鼓於大寢之門外。以達窮者與遽令，以田獵達窮與遽令，亦人事故也。其所以不同者，特不用鼗爾。賜伯、子、男樂，則以鼗將之者，特不用鼓爾。凡此三鼓，皆設宮縣之四隅而擊之以節樂，以鼓無當於五聲，弗得不和故也。聖朝景祐中，仁宗詔太常，凡祀天神、祀地祇、享宗廟，宮架每奏降神四曲，送神一曲，先播鼗，次鳴柷，次擊散鼓，凡三擊而樂作。散鼓隨樂每間一字二擊之，以爲樂節。凡樂終即播鼗、戛敔、散鼓相間，三擊而止。然以散鼓代雷、靈、路鼓用之，至於升降等樂，復不用鼗鼓，臣恐未合先王雅樂也。且舊制三鼓，皆以木交午相貫，以兩端爲面，故不能聲，又竿首爲木鳳焉。聖朝詔爲雷鼓，八角，冒革爲一面，承以槃軼，轉以金樞，髹朱繪雲，冠柱以升龍作雷車之象。靈鼓六，路鼓四，飾亦如之。其所異者，竿首作翔鷺，趺作猛獸而已，其爲建鼓一也。隋制路作鷺，豈以竿首有翔鷺而遂誤之邪？臣嘗論古者立鼗鼓之制，祭祀則先播鼗以兆奏三鼓，饗燕則先擊朔鼙以兆奏建鼓，蓋未嘗並用也。後世祀天神、祭地祇、享人鬼，並設建鼓、鞞、應於四隅，又設雷鼓、靈鼓、路鼓於架内道之左右；晋鼓於架内道之中間，非先王異祭享，别同異之意也。”

又曰：“鼓以節之，鼗以兆之，作樂之道也。天道兆於北方，則冬所以兆生物也；八音兆於革音，則鞉所以兆奏鼓也。《月令》：‘修鞀鞞。’《世紀》：‘帝嚳命垂作鞀鞞。’《釋名》曰：‘鞞，裨也，裨助鼓節也。’蓋大者謂之鞞。爾雅謂之麻，以其音概而長也。小者謂之鞀，爾雅謂之料，以其音清而不亂也。蓋鼓則擊而不播，鼗則播而不擊。雷鼓、雷鼗六面，而工十有二，以二人各直一面，左播鼗，右擊鼓故也。靈鼓、靈鼗八面，而工十有六，路鼓、路鼗四面，而工八人，亦若是歟！《商頌》言‘置我鞉鼓’，則鞉與鼓同植，非有播擊之異，與周制差殊矣。《鬻子》曰：‘禹之治天下也，縣五聲以聽。’曰：‘語寡人以獄訟者揮鞀。’《吕氏春秋》曰：‘武王有誡謹之鞀。’由是觀之，欲誡者必播鞀鼓矣。蓋鞀兆奏鼓者也。作堂下之樂必先鼗鼓者，豈非樂記所謂先鼓以警誡之意歟！漢以大鞀施於大儺，亦一時制也，後世無問焉。(鞞，一本作鞮。)國朝始詔復二鞉，以備郊廟之樂，亦可謂知復古矣。”

又曰：“鼓之小者謂之應，大者謂之鼖。《書・顧命》：‘鼖鼓在西序。’《周官・鼓人》：‘鼖鼓鼓軍事。’《大司馬》：‘中春振旅，諸侯執鼖鼓。’《春秋傳》曰：‘師之耳目，在吾鼓旗。’又曰：‘一鼓作氣，再而衰，三而竭。’則以鼖鼓鼓軍事，其可忽乎！《司馬法》：‘千人之師執鼙，萬人之師執大鼓。’《韗人》：‘鼓長八尺，面四尺，中圍加三之一，謂之鼖鼓。’則所謂鼖鼓者，大鼓而已。鼖鼓鼓軍事，則晝以作衆之鼓，非夜以警衆之鼜也。鄭氏以鼜爲鼖誤矣。凡此非特用之以和軍旅，雖節聲樂亦用之，故《詩》言‘鼖鼓維鏞’，以文王能作大事，考大功，作樂以象其成也。鼖鼓、路鼓皆謂之大者，路者，人道之大；鼖者，人事之大。國之大事在祀與戎，故鬼享以路，軍事以鼖。”

又曰：“《鎛師》：‘凡軍之夜，三鼜皆鼓之，守鼜亦如之。’《掌固》曰：‘夜三鼜以戒號。’鄭氏皆謂‘鼓之以鼖鼓’。然鼖雖鼓人用之以鼓軍事，諸侯執之以振旅，要皆非警夜之鼜鼓也。《司馬法》曰：‘昏鼓四通爲大鼜，夜半三通爲晨戒，平旦五通爲發明。’三鼜之制，大致若此。鄭氏之説，不亦昧乎！宋沈約《樂志》曰：‘長丈二尺曰鼜鼓，凡守備及役事鼓之。’其言守備則是，及鼓役事則非也。鼓人不云乎鼛鼓鼓役事，曷嘗以鼜鼓合而一之乎？蓋役事，上之所以役下；警守，下之所以事上。役下必以仁，未嘗不欲緩，故以皋鼓；事上必以義，未嘗不欲蚤，故以鼜鼓。鼜愷之樂，比賓射爲輕，故眂瞭先言賓射，而鼜愷獻亦如之。然軍之警夜以鼜，所以同憂戚也。獻功以愷，所以同和樂也。惟能同憂戚，然後可以同和樂，故愷樂獻於社，而眂瞭奏鐘鼓以樂之。若然者，人人孰不能出死斷亡而愉哉！”

又曰：“《禮器》曰：‘縣鼓在西，應鼓在東。’《詩》曰：‘應田縣鼓。’《爾雅》曰：‘小鼓爲之應。’蓋堂下之樂，以管爲本，器之尤小者也。應之爲鼓，鼙之尤小者也。《周官·小師》：‘大祭祀，下管擊應鼓，徹歌。大享亦如之。’是作樂及其小者，乃所以爲備也。《大師》：‘大祭祀擊拊鼓輮’，亦此意歟！今夫祀天神以雷鼓、雷鼗，祭地祇以靈鼓、靈鼗，享人鬼以路鼓、路鼗，而又擊應鼓輮者，當堂上擊拊之時，則堂下擊應鼓輮以應之，然後播鼗而鼓矣。應施於擊拊，又施於歌徹，其樂之終始歟！”

又曰：“鼙，卑者所鼓也，故周人論司馬所執五鼓，推而上之，王執路鼓，鼓之尤大者也。推而下之，旅師執鼙，鼓之尤小者也。尊者執大，卑者執小，上下之分也。《司馬法》曰：‘萬人之師執大鼓，千人之師執鼙。’《儀禮·大射》：應鼙在阼階西，建鼓之東；

朔鼙在西階西，建鼓之北。鼙與鼓其聲皆以歡爲主，及北建而用之，則鼙常在其左矣。古之奏樂，先擊西朔而東鼙應之。是朔鼙倡始者也，應鼙和終者也。禮圖謂商人加左鼙右應，爲衆樂之節，蓋不考儀禮左應右朔之過也。鼙或‘鼓’在‘卑’上，於鼓爲卑故也。或‘革’在‘卑’右，以其上革故也。”

［3］匏：笙竽一类的乐器。陳暘《樂書》曰：“匏之爲物，其性輕而浮，其中虚而通。笙則以匏爲母，象植物之生焉。其卦則艮，其方東北之維，其時春冬之交，其聲尚議，其律大吕、太蔟，其風融，其音啾，立春之氣也。先王作樂，以之爲笙竽之屬焉。《記》曰：‘歌者在上，匏竹在下。’《國語》曰：‘匏竹利制。’蓋匏竹相合而成聲，得清濁之適故也。”

又曰：“萬物盈乎天地之間，入乎坎，則革故而趨新，故其音革而爲鼓；成乎艮，則始作而施生，故其音匏而爲笙。古者，造笙以曲沃之匏，汶陽之篠，列管匏中，而施簧管端，則美在其中。鍾而爲宫，蓋所以道達冲氣，律中太蔟，立春之音也。故有長短之制焉，有六合之和焉，故《五經析疑》曰：‘笙者法萬物始生，道達陰陽之氣，故有長短。’黄鍾爲始，法象鳳凰。蓋笙爲樂器，其形鳳翼，其聲鳳鳴，其長四尺。大者十九簧謂之巢，以衆管在匏，有鳳巢之象也；小者十三簧謂之和，以大者唱則小者和也。《儀禮》有之，‘三笙一和而成聲’是也。《大射儀》：樂人宿縣於阼階東，笙磬西面，其南笙鐘。蓋笙艮音也，於方爲陽；鐘兑音也，於方爲陰。《周官》：笙師掌教吹笙，共其鐘笙之樂，以教祴。《夏書》曰：笙鏞以間。是鼓應笙之鐘，而笙亦應之也。眂瞭掌擊笙磬，《詩》曰：笙磬同音，則磬乾音也，與笙同爲陽聲，是擊應笙之磬，而笙亦應之也。笙磬則異器而同音，笙鐘則異音而同樂。《儀禮》有衆笙之名，而簜在建鼓之間。蓋衆笙所以備和奏，治百禮，豈特應鐘磬而已哉？《鹿鳴》所謂‘鼓瑟鼓琴，吹笙鼓簧’，應琴瑟之笙也。《賓之初筵》曰‘籥舞笙鼓’，應鼓之笙也。《檀弓》：‘孔子十日而成笙歌。’《儀禮》：‘歌《魚麗》，笙《由庚》。’笙之類，應歌之笙也。然則笙之爲用豈不備矣哉！此帝舜用之，所以鳳儀；子晋吹之，所以鳳鳴也。《記》曰：‘女媧之笙簧。’《世本》曰：‘隨作笙簧。’庸詎知隨非女媧氏之臣乎？黄帝制律以伶倫造鐘以營援，則女媧作笙竽以隨不足疑矣。宋朝李照作巢笙，合二十四聲以應律吕正倍之聲，作和笙應笙竽合清濁之聲。又自制大笙上之太樂，亦可謂之復古制矣。今太常笙濁聲十二，中聲十二，清聲十二，俗呼爲鳳笙。孟蜀主所進樂工不能吹，雖存而不用，比者按清濁正三倍聲皆得相應，誠去四清聲吹之，雖用之雅樂，亦惡在其爲不可哉！”

又曰：“傳曰：‘大笙音聲衆而高也，小者音相和也。’斯不然，笙無大小之辨乎？《説文》曰：‘笙，正月之音，十三簧，象鳳身。’蓋其簧十二以應十二律也，其一以象閏也。宋朝登歌用和笙，取其大者倡則小者和，非阮逸所謂‘取其聲清和也’。用十三簧，非阮逸所謂十九簧也。巢、和若均用十九簧，何以辨小大之器哉？阮逸謂竽笙起第四管爲黄鍾，巢笙起中音管爲黄鍾，和笙起平調爲黄鍾，各十九簧，皆有四清聲、三濁聲、十二正聲。以編鐘四清聲參驗，則和笙平調子是黄鍾清也，竽笙第五子是太蔟清也，中吕管是大吕清也，中音子是夾鍾清也。既已謂之竽矣，謂之笙矣，安得合而一之爲竽笙邪？《儀禮》所謂‘三笙一和者’，不過四人相爲倡和爾，孰謂竽和之類邪？”

又曰：“昔女媧氏使隨裁匏竹以爲竽，其形參差，以象鳥翼。火類也，火數二，其成數則七焉。冬至吹黄鍾之律而間音以竽，冬則水王而竽以之則水器也。水數一，其成數則六焉。因六而六之，則三十六者，竽之簧數也。因七而六之，則四十二寸者，竽之長數也。《月令》：‘仲夏調笙竽’，《淮南子》謂‘孟夏吹笙竽’，蓋不知此。《周官》：‘笙師掌教吹竽笙’，則竽亦笙類也。以笙師教之，雖異器同音，皆立春之氣也。《樂記》曰：‘聖人作爲鞉、鼓、椌、楬、塤、篪，然後爲之鐘、磬、竽、瑟以和之。’是樂之倡始者在鞉、鼓、椌、楬、塤、篪，其所謂鐘、磬、竽、瑟者，特其和終者而已。《韓非子》曰：‘竽者，五聲之長，竽先則鐘瑟皆隨，竽倡則諸音皆和，豈聖人制作之意哉！’《説文》曰：‘竽管三十六簧，象笙以竽，宫管在中故也。’後世所存，多二十三管，具二均聲焉。宋朝宋祁曾於樂府得古竽，有管而無簧，列管參差，及曲頸皆爲鳳飾。樂工皆以爲無用之器，惟葉防欲更造使具清、正、倍三均之聲，是不知去二變四清以合乎聲律之正也。《通禮義纂》曰‘漢武帝時，邱仲作笙竽三十六管’，豈以邱仲作尺四寸之笛遂誤以爲竽邪？”

又曰：“《月令》：‘中央土，律中黄鍾之宫’，則樂之有簧，以宫管在中也，莫非簧也。有笙中之簧，有非笙中之簧。《鹿鳴》曰‘吹笙鼓簧’，莊子言‘簧鼓’，笙中之簧也，《君子陽陽》曰‘左執簧’，《巧言》曰‘巧言如簧’，非笙中之簧也，傳稱王遥有五舌竹簧，今民間有鐵葉之簧，豈非簧之變體歟！”

[4]竹：指笛、簫、籥一類竹制的樂器。《文獻通考》卷一三八《竹之屬》引陳暘《樂書》曰：“竹之爲物，其節直而有制，其心虚而能通，而利制之音所由出也。其卦則震，其方則東，其時則春，其聲尚議，其律姑洗，其風明庶，其音温，春分之氣也。先王作樂，竅之以爲簫管之屬焉。”

又曰：“荀卿曰：‘鳳凰于飛，其翼若干，其聲若簫。’蓋簫之爲器，編竹而成者也。長則聲濁，短則聲清，其狀鳳翼，其音鳳聲，中吕之氣，夏至之音也。然鳳凰聲中律吕，以五行推之，乃南方朱鳥，則火禽也。火生數二，成數七，而夏至又火用事之時，二七十四，則簫之長尺有四寸，蓋取諸此。《爾雅》：‘大簫謂之管，小者謂之筊。’郭璞謂‘大者長尺四寸，小者尺二寸’是也。然尺四寸者二十四管，無底而善應，故謂之管。尺二寸者十二管，有底而交鳴，故謂之筊。蓋應十二律正倍之聲也。郭璞謂大者二十三管，小者十六管失之矣。”

又曰：“《易》曰：‘震爲萑葦，爲蒼筤竹。’《爾雅》曰：‘葦，醜艿。’郭璞曰：‘其類皆有艿秀葭蘆葦也。’則葦籥、竹籥，皆震音也。蓋太極元氣函三爲一，行於十二辰，而律吕具矣。始動於子，參之於丑，得三而籥之爲器，本於黄鍾之龠。竅而三之所以通中聲，而上下之律吕之所由生也。古之人始作樂器，而葦籥居其先焉。震爲六子之首，籥爲衆樂之先，其斯以爲稱。始乎葦，伊耆氏施於索饗也；成乎竹，周人以之本始農事也。或以伊耆爲堯，然堯時八音已具，豈特葦籥土鼓而已哉？”

又曰：“詩者，中聲所止也；籥者，中聲所通也；土者，中聲所本也。《周官》‘籥章，掌土鼓、豳籥’者，以其迎寒逆暑，必以中聲之詩，奏之中聲之鼓，歙之中聲之籥，則所道者中德，所咏者中聲，所順者中氣，無往不爲中和之紀矣。”

又曰：“大籥謂之産，中謂之仲，小謂之箹。籥之大者，其聲生出不窮，非所以爲約也；小者，其聲則約而已。若夫大不至於不窮，小不至於太約，此所以謂之仲也。然則鄭郭三孔之籥，豈其中者歟？毛萇六孔之籥，豈其大者歟？雖然，皆不出乎中聲。而《廣雅》有‘七孔籥爲笛’之説，豈傅會七音而遂誤乎？”

又曰：“天有六氣，降生五味；天有六甲，地有五子。故六律、六吕而成天道，所以宣揚六氣九德。究極中和，順天地之體，合鬼神之德，通五行之性，遂萬物之情者也。是故上古聖人，本陰陽，别風聲，審清濁，鑄金作鐘，主十二月之聲，效升降之氣，立和適之音。然鐘難分别，又截竹爲管。謂之律者，聲之清濁率法以長短爲制故也。黄帝以聽爲之，遠取諸物也；夏禹以聲爲之，近取諸身也。今夫王者制事立法、物度軌則，一本於六律。六律爲萬事根本，雖法存形器，而道契精微，探賾索隱，鈎深致遠，窮天下之妙者，莫不準焉。豈非八音之管，轄五聲之喉衿也？京房欲益中吕一分，且合黄鍾九寸，是使周元之度，六甲無遷移歸餘之法，五歲無再閏之期，失陰陽之大紀，乖律吕之本原也。”

又曰：“樂以木爲末，竹爲本。古者以候氣，律管截而吹之。濁倍其聲爲堂下之樂，頭管所以和衆樂之聲，以其探本故也。《爾雅》‘大者謂之簥’，以其聲大而高也；‘小者謂之篎’，以其聲小而深也；‘其中謂之篞’，則其聲不小不大、不高不深，如黑土之在水中也。蓋其狀如篪笛而六竅，又有底焉，長尺圍寸，併兩漆而吹之。漢大予樂有焉。其所主治相爲終始，所以道陰陽之聲，十二月之音也。女媧始爲都良管以一天下之音，爲班管以合日月星辰之會；帝嚳展管，有虞氏下管，則管爲樂器，其來尚矣。至周而大備，教之於小師，播之於瞽矇，吹之於笙師。辨其聲用則孤竹之奇禮天神，孫竹之衆禮地祇，陰竹之幽禮人鬼，各從其聲類故也。後世爲雙鳳管以足律音，豈得古制歟？《禮記·文王世子》曰：'登歌《清廟》，下管《象武》。'《郊特牲》曰：'歌者在上，匏竹在下'，《仲尼燕居》曰：'升歌《清廟》，示德也；下而管《象》，示事也。'《祭義》曰：'昔周公有勛勞於天下，成王賜之升歌《清廟》，下而管《象》。'《燕禮》《大射儀》：'升歌《鹿鳴》《四牡》《皇皇者華》，下管《新宫》。'周之升歌不過《清廟》《鹿鳴》《四牡》《皇皇》，而下管不過《象武》《新宫》。則舜升歌、下管之詩，雖不經見，要之歌以示德，管以示事一也。德成於上，歌以咏之於堂上；事成而下，管以吹之於堂下，豈非以無所因者爲上，有所待者爲下邪？《廣雅》'管象簫，長八寸，圍寸八，有孔無底'，豈非以後世之制言之歟？《周頌》言'磬筦將將'，《商頌》言'嘒嘒管聲，依我磬聲'，則堂上之磬，堂下之管，其聲未嘗不相應。然則所依者，磬聲而已。"

又曰："先王之制管，所以道達陰陽之聲。然陽奇而孤，陰偶而群；陽大而寡，陰小而衆；陽顯而明，陰幽而晦。孤竹之管與圜鍾之宫合，以之降天神，取其奇而孤也；孫竹之管與函鍾之宫合，以之出地祇，取其少而衆也；陰竹之管與黄鍾之宫合，以之禮人鬼，取其幽而晦也。《易》曰：'方以類聚，物以群分'，於斯見矣。"

又曰："《周官》：'笙師掌教吹籥、簫、篪、篴、管。'五者皆出於笙師所教，無非竹音之雅樂也。杜子春謂'如今時所吹五孔竹篴'，則是爲當讀爲滌蕩之滌，非矣。漢部所用雅笛七竅，不知去二變以全五聲之正也。蔡邕曰：'形長尺，圍寸，無底有穴，今亡。’大抵管笛一法爾。唐制，尺八取倍，黄鍾九寸爲律，得其正也。（漢邱仲笛：以後一穴爲商音；晋荀勉笛法：以後一穴爲角，謂九寸穴，上開也。）宋朝太常笛無尺寸，第依編架黄鍾爲合聲，然兼二變而吹之，未盡得先王雅樂之制。”

又曰：“篪之爲器，有底之笛也，暴辛公善之，非其所作者也。大者尺有四寸，陰數也，其圍三寸，陽數也；小者尺有二寸，則全於陰數，要皆有翹以通氣，一孔上達寸有二分而横吹之。或容覆，或潛伏，篪爲不齊者也。《爾雅》：‘大塤謂之嘂。’嘂則六孔交鳴而喧嘩，沂則一孔而其聲清辯。或曰，篪之爲言啼也；或曰沂之爲言悲也。豈其聲自空而出若嬰兒之悲啼然邪？《周官》：‘笙師教吹塤篪。’《詩》曰：‘伯氏吹壎，仲氏吹篪。’又曰：‘天之牖民，如壎如篪。’是壎篪異器而同樂，伯仲異體而同氣，故詩人取以况焉。《世本》以篪爲管，沈約非之，當矣。先儒言篪有六孔、七孔、八孔、十孔之説，以中聲論之：六孔，六律之正聲也；八孔，八音之正聲也；十孔，五聲正倍之聲也。豈其大小異制然邪？鄭司農有七孔之異論，未免泥乎七音之失也。（篪吹孔如酸棗。）宋朝篪六孔而横吹，（下一穴在底節外，次四穴在前，一穴在後。）太常篪無尺寸，第依編架黄鍾爲合聲，然兼七竅而用之，未純乎雅樂也。”

又曰：“觱篥一名悲篥，一名笳管，羌胡龜兹之樂也。以竹爲管，以蘆爲首，狀類胡笳而九竅，所法者角音而甚悲篥，胡人吹之，以驚中國馬焉。唐天后朝有陷冤獄者，其室配入掖庭，善吹觱篥，乃撰《别離難曲》以寄哀情，亦號《怨回鶻》焉。後世樂家者流，以其旋宫轉器以應律管，因譜其音爲衆器之首，至今鼓吹教坊用之以爲頭管。是進夷狄之音，加之中國雅樂之上，不幾於以夷亂華乎？降之雅樂之下，作之國門之外可也。宋朝元會，乘輿行幸，並進之以冠雅樂，非先王下管之制也。然其大者九竅以觱篥名之，小者六竅以風管名之。六竅者猶不失乎中聲，而九竅者其失蓋與太平管同矣。”

又曰：“胡角本應胡笳之聲，通長鳴、中鳴，凡有三部。魏武帝北征烏丸，越沙漠，軍士聞之，靡不動鄉關之思。於是武帝半減之爲中鳴，其聲尤更悲切。蓋其制並五采衣幡，掌畫蛟龍，五采脚，故《律書樂圖》以爲長鳴一曲三聲，並馬上嚴警用之。第一曰龍吟，二曰彪吼，三曰阿聲。其中鳴一曲二聲，一爲蕩聲，二爲牙聲，亦馬上嚴警用之也。其大者謂之簸邏迴，胡人用之，本所以驚中國馬，非中華所宜用也。宋朝審定音樂，更制鼓吹，雖角之尺度均一，聲比鍾律，内之乘輿行幸，外之郡邑警備，莫不奏之，以爲警嚴，是用羌胡之音以和軍旅，以節聲樂曷爲不易之，以先王雅樂以爲鼓吹乎？存之有虧中國之制，削之則華音著而胡音息，豈非强中國、弱夷狄之意歟！"

又曰："晉大司馬桓温屯中堂，夜吹警角，御史中丞司馬恬奏劾大不敬。厥明，温見之嘆曰：'此兒乃敢彈我，真可畏也。'又陸士衡爲河北都督，内懷憂懣，聞衆軍警角鼓吹，謂其司馬孫極曰：'我今聞此，不如華亭鶴鳴。'然則軍中用警角尚矣。《衛公兵法》曰：'軍城及野營行軍在外，日出没時，撾鼓千，搥三百三十三。'搥爲通，鼓音止，角音動。吹十二聲爲一疊，三角三鼓而昏明畢也。宋張興世謂父曰：'天子鼓角，非田家翁所吹。'然則桓温人臣，屯中堂而用之，雖欲勿劾得乎哉？宋朝警角，天下郡邑並得用之，非特武嚴之士也。然用之邊郡可也，遍用諸郡邑，恐未爲盡善之制也。"

又曰："昔《先蠶儀注》，凡車駕所止，吹小箛，發大箛，其實胡笳也。古之人激南楚，吹胡笳，叩角動商，鳴羽發徵，風雲爲之摇動，星辰爲之變度，况人乎？劉疇嘗避亂塢壁，賈胡欲害之者百數，疇援而吹之，爲出塞之聲，動游客之思，群胡卒泣遁而去。劉越石爲胡騎圍之者數重，越石中夜奏之，群胡卒棄圍而奔。由此觀之，笳聲之感人如此其深，施之於戎貉可也。晉之施於車駕儀注，不幾乎變夏於夷邪？"

又曰："馬融《賦笛》，以爲出於羌中，舊制四孔而已。京房因加一孔以備五音。《風俗通》：漢武帝時，邱仲作尺四寸笛，後更名羌笛焉。《宋書》云：有胡笛小篪出於鼓吹，豈梁之胡歌邪？靈帝好胡笛，而漢室以傾；明皇喜胡簫，而唐祚幾墜。以中華萬乘之主，耽羶胡淫亂之音，則天下何以觀化爲哉！然而不亂且亡，未之有也。《廣雅》曰：'籥謂之笛，七孔，有黄鍾、大吕爲二均聲。'蓋不考笙師籥篴異器之過也。古者羌笛有落梅花曲，開元中，有李謨善吹，獨步當時。越州刺史皇甫政月夜泛鑑湖，命謨吹笛，謨爲之盡妙。時有一老父泛舟聽之，因奏一聲，湖波摇動，笛遂中裂，即探懷中一笛以畢其曲。政視之，有三龍翔舟而聽。老人曲終，以笛付謨，謨吹之，竟不能聲，而老父亦失所在矣。大中以來，有王六六、王師簡，亦妙手也。"

又曰："古者更鹵簿作鼓吹。鼓吹之樂，在魏、晋則輕，在江左則重。至隋始分爲四等：一棡鼓，二鐃鼓，三大横吹，四小横吹。唐又别爲五部：一鼓吹，二羽葆，三鐃吹，四大横吹，五小横吹。大駕則晨嚴夜警，施之鹵簿爲前後部。皇后、皇太子以下咸有等差，迨於宋朝總號鼓吹云。"

又曰："《白虎通》曰：'簫者中吕之氣也。'《易説》曰：'夏至之樂，補以簫。'《春秋説》曰：'夏至作樂，間以簫笙。'然則簫爲中吕之樂，夏至之音，豈不信哉！《月令》'仲夏之月，令樂師均管簫'，亦此意也。"

又曰："《禮》言吹篪掌之笙師，《詩》言吹篪主之仲氏，則篪亦笙類。而仲氏以况中聲焉，先王之雅樂也。故後世推善吹者，前有伍子胥，後有朝雲而已。《洛陽伽藍記》述後魏河間王琛，有朝雲者善吹篪，能爲團扇歌，壟上聲。及琛爲秦州刺史，屢討叛羌，不勝，因令朝雲吹之。羌人聞者，皆感泣而降，故秦語曰：'快馬健兒，不如老嫗吹篪。'信乎樂之感人如此！苟以之移風易俗，天下胡爲而不寧哉？《古史考》曰：古有篪尚矣，蘇成公善篪。而記者因以爲作，誤也。或謂暴辛公所造，亦無據矣。舊志以篪爲管，是不知篪春分之音，而管十二月之音也。"

又曰："漢蔡邕推五聲十二律還相爲宫之法，制有十二笛。故黄鍾之笛正聲應黄鍾，下徵應林鍾，長二尺八寸四分四厘有奇。正聲調法：黄鍾爲宫，應鍾爲變宫，南吕爲羽，林鍾爲徵，蕤賓爲變徵，姑洗爲角，太蔟爲商。然宫生徵，黄鍾生林鍾；徵生商，林鍾生太蔟；商生羽，太蔟生南吕；羽生角，南吕生姑洗。角生變宫，姑洗生應鍾；變宫生變徵，應鍾生蕤賓。下徵調法：林鍾爲宫，南吕爲商，應鍾爲角，黄鍾爲變徵，太蔟爲徵，姑洗爲羽，蕤賓爲變宫。清角之調：姑洗爲宫，蕤賓爲商，林鍾爲角，南吕爲變徵，應鍾爲徵，黄鍾爲羽，太蔟爲變宫。凡笛體用角律，其長者八之，短者四之，空中實容，長者十六，三宫二十一變也。伏空四，所以便事用也。大吕之笛：正聲應大吕，下徵應夷則，長二尺六寸六分三釐有奇。太蔟之笛：正聲應太蔟，下徵應南吕，長二尺五寸三分一釐有奇。夾鍾之笛：正聲應夾鍾，下徵應無射，長二尺四寸。姑洗之笛：正聲應姑洗，下徵應應鍾，長二尺二寸三分三釐有奇。蕤賓之笛：正聲應蕤賓，下徵應大吕，長三尺九寸九分五釐有奇。林鍾之笛：正聲應林鍾，下徵應太蔟，長三尺七寸九分七釐有奇。夷則之笛：正聲應夷則，下徵應夾鍾，長三尺六寸。南吕之笛：正聲應無射，下徵應中吕，長三尺二寸。應鍾之笛：正聲應應鍾，下徵應蕤賓，長三尺九寸九分六釐有奇。其法可謂詳矣。然不知去二變以全五音，去六十律以全十二律，其於先王之制不亦遠乎！"

又曰："十二箱笛之制，其長短之度，增損有所不同。故晋荀勖作律笛十二以正雅樂，黄鍾箱笛三尺八寸。元嘉中，鍾宗之減爲三尺七寸；奚縱又減五分爲三尺三寸七分，縱又減一寸一分爲三尺二寸六分。姑洗箱笛三尺五寸，宗之減爲二尺九寸七分，縱又減五分爲二尺九寸二分。蕤賓箱笛二尺九寸，宗之減爲二尺六寸，縱又減二分爲二尺五寸八分。自餘律笛無所損益，一仍蔡邕之制而已。至梁武帝又制十二笛寫四通聲，飲古鐘玉律，並周世古鍾焉。故黄鍾笛：三尺八寸，大吕三尺六寸，太蔟三尺四寸，夾鍾三尺二寸，姑洗三尺一寸，中吕二尺九寸，蕤賓二尺八寸，林鍾二尺七寸，夷則二尺六寸，南吕二尺五寸，無射二尺四寸，應鍾二尺三寸。然黄鍾之元九，合天地之氣，故其笛十有八調，上生者悉倍其韵，下生者傳差一調半。上生悉五指應飲，下生者悉三指應飲。下生中吕雖云不復生，至於數窮復本，又得上生。黄鍾天地自然之數也，黄鍾十八調，下生林鍾七調。黄鍾笛三拍聲，應林鍾笛飲聲。林鍾七調，上生太蔟十四調。林鐘笛五指聲，應太蔟笛應聲。太蔟十四調，下生南吕五調半。太蔟笛三指聲，應南吕笛飲聲。南吕五調半，上生姑洗十一調。南吕笛五指聲，應姑洗笛飲聲。姑洗十一調，下生應鍾四調。姑洗三指聲，應應鍾笛飲聲。應鍾四調，上生蕤賓八調。應鍾笛五指聲，應蕤賓笛飲聲。蕤賓八調，上生大吕十六調。蕤賓笛五指聲，應大吕笛飲聲。大吕十六調，下生夷則六調。大吕笛三指聲，應夷則笛飲聲。夷則六調，上生夾鍾十二調。夷則笛五指聲，應夾鍾笛飲聲。夾鍾十二調，下生無射四調半。夾鍾笛三指聲，應無射笛飲聲。無射四調半，上生中吕九調。無射笛五指聲，應中吕笛飲聲。雖當時號爲雅樂，考之先王之制，其不及遠矣。”

[5]木：指柷、敔一類的樂器。《文獻通考》卷一三九《木之屬》引陳暘《樂書》曰：“木者，所以合止樂之器，其卦則巽，其方東南之維，其時春夏之交，其風清明，其律夾鍾，其聲一，其音直，立夏之氣也。先王作樂，斲之以爲敔柷之屬焉。《樂記》曰：‘作爲椌楬，德音之音。’柷敔以椌楬爲用，椌楬以柷敔爲體。二者之聲，一合一止，未嘗不相待也。”

又曰：“《周官》：‘小師掌教播鼗柷敔。’《周頌》有瞽亦曰：‘鼗磬柷圉。’蓋堂下樂器以竹爲本，以木爲末，則管籥本也，柷敔末也。柷之爲器，方二尺四寸，深一尺八寸，中有椎柄連底挏之，令左右擊也。陰始於二、四，終於八、十，陰數四、八，而以陽一主之，所以作樂，則於衆樂先之而已，非能成之也，有兄之道焉。此柷所以居宫縣之東，象春物之成始也。敔之爲器，狀類伏虎，西方之陰物也。背有二十七鉏鋙，三、九之數也。櫟之長尺，十之數也。陽成於三，變於九，而以陰十勝之，所以止樂，則能以反爲文，非特不至於流而失已，亦有足禁遏者焉。此敔所以居宫縣之西，象秋物之成終也。《書》曰‘戛擊’，《禮》曰‘楷擊’，《樂記》曰‘聖人作爲椌楬’，荀卿曰‘鞉柷拊椌楬似萬物’，蓋柷、敔以椌、楬爲體，椌、楬以戛、楷擊爲用也。《爾雅》曰‘所以鼓柷謂之止，所以鼓敔謂之籈’，則柷以合樂而作之必鼓之，欲其止者戒之於蚤也；敔以節樂而止之必鼓之，欲其籈者潔之於後也。然樂之出虚，故其作樂虚。椌必欲空，琴必用桐，拊必用糠，皆以虚爲本也。及其止，則歸於實焉，此敔所以爲伏虎形歟。然樂之張陳戛擊必於堂上，柷、敔必於堂下，何邪？曰柷、敔，器也；戛擊所以作器也。器則卑而在下，作器者尊而在上，是作樂者在下，所以作之者在上，在上，命物者也；在下，受命者也。豈非貴賤之等然邪？今夫堂上之樂，象廟朝之治；堂下之樂，象萬物之治。荀卿以拊柷椌楬爲似萬物，則是以堂上之拊亦似之，誤矣。柷敔椌楬，皆一物而異名。荀卿以柷椌離而二之，亦誤矣。桓譚《新論》，謂椌楬不如流鄭之樂，真有意哉！（止者，柷之考拊名也。籈，櫟敔之名也。）宋朝太樂：柷爲方色，以圖瑞物。東龍西虎，南鳳北龜，而底爲神螾。敔因唐制，用竹以二尺四寸折爲十二莖，樂將作，先擊其首，次三戛齟齬而止，與舊敔四面畫山卉、用木櫟齟齬者異矣。雖曰因時制宜，要之非有意義，孰若復古制之爲愈哉！先儒以柷爲立夏之音，又謂乾主立冬，陰陽終始，故聖人承天以制柷敔，一何疏邪！晋、宋故事，四厢各有柷、敔，同時戛作，亦非古人之制也。隋牛弘罷之，不亦宜乎！”

又曰：“應樂如應之應物，其獲也小矣。故小鼓謂之應，所以應大鼓，所倡之聲也。小舂謂之舂，所以應大舂，所倡之節也。《周官》笙師掌教牘，長七尺，應則如桶而方六尺五寸，中象柷，有椎連底，左右相擊，以應柷也。斯不亦大小之辨乎！《禮圖》：其形正圓，而外皆朱。《唐樂圖》及《大周正樂》，皆外黑内朱。然以禮推之一，在木下爲本，在木上爲末，在木中爲朱。則木之爲物，含陽於内，南方之火所自而藏也。故應以木爲之，而内外朱焉，固其理也。彼持内黑之説，真臆論歟！”

又曰：“樂出於虚而寓於器，本於情而見於文。寓於器則器異，異虡見於文則文同同筍。鐘虡飾以臝屬，磬虡飾以羽屬，器異、異虡故也。鐘磬之筍皆飾以鱗屬，其文若竹之有筍，然文同同筍故也。筍則横之，設以崇牙，其形高以峻。虡則植之，設之以業，其形直以舉。是筍之上有業，業之上有崇牙。筍之兩端又有璧翣，鄭氏謂‘戴璧垂羽’是也。蓋簨虡所以架鐘磬，崇牙、璧翣所以飾筍虡。夏后氏飾以龍，商飾以崇牙而無璧翣。至周則極文而三者具矣。故《周頌》曰‘設業設虡，崇牙樹羽’是也。《鬻子》謂大禹銘於筍虡曰：‘教寡人以道者擊鼓，教以義者擊鐘，教以事者振鐸，語以憂者擊磬，語以訟獄者揮鞀。’其言雖不經見，彼蓋有所受，亦足考信矣。《周官》典庸器，祭祀，帥其屬設筍虡，吉禮也。大喪，廞筍虡，凶禮也。喪禮，旌旂璧翣，與筍虡同者，爲欲使人勿之有惡焉爾。筍亦爲簨者，以生東南故也；虡亦爲虡者，以樂出虚故也。”

[6]絲：指琴瑟、琵琶、箏一類的絲弦樂器。《文獻通考》卷一三七《絲之屬》引陳暘《樂書》曰：“絲飾物而成聲，其卦則離，其方則南，其時則夏，其聲尚宫，其律蕤賓。其風景，其音哀，夏至之氣也。先王作樂，弦之以爲琴瑟之屬焉。蓋琴瑟之樂，君子所常御，其大小雖不同，而其聲應一也，故均列之堂上焉。”

又曰：“八音以絲爲君，絲以琴爲君，而琴又以中暉爲君，是故君子常御不離乎前，非若鐘鼓陳於堂下、列於縣虡也。以其大小得中而聲音和，大聲不喧嘩而流慢，小聲不湮滅而不聞，固足以感人善心，禁人邪意，一要宿中和之域而已。夫作五弦之琴，以歌《南風》，以合五音之調，實始於舜。蓋南風，生養之氣也；琴，夏至之音也。舜以生養之德，播夏至之音。始也其親厎豫而天下化，終也其親厎豫而天下之爲父子者定。然則所謂琴音調而天下治，無若乎五音者，豈不在兹乎？蓋五弦之琴，小琴之制也；兩倍之而爲十弦，中琴之制也；四倍之而爲二十弦，大琴之制也。《明堂位》

曰：‘大琴、中琴，四代之樂也。’《爾雅》曰：‘大琴謂之離。’以四代推之，二琴之制，始於有虞氏明矣。”

又曰：“西漢趙定善鼓雅琴，爲散操；東漢劉琨亦能彈雅琴，知清角之操。則雅琴之制，自漢始也。宋朝太宗皇帝因太樂雅琴更加二弦，召錢堯卿按譜，以君臣、文武、禮樂、正民心九弦按曲，轉入太樂十二律，清濁互相合應。《御製韶樂集》中，有《正聲翻譯字譜》。又令鈞容班部頭任守澄並教坊正部頭花日新、何元善等注入《唐來燕樂半字譜》，凡一聲先以《九弦琴譜》對大樂字，並《唐來半字譜》，並有清聲。今《九弦譜》内有《大定樂》《日重輪》《月重明》三曲，並御製大樂《乾安曲》。《景祐韶樂集》中《太平樂》一曲，譜法互同，他皆仿此，可謂善應時而造者也。誠增一弦去四清聲，合古琴之制，善莫大焉。”

又曰：“古者造琴之法，削以嶧陽之桐，成以檿桑之絲，徽以麗水之金，軫以崑山之玉。雖成器在人，而音含太古矣。蓋其制長三尺六寸六分，象期之日也；廣六寸，象六合也。弦有五，象五行也；腰廣四寸，象四時也；前廣後狹，象尊卑也；上圓下方，象天地也；暉十有三，象十二律也，餘一以象閏也。其形象鳳，而朱鳥南方之禽，樂之主也；五分其身，以三爲上，二爲下，參天兩地之義也。司馬遷曰：‘其長八尺一寸，正度也。’由是觀之，則三尺六寸六分，中琴之度也；八尺一寸，大琴之度也。或以七尺二寸言之，或以四尺五寸言之。以爲大琴則不足，以爲中琴則有餘，要之皆不若六八之數爲不失中聲也。至於弦數，先儒謂伏羲、蔡邕以九，孫登一、郭璞以二十七，頌琴以十三。揚雄謂陶唐氏加二弦，以會君臣之恩。桓譚以爲文王加少宫、少商二弦，釋知匠以爲文王、武王各加一，以爲文弦、武弦，是爲七弦，蓋聲不過五。小者五弦，法五行之數也；中者十弦，大者二十弦，法十日之數也。一弦則聲或不備，九弦則聲或太多。至於全之爲二十七，半之爲十三，皆出於七弦倍差弱於二變二少，以應七始之數也。爲是説者，蓋始於《夏書》，而曼衍於《左氏》《國語》，是不知《夏書》之在治忽有五聲而無七始，豈爲《左氏》者求其説不得，而遂傳會之邪？故七弦之琴，存之則有害，古制削之則可也。宋朝太常琴制，其長三尺六寸三百六十分，象周天之度，弦有三節，聲自焦尾至中暉爲濁聲，自中暉至第四暉爲中聲，上至第一暉爲清聲。故樂工指法，按中暉第一弦黄鍾，按上爲大吕。二弦大蔟，（按上爲夾鍾。）第三弦姑洗，（按上爲仲吕。）第四弦蕤賓，（單彈。）第五弦爲林鍾，（按上爲夷則。）第六弦爲南吕，（按上爲無射。）第七弦爲應鍾。（按上爲黄鍾，清。）凡此各隨鍾律彈之，莫不合。中吕之商，中太平之曲，非無制也。誠損二弦，去四清，合先王中琴之制，則古樂之發不過是矣。唐李冲操琴，通中吕、黄鍾、無射三宫之説，蓋未究其本矣。先儒之論有宫聲，又有變宫聲，已失尊君之道，而琴又有少宫、少商之弦，豈古人祝壽之意哉？其害理甚矣。”

又曰：“瑟者，閉也，所以懲忿窒欲，正人之德也。故前其柱則清，却其柱則濁。按《三禮圖》，頌瑟七尺二寸，廣尺八寸，二十五弦並用也，其合古制歟。《尸子》曰：‘夫瑟二十五弦，其僕人鼓之則爲笑，賢者以其義鼓之，欲樂則樂，欲悲則悲，雖有暴君亦不爲之變。’誠有味其言也。”

又曰：“自三代之治既往，而《樂經》亡矣。《樂經》亡，則《禮》素而《詩》虚，是一經缺而三經不完也。今夫琴者，君子常御之樂，蓋所以樂心而適情，非爲憂憤而作也。苟遇乎物，可咏者咏之，可傷者傷之，大爲典、誥，小爲雅、頌，而諷刺勸戒，靡不具焉，其利於教也大矣。古之明王君子多親通焉，故堯有《神人暢》，舜有《思親操》，《襄陵》始禹，《訓佃》始湯，以至文王《拘幽》，周公《越裳》，成王《儀鳳》，老聃《列仙》，伯牙之《水仙》《懷陵》，孔子之《將歸》《猗蘭》，曾子《歸耕》《殘形》之類，大抵因時事而作，豈爲憂憤邪？後世論之者過也。降自唐、虞迄於晋、宋，善琴者八十餘人。周、秦以前，其聲傷質；漢、魏而下，其音淺薄。故漢末太師五曲，魏初中散四弄，其間聲含清側，文質殊流。吴弄清潤，若長江緩流，有國士之風；蜀聲峻急，若蹙浪奔濤，有少年壯氣。凡若此類，不可勝數。然世罕知音，反以筝勢入琴，譜録雖存，其亡益乎！”

又曰：“越裳操者，因越裳獻雉而作也。趙師曹善鼓琴，忉利天王子般遮彈之而聲聞，舍利爲之起舞焉。摩訶兜勒，張騫入西域所得者也。晋，楚人劉琨世爲樂吏，制胡笳五弄，趙耶利所修者也。胡笳四弄：有上舞、下舞，上間弦、下間弦，明君所傳者也。今夫彈操弄者前緩後急，妙曲之分布也；時中急後緩，節奏之停歇也；或疾打則聲如劈竹，或緩挑則韵並風生，亦有聲正厲而以指按殺，亦有響絶而意猶未盡，是以知聲不知音，彈弦不彈意也。陶潛嘗曰：‘但取琴中意，何勞弦上聲’，可謂深於琴者矣。”

《樂書·琴制論》曰：“琴之爲器，有龍池者，以龍潛於此，其出則興雲雨以澤物，而人君之仁如之；有鳳池者，以南方之禽其浴則歸潔其身，而人君之德如之；有軫池者，亦曰軫枉，以其急於發令，且酒以成禮也。池側有凫掌二，所以護軫之動而合制也。鳳額下有鳳嗉一，所以接喉舌而申令者也。琴底有鳳足，用黄楊木表其足色本黄也。臨岳若山岳峻極，用棗木表其赤心也。人肩者顧其臣，有俯就隨肩之象也。鳳翅者左右翼之，有副貳人主之象也。龍唇者聲所由出也，龍齦者吟所由生也，龍口所以受弦，而其鬙又所以飾之也。鳳額所以制嗉，而其臆又所以承之也。總而言之，琴長三尺六寸六分，當期之日也，腹中天地二柱，當心膂之任也。天柱方厚七分，居姑洗、仲吕之界；地柱方厚六分，居南吕、無射之界。若定位小差，近上則損上聲，近下則損下聲，當中心則其聲品節矣。然斷製之妙，蜀稱雷霄、郭諒，吴稱沈鐐、張越，霄、諒清雅，而沈細鐐、越虚鳴而響亮。唐明皇反蜀，詔雷儼待詔襄陽。馮昭亦善攻斲，鬻之不售，節使盧公鈞聞之，見重，受一張，仍贈之詩，自是馮氏門其屨滿矣。”（伏犧樣，長三尺九寸三分，與後周大絫黍尺同。舜樣，用古玉尺長三尺八寸二分。孔子樣，長三尺六寸四分，與周尺同。秦始皇樣，用玉尺，一池，司馬相如同。後晋尺，長三尺八寸六分半，一池。後漢蔡邕用官尺，長三尺七寸八分。伯牙用尺同，築表尺長三尺七寸二分。嵇康用魏中尺，長三尺七寸，一池。齊東山樣，今尺長三尺三分。梁千面，用鐵尺，長三尺九寸三分，無池。隋百面，用水平尺，三尺六寸四分，古軫用竹，言鳳非梧桐不栖，非竹實不食。）

《樂書·琴暉論》曰："琴之爲樂，弦合聲以作主，暉分律以配臣。自臨岳際下，至龍口銜弦，以夷則爲中界；夷則至臨岳下際，以仲吕爲中界；仲吕上至臨岳下際，以太蔟爲中界。其夾鍾、姑洗、蕤賓、林鍾四暉，即泛調取定。又以太蔟翻至龍口，而暉數足矣。自古暉十有三，其一象閏，蓋用螺蚌爲之。近代用金玉、瑟瑟、水晶等寶，未聞有弦繩之義。蓋所以示其明瑩以節奢縱而已。俗傳暉作徽纏之徽，誤矣。"

《樂書·琴勢論》曰："古者手勢所象，本蔡氏五弄，趙耶利所修也。左大指象天，左中指象日；右無名指象月，右大指象大風，右食指象青雲，右中指象高山，右小指象地，右無名指象下水。龍行者指行如之，虎行者指步如之，蟹行者倫指如之，鸞行者轉指如之。輕行者，泛指是也。儒父吟，未接覆手是也。亮生嘯，小起手是也。仙人笑，下瓅是也。然彈琴之法，必兩手相附，其猶雙鸞對舞，兩鳳同翔，要在附弦作勢，而不在聲外摇指。趙師彈琴，未有一聲無法，凡一弄之内，清側殊途；一句之中，莫不陰陽泒潤。至如楚《明光》《白雪》，寄清調中彈楚清聲；《易水》《鳳歸林》，寄清調中彈楚側聲；《登隴》《望秦》，寄胡笳調中彈楚側聲；《竹吟》《風哀》《松露》，寄胡笳調中彈楚清聲。若此之類非一，可謂妙矣。"

《樂書·琴聲論》曰："《白虎通》曰：琴者，禁止淫邪，以正人心，豈其然乎？今夫宫聲感人，則其意懽和；商聲感人，則其意勁正；角聲感人，則其意奮厲；徵聲感人，則其意舒緩；羽聲感人，則其意和平。故正直勇義者聽之則奮厲，倍苦節孝行忠烈者聽之則感傷，貧苦孀孤抱怨者聽之則感慨，輕縱浮薄好喧嚣者聽之則震戢。然則修身治性，反其天真有不在於是乎！虞、舜鼓之而五星見，伯牙鼓之而駟馬仰秣，瓠巴鼓之而魚躍潛藻，以至師曠之致鶴舞，賀韜之致鬼舞，朱康之致晝動，衛次翁之致異香降，王敬伯之致神女現，師襄之變易寒暑，孫登之感動風雷。然則動天地、感鬼神有不在於是乎！由此觀之，古人所謂至樂通天地，變四時，又曰安國家，治人民，莫若乎五音，豈不信歟！"（關關嚶嚶，春鳥聲也；肅肅雍雍，秋雁聲也；巍巍湯湯，山水聲也！）

又曰："古人之論琴聲，有經，有緯，有從。宫商角徵羽文武以上爲經聲也，黄鍾及大吕閏暉以上十三聲爲緯聲也，風雅聲、陰陽聲、武成聲、吟咏聲、談話聲、姑息聲、五音聲、五調聲、長樂聲、胡笳聲、止息聲、吴聲、蜀聲、齊聲、楚聲、度弦摘聲、蹙臑抑揚聲、調弦齪掠聲、長彈掉搦聲、楚清側聲、雅質側聲、鵾扶輪指聲、宛美清聲、高望遠側聲，凡此二十四聲爲從聲也。右七弦爲正，十三暉爲副，正副相應，一弦合十三種升降同爲九十一聲，琴含太虚，一氣運九十種聲，如此，其變亦已盡矣。至於取聲之法，又有木、有泛、有散、有末、有剔、有櫟、有擘、有綽、有瓅、有齪、有倫，以總之。誠去四清二變，以諧音律，則琴音調而天下治矣。"

《樂書·琴曲》曰："衆樂，琴之臣妾也；《廣陵》，曲之師長也。古琴曲有歌詩五篇，操二篇，引九篇。其歌詩：一曰《鹿鳴》，周大臣傷時在位而作也；二曰《伐檀》，魏國女閔傷怨曠而作也；三曰《騶虞》，召國女傷失嘉會而作也；四曰《鵲巢》，召國男悦貞女而作也；五曰《白駒》，衰世失朋友而作也。其操十有二：一曰《將歸》，孔子之趙，聞殺竇犢鳴而作也；二曰《猗蘭》，孔子傷不逢時而作也；三曰《龜山》，孔子因季桓受齊女樂而作也；四曰《越裳》，周公爲其重譯來享而作也；五曰《拘幽》，文王拘於羑里而作也；六曰《岐山》，周人爲太王而作也；七曰《履霜》，尹吉父子伯奇傷無罪而作也；八曰《雉朝飛》，牧犢子感雙雉而作也；九曰《别鶴》，商陵牧子傷父母奪志而作也；十曰《殘形》，曾子夢狸而作也；十一曰《水仙》，伯牙爲仙舞而作也；十二曰

《懷陵》，伯牙爲子期而作也。其引：一曰《列女》，楚樊姬所作也；二曰《伯姬》，魯伯姬所作也；三曰《貞女》，魯漆室女所作也；四曰《思歸》，衛女所作也；五曰《霹靂》，楚商梁遇風雨而作也；六曰《走馬》，樗里牧恭爲感天馬而作也；七曰《箜篌》，樗里子高所作也；八曰《琴引》，秦屠門高所作也；九曰《楚引》，楚龍邱子高所作也。自餘歌詩操引，不可勝紀，要其大致，亦不出乎此。然以詩推之，《鹿鳴》之宴群臣，《伐檀》之刺貪鄙，《騶虞》之美王道成，《鵲巢》之美夫人之德，《白駒》刺宣王之不用賢，與是説不類矣，豈好事者妄取其名而詭爲之説哉？”

又曰：“昔人論琴弄、吟、引亦多矣，有以孔子撰之者，《獲麟》《將歸》《畏匡》《厄陳》之類也；有以伯牙製之者，《望仙》《懷陵》《流水》《流泉》之類也；有以嵇康爲之者，《長清》《短清》《長側》《短側》之類也；有以劉琨爲之者，《登隴》《望秦》《竹吟風》《哀松露》《悲漢月》是也；胡笳五弄，趙師所修；有以明君爲之者，《平調》《清調》《瑟調》《蜀調》《胡笳》《吴興杜瓊》是也。然觀琴調操引，有宫引、商引、角引、徵引、羽引，平調引有林宫、林商、林角、林徵、林羽，是琴音之用，不出五聲而已。後世兼以二變四清定弦數多寡，其爲智亦疏矣。”

《樂書・琴瑟上》論曰：“古者琴瑟之用，各以聲類所宜。雲和，陽地也，其琴瑟宜於圜丘奏之；空桑，陰地也，其琴瑟宜於方澤奏之；龍門，人功所鑿而成也，其琴瑟宜於宗廟奏之。顓帝生處空桑，伊尹生於空桑，禹鑿龍門，皆以地名之，則雲和豈《禹貢》所謂雲土者歟？瞽矇掌鼓琴瑟，《詩・鹿鳴》：‘鼓瑟鼓琴’，《書》曰：‘琴瑟以咏’，《大傳》亦曰：‘大琴練弦達越，大瑟朱弦達越’，《爾雅》曰：‘大琴謂之離，大瑟謂之灑。’由是觀之，琴則易良，瑟則静好，一於尚宫而已，未嘗不相須而用也。《明堂位》曰：‘大琴、大瑟、中琴、小瑟，四代之樂器也。’古之人作樂，聲應相保而爲和，細大不逾而爲平。故用大琴必以大瑟配之，用中琴必以小瑟配之，然後大者不陵，細者不抑，五聲和矣。《鄉飲酒禮》：‘二人皆在左何瑟，後首，挎越。'《燕禮》：'小臣左何瑟，面執越。'《樂記》曰：'清廟之瑟，朱弦而疏越。'《詩》曰'並坐鼓瑟'，'何不日鼓瑟'。《傳》言趙王爲秦鼓瑟。皆不及琴者，以瑟見琴也。舜作五弦之琴，歌《南風》之詩，而不及瑟者，以琴見瑟也。後世有雅琴、雅瑟、頌琴、頌瑟，豈其聲合於雅頌邪？琴，一也，或謂伏羲作之，或謂神農作之，或謂帝舜使晏龍作之。瑟一也，或謂朱襄氏使士達作之，或謂伏羲作之，或謂神農使晏龍作之，豈皆有所傳聞然邪！"

《琴瑟中》論曰："古之論者，或謂朱襄氏使士達制爲五弦之瑟，瞽叟又判之爲十五弦，舜益之爲二十三弦。或謂大帝使素女鼓五十弦瑟，帝悲不能禁，因破爲二十五弦。郭璞釋大瑟謂之灑，又有二十七弦之説。以理考之，樂聲不過乎五。則五弦，十五弦，小瑟也；二十五弦，中瑟也；五十弦，大瑟也。彼謂二十三弦、二十七弦者，然三於五，聲爲不足；七於五，聲爲有餘，豈亦惑於二變二少之説而遂誤邪？漢武之祠太乙、后土，作二十五弦瑟。今大樂所用，亦二十五弦，蓋得四代中瑟之制也。莊周曰：'夫或改調一弦，於五音無當也。鼓之，二十五弦皆動，其信矣乎！'聶崇義《禮圖》亦師用郭璞二十三弦之説，其常用者十九弦，誤矣。蓋其制前其柱則清，後其柱則濁。有八尺一寸，廣一尺八寸者；有七尺二寸，廣尺八寸者；有五尺五寸者。豈三等之制不同歟？然《詩》曰：'椅桐梓漆，爰伐琴瑟。'《易通》：'冬日至，鼓黄鍾之瑟，用槐八尺一寸；夏日至，用桑五尺七寸。'是不知美檟槐桑之木，其中實而不虚，不若桐之能發金石之聲也。昔仲尼不見孺悲，鼓瑟而拒之；趙王使人於楚，鼓瑟而遣之。其拒也所以愧之，不屑之教也；其遣也所以諭之，不言之戒也。宋朝太常瑟用二十五弦，其二均之聲，以清中相應雙彈之。第一弦黄鍾中聲，第十三弦黄鍾清應。其按習也，令左右手互應。清正聲相和亦依鍾律，擊數合奏。其制可謂近古矣。誠本五音互應而去四清，先王之制也。（二均二節聲，於瑟聲十二清聲，十二極清。一弦象琴第一暉，大抵於瑟半身設柱子，右手彈中聲十二，左手彈清聲十二，其律並同。第一弦大吕中，第十四弦大吕清；第三弦太蔟中，第十五弦太蔟清；第四弦夾鍾中，第十六弦夾鍾清；第五弦姑洗中，第十七弦姑洗清；第六弦仲吕中，第十八弦仲吕清；第七弦蕤賓中，第十九弦蕤賓清；第八弦林鍾中，第二十弦林鍾清；第九弦夷則中，第二十一弦夷則清；第十弦南吕中，第二十二弦南吕清；第十一弦無射中，第二十三弦無射清；第十二弦應鍾中，第二十四弦應鍾清。）臣嘗考之，《虞書》'琴瑟以咏'，則琴瑟之聲所以應歌者也。歌者在堂，則琴瑟亦宜施之堂上矣。竊觀聖朝郊廟之樂，琴瑟在堂，誠合古制。紹聖初，太樂丞葉防乞宫架之内復設琴瑟，豈先王之制哉？"

《琴瑟下》論曰："琴之爲樂，所以咏而歌之也，故其别有暢，有操，有引，有吟，有弄，有調。堯之《神人暢》，爲和樂而作也；舜之《思親操》，爲孝思而作也；《襄陽》《會稽》之類，夏后氏之操也；《訓佃》之類，商人之操也；《離憂》之類，周人之操也。謂之引，若魯有《關雎引》，衛有《思歸引》之類也。謂之吟，若《箕子吟》《夷齊吟》之類也。謂之弄，若《廣陵弄》之類也。謂之調，若《子晋調》之類也。黄帝之《清角》，齊桓之《號鐘》，楚莊之《繞梁》，相如之《緑綺》，蔡邕之《焦尾》，以至《玉床》《響泉》《韵磬》《清英》《怡神》之類，名號之别也。《吟木》《沉散》《抑抹》《剔操》《擽擘》《倫齪》《綽璅》之類，聲音之法也。暢則和暢，操則立操，引者引説其事，吟者吟咏其事，弄則弄習之，調則調理之。其爲聲之法十有三，先儒之説詳矣。由是觀之，琴之於天下，合雅之正樂、治世之和音也。得其粗者足以感神明，故六馬仰秣者伯牙也，鬼舞於夜者賀韜也；得其妙者幾與造化俱矣，故能易寒暑者師襄也，召風雲者師曠也。小足以感神明，大足以奪造化，然則琴之爲用豈不至矣哉！"

［7］景：祥瑞。

［8］土：指塤之類的樂器。《文獻通考》卷一三五《土之屬》引陳暘《樂書》曰："土則埏埴以成器，而冲氣出焉。其卦則坤，

其方則西南之維，其時則秋夏之交，其風則涼，其聲尚宫，其音則濁，立秋之氣也。先王作樂，用之以爲塤之屬焉。蓋塤、篪之樂，未嘗不相應。《詩》曰：'伯氏吹塤，仲氏吹篪。'又曰：'如塤如篪。'《樂記》以塤篪，爲德音之音。《周官》：笙師並掌而教之，則其聲相應，信矣。"

又曰："《禮運》曰：'夫禮之初，始諸飲食，其燔黍捭豚，污尊而抔飲，蕢桴而土鼓，猶若可以致其敬於鬼神。'《明堂位》曰：'土鼓蕢桴，伊耆氏之樂也。'蓋樂以中聲爲本。土也者，於位爲中央，於氣爲冲氣。則以土爲鼓，以土蕢爲桴，所以達中聲者也。伊耆氏之樂，所尚者土，鼓則中聲作焉。所擊者蕢桴，則中聲發焉。禮之初，始諸燔黍捭豚以爲食，污尊抔飲以爲飲。然則蕢桴土鼓有不爲樂之初乎？《周官·籥章》：凡逆暑於中春，迎寒於中秋，祈年於田祖，祭蜡以息老物。一於擊土鼓而已，有報本反始之義焉。夫豈以聲音節奏之末節爲哉？此所以猶若可以致其敬於鬼神也。然土鼓之制，窐土而爲之，故《禮運》之言土鼓，在乎未合土之前，與壺涿氏炮土之鼓異矣。杜子春謂以瓦爲陶，以革爲面，不稽禮運之過也。"

又曰："《周官》之於塤，教於小師，播於瞽矇，吹於笙師。以塤爲德音見於《禮》，如塤如篪見於《詩》。則塤之爲器，立秋之音也。平底六孔，水之數也。中虚上鋭，如秤錘然，火之形也。塤以水火相合而後成器，亦以水火相和而後成聲，故大者聲合黄鍾、大吕，小者聲合太蔟、夾鍾，要在中聲之和而已。《風俗通》謂圍五寸半，長一寸半，有四孔，其二通，凡六空也，蓋取諸此。《爾雅》：'大塤謂之嘂'，以其六孔交鳴而喧嘩故也。譙周曰：'幽王之時，暴辛公善塤。'《世本》曰：'暴辛公作塤。'蓋塤之作，其來尚矣，謂之暴辛公善塤可也，謂之作塤，臣未之敢信矣。塤又作壎者，金方而土圓，水平而火鋭，一從熏，火也；其徹爲黑，則水而已；從圓，則土之形圓故也。或謂塤，青之氣。陽氣始起，萬物暄動，據水土而萌，始於十一月，成於立春，象萬物萌出於土中。是主土王四季所言，非主正位六月而言，而亦一説也。”

［9］金：指金屬材質的樂器。《文獻通考》卷一三四《金之屬》引陳暘《樂書》曰：“金生於土，而别於土，其卦則兑，其方則西，其時則秋，其風閶闔，其聲尚羽，其音則鏗，立秋之氣，先王作樂，用之以爲金奏焉。《周官》：‘鐘師掌金奏，鎛師掌金奏之鼓，鼓人掌四金之音聲。’孟子曰‘金聲’是也。金奏之樂，未嘗不用鼓，特謂之金者，以金爲主故也。《禮》曰：‘内金示和也。’又曰：‘入門而金作，示情也。’《國語》曰：‘金奏《肆夏》。’《莊子》曰：‘金石有聲，不考不鳴。’則奏金而鳴之，内以示情，外以示和也，音之實也。”

又曰：“嘗考《唐史》，商盈孫按《鳧氏》，欒、銑、于、鼓、鉦、舞之法，用算法乘除鎛鐘之輕重高下，定編鐘之制，黄鍾九寸五分，倍應鍾三十三分有半，差爲四十八等。口項之量，徑衡之圍，莫不有齊量焉，使工按圍鑄之，凡二百四十枚。及其成也，音韵與磬協矣。今太常所用舊鐘，無慮千枚，其間或類古法，大抵出盈孫所造也，外此則器律短而聲高矣。聖朝嘗詔李照制管調律而更鑄焉，其法悉圓其形而弇一孔，其上出柄，蟠龍之飾，雖和應於一時，然較古鐘如鈴而不圓者異矣。唐制：凡私家不設鐘磬，三品以上女樂五人，五品以上不過三人，是不知《周官·大胥》樂縣之制也。”

又曰：“虞夏之時，小鐘謂之鐘，大鐘謂之鏞；周之時，大鐘謂之鐘，小鐘謂之鎛。則鎛之爲用，其實編鐘也；編鐘之用，其實歌鐘也。一器而三名之，各有攸趨爾。”

又曰：“莫非鐘也。大者謂之鏞，以民爲大故也。《書》言‘笙鏞’，《詩》言‘賁鼓維鏞，鏞鼓有斁’是已。小者謂之棧，以象功之淺者也。昔晉人得鐘，長三寸，口徑四寸，銘曰‘棧’是已。若夫大而不鏞，小而不棧，則又掠其大小之聲，而歸於中焉，其斯已爲剽歟！《儀禮·大射》：‘阼階之東，笙磬；其南，笙鐘；其南，鎛。西階之西，頌磬；其南，笙鏞；其南，鎛，皆南陳。’《國語》

曰：‘細鈞有鐘無鎛，昭其大也；大鈞有鎛無鐘，甚大無鎛，鳴其細也。’蓋細鈞，角，徵也，必和之以大，故有鐘無鎛；大鈞，宫、商也，必和之以細，故有鎛無鐘，則鎛小鐘大明矣。《晋語》《左傳》：‘鄭伯嘉納魯之賓，鄭人賂晋侯歌鐘二肆，及其鎛。’韋昭、杜預皆以鎛爲小鐘，然言‘歌鐘，及其鎛’，則鐘大鎛小可知。鐘師掌金奏，大鐘也。鎛師掌金奏，小鐘也。許慎曰：‘鎛，錞于之屬，所以應鐘磬也。’於理或然。鄭康成謂鎛如鐘而大，孫炎、郭璞釋大鐘謂之鏞，亦名爲鎛，不亦失小大之辨歟！以經考之，自虞至周，鏞大而鐘小。自周公制禮，鐘大而鎛小，雖有改制之名，無變大小之實也。秦漢以來，鐘鎛之制，小者或數寸，大者或容千石，皆不本律度，故梁去衡鐘而設鎛，隋疑無射之鎛無合曲之義，乃襲後周以‘十二鎛相生’擊之，聲韵始克諧矣。聖朝之初，鎛鐘有三調六曲，更詔依均擊之，與編鐘相應，要知失細大之制，非成周制作之意也。傳曰：‘黄鍾之鐘，容秬黍一斛。一斛八斗爲度。’《國語》曰：‘度律均鐘，以定中聲。’《白虎通》曰：‘鎛者，時之聲也，節度之所生也。有節度則萬物昌，無節度則萬物亡。’”

又曰：“先王作樂，以十有二律爲之數度，以十有二聲爲之齊量。紀之以三，平之以六，歸於十二，天之道也。然則以十有二辰正鐘磬樂縣之位，豈他故哉？凡以齊量、數度，考中聲，順天道而已。蓋編鐘十二，同在一簴爲一堵，鐘磬各一堵爲肆。《春秋傳》：‘歌鐘二肆。’則四堵也。小胥之職：‘凡縣鐘磬，半爲堵，全爲肆。’是鐘磬皆在所編矣。磬師掌教擊磬，擊編鐘。於鐘言編，則磬可知。《明堂位》曰：‘叔之離磬。’編則雜，離則特，謂之離磬。則特懸之磬，非編磬也。言磬如此，則鐘可知也。荀卿言：‘縣一鐘。’《大戴禮》言‘編縣’，一言‘特縣’。鐘磬如此，則編鐘、編磬亦可知，豈非金石以動之，常相待以爲用乎？由是觀之，鐘磬編縣各不過十二，古之制也。漢服虔以十二鐘當十二辰，更加七律一縣爲十九鐘。隋之牛弘論後周鐘磬之縣，長孫紹遠援《國語》、書傳七律、七始之制，合正、倍爲十四。梁武帝又加濁倍，三七爲二十一。後魏公孫崇又參縣之，合正倍爲二十四。至唐分大、小二調，兼用十六、二十四枚之法，皆本二變、四清言之也。蔽於二變者，不過溺於《國語》《書傳》；蔽於四清者，不過溺於樂緯，皆非聖經之意也。惟聖朝李照、范鎮廢四清，用十二律之議，何其智識之明而遠過於諸子乎！李照雖知去四清，而不知去二變，猶不去四清也，將何以成和樂邪！真目論也。（編鐘，宮縣用之。先儒設於甲、丙、庚、壬之位，十二律各有正聲，説取黄鍾至夾鍾四律爲清聲，此牛弘據鄭康成及《樂緯》之説也。）古者編鐘、編磬，登歌用之，以節歌句，故堂上擊黄鐘特鐘而堂下編鐘應之，擊黄鍾特磬而堂下編磬應之，上下唱和之道也。”

又曰：“《尚書大傳》：‘天子左五鐘，右五鐘。出撞黄鍾，右五鐘皆應，然後太師奏登車，告出也；入撞蕤賓，左五鐘皆應，然後少師奏登堂就席，告入也。’由是觀之，黄鍾所以奏《肆夏》也，蕤賓所以奏《采齊》也。出撞陽鐘而陰應之，是動而節之以止；入撞陰鐘而陽應之，是止而濟之以動。《易·序卦》‘物不可以終動，不可以終止’之意也。《樂師》言‘行以《肆夏》’，先於‘趨以《采齊》’，豈主出言之邪？《禮記》‘趨以《采齊》’，先於‘行以《肆夏》’，豈主入言之邪？《大戴禮》言‘步中《采齊》，趨中《肆夏》’，誤矣。後世奏《永至》之樂，爲行步之節，豈效古《采齊》《肆夏》之制歟？”

《樂書·四金通論》曰：“聖人作《易》，參天兩地而倚數。因三而三之，其數六；因兩而兩之，其數四。鼓，陽也，而六之，參天之數也；金，陰也，而四之，兩地之數也。六鼓四金之音聲以節聲樂，以和軍旅，以正田役。必掌以鼓人者，鼓爲樂之君故也。蓋六鼓之有四金，猶六律之有六吕，未有能偏廢者也。故錞之聲淳，鐲之聲濁，鐃之聲高，鐸之聲明。淳則陰與陽和，故可以和鼓，倡而和之故也；鐲則承陽而節之，故可以節鼓，行而節之故也；高則陰勝於陽，而可以止鼓，退而止之故也；明則陰與陽通，而可以通鼓，作而通之故也。在《易》之艮，位之終止也。位之終止則窮，故以漸進繼焉，《既濟》，治之終止也。治之終止則亂，故以《未濟》終焉。亦六鼓終於通鼓之意也。《大司馬》言鐲、鐃則鳴之而已，鐸則或振或掩，其用則先鐲而後鐃，與此不同者，此言理之序，《大司馬》言用之序故也。然《大司馬》不言錞者，以《大司馬》方習戰陳之事，非倡和之時故也。《釋名》：'金鼓，校號也，將帥號令之所在也。'《左傳》曰：'凡師有鐘鼓曰伐。'《吕氏春秋》曰：'金鼓所以一耳也，法令所以一心也。'《孫子》曰：'夫金鼓所以一人之耳目也，人既專一，則勇者不得獨進，怯者不得獨退，此一衆之法也。'由是觀之，金鼓之用於軍旅，則將軍之氣，一軍之形候也。况用之以節聲樂者乎？後世以角代金，非古制也。"

《文獻通考》卷一三四《金之屬》引陳暘《樂書》曰："《周官》：'靺師掌教靺樂。''旄人掌教舞夷樂。''鞮鞻氏掌四夷之樂與其聲歌。''凡祭祀、饗燕用焉。'然則胡部之樂，雖先王所不廢，其用之未嘗不降於中國雅部之後也。故靺師、旄人、鞮鞻氏所以居大司樂之末歟！後世以觱篥爲頭管，進之雅部之前，失先王所以立樂之方也。臣嘗觀漢明帝時北單于來請音樂，詔報曰：'前單于言：先帝時賜呼韓邪竽、瑟、箜篌皆敗，願復裁賜。念單于國尚未安，方厲武節以攻戰爲務，竽瑟之用，不如良弓利劍，故不以賚。朕不愛小物於單于也。'然則匈奴亦通用中國樂矣，用華音變胡俗可也。以胡音亂華，如之何而可？"

又曰："俗部之樂，猶九流雜家者流，非朝廷所用之樂，存之不爲益，去之不爲損，民間用之雖無害於事，然方響十六，同爲一架，雜用四清之聲，適足以使民之心淫矣。鄭、衛之音，欲民之移風易俗難矣。如欲用之，去四清以叶律可也。"

[10]閶闔：秋天之風。

陽六爲律，謂黄鍾、太蔟、姑洗、蕤賓、夷則、無射；[1]陰六爲吕，謂大吕、應鍾、南吕、林鍾、仲吕、夾鍾：[2]凡有十二，以配十二辰焉。律之爲言法也，言陽氣施生各有法也；呂之爲言助也，所以助成陽功也。

[1]太蔟：太，原本、宋本作“大”，殿本作“太”，據殿本補。

[2]大呂：大，殿本作“太”。

正月之辰謂之寅，寅者津也，謂生物之津途也。二月之辰名爲卯，卯者茂也，言陽氣生而孳茂也。三月之辰名爲辰，辰者震也，謂時物盡震動而長也。四月之辰謂爲巳，巳者起也，物至此時畢盡而起也。五月之辰謂爲午，午者長也，大也，言物皆長大也。六月之辰謂爲未，[1]未者味也，言時萬物向成，有滋味也。七月之辰謂爲申，申者身也，言時萬物身體皆成就也。八月之辰謂爲酉，酉者緧也，[2]謂時物皆緧縮也。九月之辰謂爲戌，戌者滅也，謂時物皆衰滅也。[3]十月之辰謂爲亥，亥者劾也，言時陰氣劾殺萬物也。十一月之辰謂爲子，子者孳也，謂陽氣至此更孳生也。十二月之辰謂爲丑，丑者紐也，言終始之際，以紐結爲名也。[4]

[1]謂爲未：爲，殿本作“之”。下文“九月之辰謂爲戌”同。

[2]緧：緊縮。

[3]衰滅：衰，宋本作“度”。

[4]以紐結爲名也：原本、宋本“以”字前有“故”字，殿本無，據殿本删。

十一月之管謂爲黄鍾，[1]黄者，陰陽之中色也。天有六氣，[2]地有五才，[3]而天地數畢焉。或曰，冬至德氣爲土，土色黄，故曰黄鍾。正月之管謂爲太蔟，蔟者蔟也，謂萬物隨於陽氣太蔟而生也。三月之管名爲姑洗，姑洗者：姑，枯也；洗，濯也，謂物生新潔，洗除其枯，改柯易葉也。五月之管名爲蕤賓，葳蕤，垂下貌也；賓，敬也，謂時陽氣下降，陰氣始起，相賓敬也。七月之管名爲夷則，夷，平也；則，法也，謂萬物將成，平均皆有法則也。九月之管名爲無射，射者出也，言時陽氣上升，萬物收藏無復出也。十二月之管名爲大吕，吕者助也，謂陽氣方之，[4]陰氣助也。十月之管名爲應鍾，應者和也，謂歲功皆成，[5]應和陽功，收而聚之也。八月之管名爲南吕，南者任也，謂時物皆秀，有懷任之象也。六月之管名爲林鍾者，林茂也，謂時物茂盛於野也。四月之管名爲仲吕者，吕，助也，謂陽氣盛長，陰助成功也。二月之管名爲夾鍾者，夾，佐也，[6]謂時物尚未盡出，陰德佐陽而出物也。

[1]謂爲黄鍾：爲，殿本作“之”。

[2]六氣：自然气候变化的六种现象。指阴、陽、風、雨、晦、明。

[3]五才：金木水火土。

[4]謂陽氣方之：之，殿本作“大”。清周家禄《晋書校勘記》：當云“陽氣方大，陰氣助之也”。

[5]謂歲功皆成：成，原本、宋本無此字，殿本有，據殿本補。

[6]以上“六月之管名”“四月之管名”“二月之管名”等句，

依原本、宋本，而殿本“者”字後置，分别作“六月之管名爲林鍾，林者，林茂也”，“四月之管名爲仲吕，吕者，助也”，“二月之管名爲夾鐘，夾者，佐也”。

漢自東京大亂，絶無金石之樂，樂章亡缺，不可復知。及魏武平荆州，[1]獲漢雅樂郎杜夔，[2]能識舊法，以爲軍謀祭酒，[3]使創定雅樂。時又有散騎侍郎鄧静、尹商善訓雅樂，[4]歌師尹胡能歌宗廟郊祀之曲，舞師馮肅、服養曉知先代諸舞，[5]夔悉總領之。遠詳經籍，近采故事，考會古樂，始設軒懸鍾磬。[6]而黄初中柴玉、左延年之徒，復以新聲被寵，改其聲韵。

[1]荆州：指劉表治下的荆州，治所在襄陽縣（今湖北省襄陽市）。

[2]雅樂郎：官名，掌製作雅樂，並指導演奏。　杜夔：殿本於“杜”前有“河南”二字。

[3]軍謀祭酒：官名，即軍師祭酒，曹操置，高級軍事參謀。陳壽撰《三國志》時，避司馬師名諱，稱軍謀祭酒。

[4]散騎侍郎：官名，三國魏置。隸屬散騎省，侍從皇帝左右，顧問應對，諫諍拾遺，與散騎常侍、侍中等共平尚書奏事。五品。　善訓雅樂：中華本校勘記：“《魏志·杜夔傳》作‘善咏雅樂’，《隋書·樂志》下亦作‘咏’，‘咏’字義長。”

[5]舞：舞蹈。《通典》卷一四五《樂》：“夫樂之在耳者曰聲，在目者曰容。聲應乎耳，可以聽知；容藏於心，難以貌觀。故聖人假干戚羽旄以表其容，發揚蹈厲以見其意，聲容選和，則大樂備矣。《詩序》曰：‘咏歌之不足，不知手之舞之，足之蹈之也。’然樂心内發，感物而動，不覺手之自運，歡之至也。此舞之所由

起也。

"《虞書》曰：'帝乃誕敷文德，舞干羽于兩階。七旬，有苗格。'

"《樂記》：'孔子曰："夫樂者，象成者也。'（象成功而爲樂也。）總干而山立，（總持干楯，山立不動。）武王之事也；發揚蹈厲，太公之志也；（志在鷹揚。）武亂皆坐，周召之治也。（武亂，武之治也。皆坐，蓋以象其人無事。）且夫武，始而北出，（象觀兵孟津時。）再成而滅商，（成，猶奏也。再奏，象克殷時。）三成而南，（誅紂而南。）四成而南國是疆，（有南國疆界也。）五成而分，周公左，召公右，（分陝東西而治之也。）六成復綴以崇。（六奏，象兵還振旅也。復綴，反位止也。崇，充也。凡六奏，以充武樂。）天子夾振之，而四伐，盛威於中國也。'（夾振之者，王將夾舞者，振木鐸以爲節也。武舞，戰象也。四伐者，伐四方也。每奏四伐，一擊一刺爲一伐。）

"《周禮·地官》：'舞師掌教兵舞，帥而舞山川之祭祀；教帗舞，帥而舞社稷之祭祀；教羽舞，帥而舞四方之祭祀；教皇舞，帥而舞旱暵之事。'（四方祭祀，謂四望也。旱暵之事，謂雩也。暵，熱氣也。）《春官》：'樂師掌國學之政，以教國子小舞。（謂以年幼少時教之舞。《内則》曰：'十三舞勺，成童舞象，二十舞《大夏》。'）凡舞，有帗舞，有羽舞，有皇舞，有旄舞，有干舞，有人舞。（鄭衆云：'帗舞者，全羽；羽舞者，析羽；皇舞者，以羽冒覆頭上，衣飾翡翠之羽；旄舞者，犛牛之尾；干舞者，兵舞；人舞者，手舞。社稷以帗，宗廟以羽，四方以皇，辟雍以旄，兵事以干，星辰以人舞。'玄謂：'帗，析五采繒，今靈星舞子持之是也；皇，雜五采羽；如鳳皇色，持以舞；人舞無所執，以手袖爲威儀。四方以羽，宗廟以人，山川以干，旱暵以皇。'）旄人，凡四方之以舞仕者屬焉。凡祭祀、賓客，舞其燕樂。籥師掌教國子舞羽吹籥。（文舞有持羽籥者，所謂籥舞。《文王世子》：'秋冬學羽籥。'《詩》云：'左手執籥，右手秉翟。'）祭祀則鼓羽籥之舞，（鼓之

者，恒爲之節也。）賓饗則亦如之。’

“《五經通義》曰：‘王者之樂有先後者，各尚其德也。以文得之，先文樂，持羽毛而舞；以武得之，先武舞，持朱干玉戚，所以增威武也。戚，斧；干，楯也。玉取其德，干取其仁，明當尚德行仁，以斷斬也。’又曰：‘東夷之樂持矛舞，助時生也；南夷之樂持羽舞，助時養也；西夷之樂持鉞舞，助時殺也；北夷之樂持干舞，助時藏也。’

“蔡邕《月令章句》曰：‘天子省風以作樂，所以節八音而行八風。天子八佾，諸侯六，大夫四，士二。佾，舞列也，每佾八人。每服冕而執戚，有俯仰張翕之容，行綴長短之制，所以受命而歌王者之功也。人之動而有節者莫若舞，肆舞所以動陽氣而導物也。’”

［6］懸：本爲懸挂鐘磬等樂器的架子。後引申爲音樂，即樂懸。《通典》卷一四四《樂》論及晉及前代樂懸：“《周禮·春官》：‘大司樂掌凡樂事，大祭祀宿懸，遂以聲展之。’（叩聽其聲，具陳次之，以知完不。）《小胥》‘正樂懸之位，王宫懸，諸侯軒懸，卿大夫判懸，士特懸，辨其聲。（樂懸，謂鐘磬之屬懸於筍簴者。鄭衆云：“宫懸四面懸，軒懸去其一面，判懸又去其一面，特懸又去其一面。四面象宫室四面有墻，故謂之宫懸。軒懸三面，其形曲，故《春秋傳》曰‘請曲懸繁纓以朝’，諸侯之禮。玄謂：‘軒懸去南面，避王也。判懸左右之合，又空北面。特懸懸於東方，或於階間而已。’”）凡懸鐘磬，半爲堵，全爲肆。’（鐘磬者，編懸之，二八十六枚而在一簴，謂之堵。鐘一堵，磬一堵，爲之肆。半之者，謂諸侯之卿大夫士也。諸侯之卿大夫半天子之卿大夫，西懸鐘，東懸磬。士亦半天子之士，懸磬而已。鄭衆云：‘以《春秋傳》曰歌鐘二肆。’）故孔子之堂，聞金石之音；魏絳之家，有鐘磬之樂。

“漢丞相田蚡，（扶粉反。）前庭羅鐘磬，置曲旃。光武又賜東海恭王鐘簴之樂，即漢代人臣尚有金石樂。漢《樂歌》云‘高張四懸，神來燕饗’，謂宫懸也。《漢儀》云‘高廟撞千石之鐘十枚’，即《上林賦》所謂‘撞千石之鐘，立萬石之簴’也。鐘當十二，而此十枚，未識其義。議者皆言漢代不知用宫懸。按漢章、和代實用旋宫，漢代群儒備言其義，牛弘、祖孝孫所由準的，知漢代之樂爲最備矣。後漢則亡矣。

“魏杜夔修雅樂，稍備。遭晋喪亂，江左金石不具。本史云，至孝武帝太元中，破苻堅，獲樂工楊蜀等，正四廂樂，金石始備。

“宋文帝元嘉中，鍾宗之更調金石。十四年，奚縱之又改之。晋及宋、齊，懸鐘磬大準相似，皆十六架。黄鍾之宫：北方，北面，編磬起西，其東編鐘，衡大於鎛，不知何代所作，其東鎛鐘。太蔟之宫：東方，西面，起北。蕤賓之宫：南方，北面，起東。姑洗之宫：西方，東面，起南。所次皆如北面。設建鼓於四隅，懸内四面，各有柷敔。諸家著晋史者，皆言太元四年，四廂金石大備。其實樂府止有黄鍾、姑洗、蕤賓、太蔟四格而已。六律不具，何謂四廂？備樂之文，其義焉在？”

及武帝受命之初，百度草創。泰始二年，詔郊祀明堂禮樂權用魏儀，[1]遵周室肇稱殷禮之義，但改樂章而已，使傅玄爲之詞云。[2]

[1]郊祀：祀，宋本作“禮”。

[2]傅玄：字休奕，本書卷四七有傳。

祠天地五郊夕牲歌[1]

天命有晋，穆穆明明。[2]我其夙夜，祗事上靈。常於時假，[3]迄用其成。於薦玄牡，[4]進夕其牲。崇德作樂，神祇是聽。

[1]夕牲：祭祀前夕，查看犧牲。《漢書》卷七四《丙吉傳》：

"從祠高廟，至夕牲日，乃使出取齋衣。"顏師古注："未祭一日，其夕展視牲具，謂之夕牲。"

[2]穆穆明明：莊嚴肅穆，明察睿智。

[3]常於時假：假，原本、宋本作"夏"，殿本作"假"，據殿本改。

[4]玄牡：黑色公牛。

祠天地五郊迎送神歌

宣文蒸哉，[1]日靖四方。永言保之，夙夜匪康。光天之命，上帝是皇。嘉樂殷薦，[2]靈祚景祥。神祇降假，享福無疆。

[1]蒸哉：興盛。

[2]殷薦：豐盛的祭品。

饗天地五郊歌

天祚有晉，其命惟新。受終於魏，奄有黎民。燕及皇天，懷和百神。丕顯遺烈，[1]之德之純。享其玄牡，式用肇禋。[2]神祇來格，[3]福禄是臻。

[1]丕顯遺烈：光大前人留下的業績。

[2]肇禋：開始祭祀。

[3]來格：到來，來臨。

時邁其猶，[1]昊天子之。祐享有晉，肇庶戴之。畏天之威，敬授人時。丕顯丕承，[2]於猶繹思。[3]皇極斯建，庶績咸熙。[4]庶幾夙夜，惟晉之祺。[5]

[1]時邁其猶：按時巡行於路上。

[2]丕顯丕承：很好地發揚繼承。原本、宋本作"不顯不承"，殿本"不"作"丕"，據殿本改。

[3]於猶繹思：在尋繹追思的路上。

[4]庶績咸熙：各種業績都很興盛。

[5]祺：幸福吉祥。

宣文惟后，克配彼天。撫寧四海，保有康年。於乎緝熙，[1]肆用靖民。爰立典制，爰修禮紀。作民之極，[2]莫匪資始。克昌厥後，永言保之。

[1]緝熙：光明，光輝。

[2]作民之極：帝王的地位。

天地郊明堂夕牲歌

皇矣有晋，時邁其德。受終於天，光濟萬國。萬國既光，神定厥祥。虔於郊祀，祗事上皇。祗事上皇，[1]百福是臻。巍巍祖考，克配彼天。嘉牲匪歆，德馨惟饗。受天之祐，神化四方。

[1]祗事：恭敬事奉；敬於其事。此處兩"祗事上皇"文，宋本祗作一處。

天地郊明堂降神歌

於赫大晋，[1]應天景祥。二帝邁德，[2]宣此重光。我皇受命，奄有萬方。郊祀配享，禮樂孔章。[3]神祇嘉享，祖考是皇。克昌厥後，保祚無疆。

［1］於赫：嘆美之詞。《後漢書》卷一《光武帝紀贊》："於赫有命，系隆我漢。"李賢注："於赫，嘆美之詞。音烏。"

［2］邁德：卓越的德行。

［3］孔章：異常顯著。

天郊饗神歌

整泰壇，[1]禮皇神。精氣感，百靈賓。蘊朱火，燎芳薪。紫烟游，冠青雲。神之體，靡象形。曠無方，幽以清。神之來，光景昭。[2]聽無聞，視無兆。神之至，舉歆歆。靈爽協，[3]動余心。神之坐，同歡娛。澤雲翔，化風舒。嘉樂奏，文中聲。八音諧，神是聽。咸絜齊，[4]並芬芳。亨牷牲，[5]享玉觴。神悦饗，歆禋祀。祐大晋，降繁祉。[6]作京邑，廣四海。保天年，窮地紀。

［1］整泰壇：整潔祭天之壇。

［2］光景昭：光影昭顯。

［3］靈爽協：神靈前來匯合。

［4］咸絜齊：全都是清潔的祭品。

［5］亨牷牲：以純色的全牲獻祭。亨，殿本作"烹"。

［6］繁祉：多福。

地郊饗神歌

整泰折，[1]竢皇祇。[2]衆神感，群靈儀。陰祀設，吉禮施。夜將極，時未移。祇之體，無形象。潛泰幽，洞忽荒。祇之出，薆若有。[3]靈無遠，天下母。祇之來，遺光景。昭若存，終冥冥。祇之至，舉欣欣。舞象德，歌成文。祇既坐，[4]同歡豫。[5]澤雨施，化雲布。樂八變，聲教敷。[6]物咸亨，[7]祇是娛。齊既絜，侍者肅。玉觴進，咸穆穆。饗嘉豢，歆德馨。祚有晋，暨群生。溢九壤，[8]格天庭。[9]保萬壽，延億齡。

[1]整泰折：北郊祭地神之處。《禮記·祭法》："燔柴於泰壇，祭天也；瘞埋於泰折，祭地也。"鄭玄注："壇、折，封土爲祭處也。"孔穎達疏："'瘞埋於泰折祭地也'者，謂瘞繒埋牲，祭神州地祇於北郊也。"折，殿本作"圻"。

[2]竢皇祇：等待地神的到來。皇祇：地神，亦稱地祇。

[3]薆若有：若隱若現。薆，隱蔽貌。

[4]祇既坐：既，殿本作"之"。

[5]歡豫：歡愉，歡樂。

[6]聲教：聲威和教化。

[7]咸亨：萬事通達，順利。《易·坤》："坤厚載物，德合無疆，含弘光大，品物咸亨。"孔穎達疏："咸亨者，包含以厚，光著盛大，故品類之物，皆得亨通。"

[8]九壤：九州，天下。

[9]格：感通。

明堂饗神歌

經始明堂，享祀匪懈。於皇烈考，光配上帝。赫赫上帝，既高既崇。聖考是配，明德顯融。率土敬職，萬方來祭。常於時假，保祚永世。

祠廟夕牲歌

我夕我牲，猗歟敬止。[1]嘉豢孔時，[2]供茲享祀。神鑒厥誠，博碩斯歆。[3]祖考降饗，以虞孝孫之心。[4]

[1]猗歟：嘆詞。表示讚美。《詩·周頌·潜》："猗與漆沮，潜有多魚。"鄭玄箋："猗與，嘆美之言也。" 敬止：崇敬。

[2]嘉豢：祭祀用的犧牲。 孔時：適時，及時。

[3]博碩斯歆：祭祀用的犧牲又肥又大。

[4]虞孝孫之心：體會子孫的孝心。

祠廟迎送神歌

嗚呼悠哉，日監在茲。以時享祀，神明降之。神明斯降，既祐饗之。祚我無疆，受天之祜。[1]赫赫太上，巍巍聖祖。明明烈考，[2]丕承繼序。

[1]受天之祜：享受天降之福。

[2]烈考：考，殿本作"孝"。

祠征西將軍登歌[1]

經始宗廟，神明戾止。[2]申錫無疆，祗承享祀。假哉皇祖，綏予孫子。[3]燕及後昆，[4]錫茲繁祉。[5]

[1]征西將軍：此指司馬鈞，字叔平，司馬懿高祖。

[2]神明戾止：明，原本、宋本作"時"，殿本作"明"，據殿本改。戾止，來到，來臨。

[3]綏：安撫。

[4]燕及後昆：使後代享受安寧。

[5]錫茲繁祉：賜下許多福祉。

祠豫章府君登歌[1]

嘉樂肆筵，[2]薦祀在堂。皇皇宗廟，乃祖乃皇。濟濟辟公，相予蒸嘗。[3]享祀不忒，[4]降福穰穰。[5]

[1]豫章府君：此指司馬量，字公度，司馬懿曾祖。

[2]嘉樂肆筵：奏樂設宴。

[3]相予蒸嘗：參與祭祀。

[4]不忒：不亂，無差錯。

[5]穰穰：衆多貌。

祠潁川府君登歌[1]

於邈先后，[2]實司於天。顯矣皇祖，帝祉肇臻。[3]本枝克昌，資始開元。惠我無疆，享祚永年。

[1]潁川府君：此指司馬儁，字元異，司馬懿祖父。

[2]邈：遥遠，此指遠祖。

[3]肇臻：開始到來。

祠京兆府君登歌[1]

於惟曾皇，顯顯令德。高明清亮，匪競柔克，保乂命祐，基命惟則。[2]篤生聖祖，光濟四國。

[1]京兆府君：此指司馬防，字建公，司馬懿之父。

[2]基命惟則：開始受天命立下的準則。

祠宣皇帝登歌[1]

於鑠皇祖，[2]聖德欽明。勤施四方，夙夜敬止。載敷文教，載揚武烈。匡定社稷，龔行天罰。[3]經始大業，造創帝基。畏天之命，於時保之。

[1]宣皇帝：即司馬懿。

[2]於鑠：感嘆詞，表示讚美。

[3]龔行天罰：龔，同“恭”，恭敬。原本、宋本作“躬”，殿本作“龔”，據殿本改。

祠景皇帝登歌[1]

執競景皇，[2]克明克哲。旁作穆穆，惟祗惟畏。纂宣之緒，[3]耆定厥功。[4]登此俊乂，[5]糾彼群凶。業業在位，帝既勤止。惟天之命，於穆不已。

[1]景皇帝：即司馬師。

[2]執競：執著奮鬥，自強不息。

[3]纂宣之緒：繼承弘大前人的事業。

[4]耆定：成就了，達成了。

[5]登此俊乂：俊，殿本作“雋”。

祠文皇帝登歌[1]

於皇時晋，允文文皇。聰明叡智，聖敬神武。萬機莫綜，[2]皇斯清之。蛇豕放命，[3]皇斯平之。柔遠能邇，[4]簡授英賢。創業垂統，勛格皇天。

[1]文皇帝：即司馬昭。

[2]萬機莫綜：萬機没有治理。

[3]蛇豕：長蛇封豕。比喻貪殘害人者。語出《左傳·定公四年》："吴爲封豕長蛇，以薦食上國。"杜預注："言吴貪害如蛇豕。"中華本校勘記："'蛇豕'，《宋書·樂志二》作'虎兕'，蓋晋代原文。唐人諱虎，因改爲'蛇豕'。"　放命：違命，抗命。

[4]柔遠能邇：能懷柔遠國和睦近邦。語出《尚書·舜典》："柔遠能邇，惇德允元。"孔安國傳："言當安遠乃能安近。"

祠廟饗神歌二篇

曰晋是常，[1]享祀時序。宗廟致敬，禮樂具舉。惟其來祭，普天率土。犧樽既奠，清酤既載。亦有和羹，薦羞斯備。[2]蒸蒸永慕，[3]感時興思。登歌奏舞，神樂其和。祖考來格，祐我邦家。溥天之下，罔不休嘉。

[1]曰晋是常：晋朝的固定制度。曰，原本、宋本作"日"，殿本作"曰"，據殿本改。

[2]薦羞斯備：殿本作"薦斯羞備"。

[3]蒸蒸永慕：懷孝心永久思念祖上恩德。

肅肅在位，濟濟臣工。[1]四海來格，禮儀有容。鍾鼓振，管弦理，舞開元，歌永始，神胥樂兮！[2]肅肅在位，臣工濟濟。小大咸敬，上下有禮。理管弦，振鼓鍾，舞象德，歌咏功，神胥樂兮！肅肅在位，有來雍雍。[3]穆穆天子，相維辟公。[4]禮有儀，樂有則，舞象功，歌咏德，神胥樂兮！

[1]濟濟：衆多貌。
[2]胥樂：喜樂，高興。
[3]有來雍雍：所有來祭祀的人和洽融融。
[4]相維辟公：維護天子地位的百官公卿。

杜夔傳舊雅樂四曲，一曰《鹿鳴》，[1]二曰《騶虞》，[2]三曰《伐檀》，[3]四曰《文王》，[4]皆古聲辭。及太和中，左延年改夔《騶虞》《伐檀》《文王》三曲，更自作聲節，其名雖存，而聲實異。唯因夔《鹿鳴》，全不改易。每正旦大會，[5]太尉奉璧，群后行禮，東廂雅樂常作者是也。[6]後又改三篇之行禮詩。第一曰《於赫篇》，咏武帝，聲節與古《鹿鳴》同。第二曰《巍巍篇》，咏文帝，用延年所改《騶虞》聲。第三曰《洋洋篇》，咏明帝，用延年所改《文王》聲。[7]第四曰復用《鹿鳴》。《鹿鳴》之聲重用，而除古《伐檀》。及晋初，食舉亦用《鹿鳴》。至泰始五年，尚書奏，[8]使太僕傅玄、[9]中書監荀勖、[10]黄門侍郎張華各造正旦行禮及王公上壽酒、[11]食舉樂歌詩。荀勖云："魏氏行禮、食舉，再取周詩《鹿鳴》以爲樂章。又《鹿鳴》以宴嘉賓，無取於朝，考之舊聞，未知所應。"勖乃除《鹿鳴》舊歌，更作行禮詩四篇，先陳三朝朝宗之義，[12]又爲正旦大會、王公上壽歌詩并食舉樂歌詩，合十三篇。又以魏氏歌詩或二言，或三言，或四言，或五言，與古詩不類，以問司律中郎將陳頎。[13]頎曰："被之金石，未必皆當。"故勖造晋歌，皆爲四言，唯王公上壽酒一篇爲三言五言焉。張華以爲："魏上壽、食舉詩及漢氏所施用，其文句長短不齊，未皆合古。蓋以依咏弦節，本有因循，而識樂知音，足以制聲度曲，法用率非凡近之所能改。二代三京，襲而不變，雖詩章辭異，興廢隨時，[14]至其韵逗留曲折，[15]皆繫於舊，有由然也。是以一皆因就，不敢有所改易。”此則華、勖所明異旨也。時詔又使中書侍郎成公綏亦作焉，[16]今並采列之云。

[1]《鹿鳴》：《詩·小雅》中的篇名。

[2]《騶虞》：《詩·國風》中的篇名。

[3]《伐檀》：《詩·魏風》中的篇名。

[4]《文王》：《詩·大雅》中的篇名。

[5]正旦：旦，原本、宋本作“且”，殿本作“旦”，據殿本改。

[6]東廂雅樂常作者是也：中華本校勘記：“《宋志》一、《樂府詩集》一三‘常’作‘郎’。‘雅樂郎’見《魏志·杜夔傳》。”

[7]延年所改《文王》：改，殿本作“作”。

[8]尚書：官名，東漢尚書臺六曹各置尚書，魏晉出爲朝官，分掌尚書省諸曹，品秩提高。三品。

[9]太僕：官名，掌皇帝車馬、田獵、兵器及全國牧業。三品。

[10]中書監：官名，中書省長官之一。三國魏文帝初年分秘書置中書省，長官爲中書監、中書令。掌收納奏章、草擬詔令。平常不分高下，入朝時監略高於令。三品。

[11]黄門侍郎：官名，魏晉時爲侍中省或門下省次官。侍從皇帝，顧問應對，多以重臣或外戚子弟擔任，位頗重要。五品。

[12]三朝：指宣帝、景帝、文帝時期。

[13]司律中郎將：三國曹魏置，掌管音律。

[14]興廢：殿本乙作“廢興”。

[15]至其韵逗留曲折：中華本校勘記：“李校：‘留’字衍。

按：《宋志》一無。”

［16］中書侍郎：官名，三國魏文帝黄初初年設中書省，在長官中書監、中書令以下有通事郎，後增設中書郎，亦稱中書侍郎。掌草擬詔書，外出執行重要使命等。五品。　成公綏：字子安，本書卷九二有傳。

四厢樂歌

正旦大會行禮歌　成公綏

穆穆天子，光臨萬國。多士盈朝，莫匪俊德。流化罔極，王猷允塞。[1]嘉會置酒，嘉賓充庭。羽旄曜宸極，[2]鐘鼓振泰清。[3]百辟朝三朝，[4]或或明儀形。[5]濟濟鏘鏘，金玉振聲。[6]

［1］王猷允塞：王道充滿天下。

［2］宸極：原指北極星，此指帝王。

［3］鐘鼓振泰清：鐘鼓聲振動天空。鐘，《文獻通考》卷一三四《樂考》：“《世本》云：‘黄帝工人垂所造。’（《山海經》云：‘炎帝之孫鼓延始爲鐘。’又《禮記》云：‘垂之和鐘。’鄭玄云：‘垂，堯時鐘工。’並未知孰是。）《吕氏春秋》曰：‘黄帝命伶倫鑄十二鐘，和五音。’《傳》曰：‘黄帝命伶倫與營援作十二鐘。’《考工記》：‘六分其金，而錫居一，謂之鐘鼎之齊。’‘梟氏爲鐘，兩欒謂之銑，（銑，鐘口兩角。）銑間謂之于，于上謂之鼓，鼓上謂之鉦，鉦上謂之舞，（此四名者，鐘體也。鄭衆云：“于，鐘唇之上袪也，鼓所擊處。”）舞上謂之甬，甬上謂之衡。（此二名者，鐘柄也。甬音勇。）鐘懸謂之旋，旋蟲謂之幹。（旋屬鐘柄，所以懸之也。鄭衆云：“旋蟲者，旋以蟲爲飾也。”鄭玄謂：“今時旋有蹲熊，盤龍，辟邪。”）鐘帶謂之篆，篆間謂之枚，枚謂之景。（帶，所以介其名也。介在于、鼓、鉦、舞、甬、衡之間，凡四。鄭衆云：

"枚，鐘乳也。"鄭玄云："今時鐘乳俠鼓與舞，每處有九，四面三十六。"）于上之攠謂之隧。（攠，所擊之處攠弊也。隧在鼓中，窐而生光，有似夫隧。攠音摩，又莫賀反。窐音烏華反。）十分其銑，去二以爲鉦。以其鉦爲之銑間，去二分以爲之鼓間。以其鼓間爲之舞修，去二分以爲舞廣。（此言鉦之徑，居銑徑之八分，而銑間與鉦之徑相應。鼓間又居銑徑之六，與舞修相應。舞修，舞徑也。舞上下促，以横爲修，從爲廣。舞廣四分，今亦去徑之二分，以爲之間，則舞間之方，常居銑之四也。舞間方四，則鼓間六亦其方也。鼓六，鉦六，舞四，此鐘口十者，其長十六也。鐘之大數，以律爲度，廣長與圜徑假設之耳。其鑄之則各隨鐘之制，爲長短大小也。凡言間者，亦爲從篆以分之。鉦間亦當六，今時鐘或無鉦間。）以其鉦之長，爲之甬長。（並衡數也。）以其甬長，爲之圍。參分其圍，去一以爲衡圍。（衡居甬上，又小。）參分其甬長，二在上，一在下，以設其旋。（今衡居一分，則參分旋，亦二在上，一在下，以旋半當甬之中央，是其正。）鐘已厚則石，（太厚則聲不發。）已薄則播，（太薄則聲散。）侈則柞，（側柘反。）弇則鬱，（聲不舒揚。）長甬則振。（鐘掉則聲不正。掉音徒吊反。）是故大鐘十分其鼓間，以其一爲之厚；小鐘十分其鉦間，以其一爲之厚。（言若此則不石不播。鼓鉦之間同方六，而今宜異，又十分之一，猶太厚，皆非也。若言鼓外鉦外，則近之。鼓外二，鉦外一。）鐘大而短，則其聲疾而短聞；（淺則躁，躁則易竭也。聞音問。下同。）鐘小而長，則其聲舒而遠聞。（深則安，安難息。）爲隧，六分其厚，以其一爲之深而圜之。'（厚，鐘厚也。深，謂窐之也。其窐圜。）《國語》：'周景王將鑄無射而爲之大林。（作無射之鐘，爲大林以覆之，其律中林鍾也。或云：鑄無射而以林鍾之數益之也。）單穆公曰："不可。夫鐘不過以動聲，（動聲，謂合樂以金奏，而八音從之也。）若無射有林，耳弗及矣。（若無射復有大林以覆之，無射，陽聲之細者也；林鍾，陰聲之大者也。細抑大陵，故耳不能聽及也。）夫鐘聲以爲耳也，耳所不及，非鐘聲也。（非法鐘之聲也。）猶目所不見，不可以爲目也。（若目之精明，所不能見，亦不可施以目也。耳目所不能及而强之，則有眩惑之失，以生疾也。）夫目之察度也，不過步、武、尺、寸之間；（六尺爲步，賈云：‘半步爲武。’）其察色也，不過墨、丈、尋、常之間。（五尺爲墨，倍墨爲丈；八尺爲尋，倍尋爲常。）耳之察和也，在清濁之間；（清濁，律中之變。黄鍾爲宫則濁，大吕爲角則清也。）其察清濁也，不過一人所勝。（勝，舉也。）是故先王之制鐘也，大不出鈞，重不過石。（鈞，所以鈞音之法也，以木長七尺者弦繫之爲鈞法。百二十斤爲石。）律、度、量、衡於是乎生，（律，五聲陰陽之法也。度，丈尺也。量，斗斛也。衡，稱上衡。衡有斤兩之數，生於黄鍾。黄鍾之管容黍千二百粒。粒百爲銖，是爲一龠。龠二爲合，合重一兩。故曰律、度、量、衡於是乎生也。）小大器用於是乎出。（出於鐘也。《易》曰：‘制器者尚其象。’小謂錙銖分寸，大謂斤兩丈尺。）故聖人愼之。今王作鐘也，聽之弗及，（耳不及知其清濁也。）比之不度，（不度，不中鈞石之數也。）鐘聲不可以知和，（耳不能聽，故不可以知和也。）制度不可以出節，（節，謂法度量衡之節也。）無益於樂，而鮮民財，將焉用之？夫樂不過以聽耳，而美不過以觀目。若聽樂而震，觀美而眩，患莫甚焉。”問於伶州鳩，對曰：“臣聞之，琴瑟尚宫，（輕者從大，重者從細，故琴瑟尚宫。）鐘尚羽，（鐘聲大，故尚羽。）石尚角，（石，磬也，輕於鐘，故尚角。角，清濁之中也。）匏竹利制，（匏，笙也。竹，簫管也。利制，以聲音調利爲制。無所尚也。）大不逾宫，細不過羽。夫宫，音之主也。第以及羽，（宫聲大，故爲主。第，次第也。）聖人保樂而愛財，財以備器，樂以殖財。（保，安也。備，具也。殖，長也。古者以樂省土風而紀農事，故曰樂以殖財。）故樂器重者從細，（重，謂金石也。從細，尚細聲也。謂鐘尚羽，石尚角也。）輕者從大。（輕，瓦絲也。從大，謂尚重音也。）是以金尚羽，石尚角，瓦絲尚宫，匏竹尚議，（議，從其調利也。）革木一聲。（革，鼓鼙也。木，柷敔也。一聲，無清濁之變也。）夫政象樂。樂從和，和從平。（和，八音克諧也。平，細大不逾也。故可以平民。樂和則諧，政和則平也。）聲以和樂，律以平聲。（聲，五聲也，以成八音而調樂也。律，黄鍾爲宫，林鍾爲徵，太蔟爲商，南吕爲羽，姑洗爲角，所以平五聲也。）金石以動之，（鐘聲所以發動五聲也。）絲竹以行之，（管弦所以行之也。）詩以道之，（道己志也。《書》曰：‘詩言志。’）歌以咏之，（咏詩也。《書》曰：‘聲依永。’）匏以宣之，（宣，發揚也。）瓦以贊之，（贊，助也。）革木以節之，物得其常曰樂極，（物，事也。極，中也。）極之所集曰聲，（集，會也，言中和之所會集曰正聲也。）聲應相保曰和，（保，安也。）細大不逾曰平，（細大之聲不相逾越曰平。今無射有大林，是不平也。）如是而鑄之金，（鑄金以爲鐘也。）磨之以石，（磨石以爲磬也。）繫之以絲木，（繫之以絲木以爲琴瑟也。）越之匏竹，（越匏竹以爲笙管也。越，謂爲孔也。《樂記》曰：‘朱弦而疏越。’）節之鼓節（其長短大小也。）而行之，以遂八風。（遂，順也。《傳》曰：所以節八音而行八風也。正西曰兑，爲金，爲閶闔風；西北曰乾，爲石，爲不周；正北曰坎，爲革，爲廣莫；東北曰艮，爲匏，爲條風；正東曰震，爲竹，爲明庶；東南曰巽，爲木，爲清明；正南曰離，爲絲，爲景風；西南曰坤，爲瓦，爲涼風。）於是乎氣無滯陰，亦無散陽。（滯，積也。積陰而發，則夏有霜雪。散陽，陽不藏，冬無冰、李梅實之類也。）陰陽序次，風雨時至，嘉生繁祉，人民和利，物備而樂成，上下不罷，（音皮，勞也。）故曰樂正。今細過其主妨於正，（細，謂無射也。主，正也。言無射有大林，是作細而大過其律，妨於正聲也。）用物過度妨於財，（過度，用金多也。）正害財匱妨於樂，（樂從和。今正害財匱，故妨於樂也。）細抑大陵，不容於耳，非和也；（細，無射也。大，大林也，言大聲陵之，細聲抑而不聞。不容於耳，不能容别也。）聽聲越遠，非平也；妨正匱財，聲不和平，非宗官之所司也。（越，迂也，言無射之聲爲大林所陵，聽之微細迂遠也。宗官，宗伯也，樂官屬焉。）夫有和平之聲，則有蕃殖之財，（樂以殖財也。）於是乎道之以中德，咏之以中音。（中德，中庸之德聲也。中音，中和之音也。）德音不愆，以合神人，（合神人，謂祭祀享宴也。）神是以寧，民是以聽。若夫匱財用，罷民力，以逞淫心，聽之不和，比之不度，無益於教，而離民怒神，非臣之所聞也。”王不聽。’伶州鳩曰：“王其以心疾死乎！夫樂，天子之職也。夫音，樂之輿也；（樂因音而行也。）而鐘，音之器也。（音由器以發。）天子省風以作樂，器以鍾之，（鍾，聚也。）輿以行之。（樂須音而行。）小者不窕，（他刁反。窕，不滿也。）大者不槬，（音户。槬，謂横大不入也。）窕則不感，（不完備人心也。）槬則不容。（心不堪容也。）心是以感，感實生疾。今鐘槬矣，王心不堪，其能久乎！”’”

《文獻通考》卷一三四《金之屬》引陳氏《禮書》曰：“《典同》：‘凡爲樂器，以十有二律爲之度數。’單穆公曰：‘先王之制鐘也，大不出鈞，重不過石，律、度、量、衡於是乎生。’則樂器待律然後制，而律度又待鐘然後生。故有十二辰之鐘，以應十二月之律。十二辰之鐘，大鐘也。大鐘特縣，《詩》《書》《爾雅》所謂鏞是也。非十二辰之鐘則編焉，《周禮》所謂編鐘是也。鐘體之别五：銑、于、鼓、鉦、舞是也。鐘柄之别二：甬、衡是也。衡上有旋，旋飾有蟲。介於于、鼓、舞之間有帶，布於帶間有枚。先儒曰：‘銑，金之澤者。’又曰：‘銑，小鑿也。’鐘欒亦謂之銑，其以類鑿然也。于，則銑間之曲袪者也。鼓，則于上之待枷者也。鉦，則鼓、舞之正中者也。舞，則聲之震動於此者也。甬，出舞上者也。衡，横甬上者也。帶類篆，故謂之篆。乳有數，故謂之枚。然鐘之長短徑圍，經無明證，其言十分其銑，去二以爲鉦，以其鉦爲之銑間者，鉦體之徑居銑間之八也。去鉦二分以爲之鼓間者，鼓間之徑居銑間之六也。以其鼓間爲之舞修，修，舞之徑也，舞徑亦居銑間之六也。去舞徑二分以爲舞廣，廣，舞之長也，舞長居銑間之四也。舞長四而徑間亦四，鼓間徑六，而長亦六。鄭氏以爲此鐘口十，其長十六也。凡樂器以十有二律爲之度數，若黄鍾之律，九寸十六之，而銑取其十以爲度，則銑徑五寸有奇。鉦，鼓舞之所居者，遞去三分，則舞修三寸有奇，舞廣二寸有奇。林鍾之律六寸十六之，而銑取其十以爲度，則銑徑三寸有奇，鉦、鼓、舞之居者遞去二分，則舞修二寸有奇，舞廣一寸有奇。餘律之鐘亦然。賈公彦曰：'律各倍半以爲鐘'，舉一端也。大鐘十分其鼓間，以其一爲之厚；小鐘十分其鉦間，以其一爲之厚。蓋鉦體居銑之六，與鼓間同。鉦間又殺矣，與鼓間異。此所以各十分之以爲厚薄。鄭氏曰：鼓、鉦之間同方六。而今宜異，又十分之一猶太厚。皆非也。若言鼓外、鉦外則近之。鼓外二，鉦外一。以謂鼓外二間，鉦外一間，而十分之，以其一爲厚薄，其説誤矣。'"

[4]百辟：百官。

[5]彧彧明儀形：彧彧，原本、宋本作"式式"，殿本作"彧彧"，據殿本、中華本校勘記改。

[6]金玉振聲：原本、宋本作"金振玉聲"，殿本作"金玉振聲"，中華本作"金聲玉振"，據殿本改。

禮樂具，宴嘉賓。眉壽祚聖皇，[1]景福惟日新。群后戾止，有來雍雍。獻酬納贄，[2]崇此禮容。豐羞萬俎，旨酒千鍾。嘉樂盡宴樂，福禄咸攸同。

[1]眉壽祚聖皇：祚，原本、宋本作"作"，殿本作"祚"，據殿本、中華本校勘記改。

[2]獻酬納贄：互相酬答，贈送禮物。

樂哉！天下安寧。道化行，風俗清。簫《韶》作，咏九成。年豐穰，世泰平。至治哉，樂無窮。元首聰明，股肱忠。樹豐澤，[1]揚清風。

[1]樹：殿本作“澍”。

嘉瑞出，靈應彰。麒麟見，鳳凰翔。[1]醴泉涌，流中唐。[2]嘉禾生，穗盈箱。降繁祉，祚聖皇。承天位，統萬國。受命應期，授聖德，四世重光。宣開洪業，景克昌，文欽明，德彌彰。肇啓晋邦，流祚無疆。

[1]鳳凰：凰，殿本作“皇”。下文“鳳凰”同。

[2]中唐：庭院。

泰始建元，鳳皇龍興。龍興伊何，享祚萬乘。奄有八荒，化育黎蒸。圖書既焕，金石有徵。德光大，道熙隆。被四表，格皇穹。奕奕萬嗣，[1]明明顯融，高朗令終。保兹永祚，與天比崇。

[1]奕奕：原本、宋本作“弈弈”，殿本作“奕奕”，據殿本改。

聖皇君四海，[1]順人應天期。[2]三葉合重光，泰始開洪基。[3]明曜參日月，功化侔四時。宇宙清且泰，黎庶咸雍熙，善哉雍熙！

[1]聖皇君四海：君，原本、宋本作“居”，殿本作“君”，據殿本改。

[2]順人應天期：順人，原本、宋本無此二字，殿本有，據殿本補。

[3]泰始：泰，原本作“秦”，宋本不清，殿本作“泰”，據殿本改。

惟天降命，翼仁祐聖。於穆三皇，載德彌盛。總齊琁璣，[1]光統七政。[2]百揆時序，[3]化若神聖。

[1]總齊琁璣：統一天下，掌握權柄。琁，殿本作“璇”。

[2]七政：指春、秋、冬、夏、天文、地理、人道。

[3]百揆時序：各種政務安排得先後有序。

四海同風，興至仁。濟民育物，擬陶均。擬陶均，垂惠潤。皇皇群賢，[1]峨峨英俊。[2]德化宣，芬芳播來胤。播來胤，垂後昆。清廟何穆穆，皇極闢四門。皇極闢四門，萬機無不綜。亹亹翼翼，[3]樂不及荒，饑不遑食。大禮既行，樂無極。

[1]皇皇：美盛莊肅的樣子。

[2]峨峨：高大壯美。　英俊：俊，殿本作“雋”。

[3]亹亹翼翼：勤勉不倦，恭敬謹慎。

登崑崙，上層城。乘飛龍，升泰清。冠日月，佩五星。揚虹蜺，建彗旌。披慶雲，蔭繁榮。覽八極，[1]游天庭。

[1]八極：比八紘還遠的地方。

顺天地，和陰陽。序四時，曜三光。[1]張帝網，正皇綱。播仁風，流惠康。邁洪化，振靈威。懷萬方，納九夷。朝閶闔，[2]宴紫微。[3]

[1]三光：指日月星。

[2]閶闔：洛陽城門名。《晋書》卷一四《地理志上》：洛陽“西有廣陽、西明、閶闔三門”。

[3]紫微：帝王宫殿。

建五旗，羅鍾簴。[1]列四懸，奏《韶·武》。鏗金石，揚旗羽。[2]縱八佾，[3]巴渝舞。咏《雅》《頌》，和律吕。於胥樂，樂聖主。

[1]鍾簴：挂編鐘的架子。

[2]旗：殿本作“旍”。

[3]八佾：天子用的一种乐舞。舞者纵列横列都是八人，共六十四人。

化蕩蕩，清風泄。總英雄，御俊傑。開宇宙，掃四裔。光緝熙，美聖哲。超百代，揚休烈。流景祚，顯萬世。

皇皇顯祖，翼世佐時。寧濟六合，受命應期。神武鷹揚，大化咸熙。廓開皇衢，用成帝基。

光光景皇，無競惟烈。匡時拯俗，休功蓋世。宇宙既康，九域有截。天命降監，啓祚明哲。

穆穆烈考，克明克俊。[1]實天生德，誕應靈運。[2]肇建帝業，開國有晋。載德奕世，[3]垂慶洪胤。

[1]克明克俊：明慧英俊。

[2]誕應靈運：順應天命。

[3]奕世：奕，原本、宋本作“弈”，殿本作“奕”，據殿本改。

明明聖帝，龍飛在天。與靈合契，通德幽玄。仰化青雲，俯育重川。受靈之祐，於萬斯年。

正旦大會王公上壽酒歌　荀勖

踐元辰，延顯融。[1]獻羽觴，祈令終。我皇壽而隆，我皇茂而嵩。[2]本枝奮百世，休祚鍾聖躬。

[1]延顯融：光明長久。

[2]茂而嵩：美盛高大。

食舉樂東西厢歌　荀勖

煌煌七曜，[1]重明交暢。我有嘉賓，是應是貺。邦政既圖，接以大饗。人之好我，式遵德讓。

[1]七曜：日、月、金星、木星、水星、火星、土星。

賓之初筵，藹藹濟濟。既朝乃宴，以洽百禮。頒以位叙，或庭或陛。登儐臺叟，亦有兄弟。胥子陪寮，[1]憲兹度楷。[2]觀頤養正，降福孔偕。[3]

［1］胥子陪寮：嗣子及其從屬。

［2］憲兹度楷：效法，以爲楷模。

［3］降福孔偕：共同享受天賜之福。

昔我三后，[1]大業是維。今我聖皇，焜耀前暉。[2]奕世重規，[3]明照九畿。思輯用光，時罔有違。陟禹之迹，莫不來威。天被顯禄，福履是綏。

［1］三后：指宣帝、景帝、文帝三個皇帝的皇后。

［2］焜耀：照耀，光照。

［3］奕世：奕，原本、宋本作"弈"，殿本作"奕"，據殿本改。

赫矣太祖，克廣明德。廓開宇宙，[1]正世立則。變化不經，民無瑕慝。[2]創業垂統，兆我晋國。

［1］宇宙：四方上下曰宇，古往今來曰宙，比喻天地。

［2］瑕慝：過失與邪惡。

烈文伯考，時維帝景。夷險平亂，威而不猛。御衡不迷，[1]皇塗焕景。[2]七德咸宣，[3]其寧惟永。

［1］御衡不迷：駕車不迷失方向。

［2］焕景：光明的前景。

［3］七德：指七种品德。分爲文七德和武七德。文七德爲：尊貴、明賢、庸勛、長老、愛親、禮新、親舊。武七德爲：禁暴、戢兵、保大、定功、安民、和衆、豐財。

猗歟盛歟![1]先皇聖文。則天作孚,[2]大哉爲君。慎徽五典,[3]帝載是勤。文武發揮，茂建嘉勛。修己濟治，民用寧殷。懷遠燭幽，玄教氤氳。[4]善世不伐，服事三分。德博化隆，道昌無垠。

[1]猗歟盛歟：讚美興盛的語詞。

[2]則天作孚：以天爲則使人信服。

[3]慎徽五典：真誠宣美五典。五典：父義、母慈、兄友、弟恭、子孝。

[4]玄教氤氳：聖教擴散。

隆化洋洋，帝命溥將。[1]登我晋道，越惟聖王。龍飛革運，臨燾八荒。[2]叡喆欽明,[3]配踪虞唐。封建厥福，駿發其祥。三朝習吉，終然允臧。[4]其臧維何，總彼萬方。元侯列辟，四岳藩王。時見世享，率兹有常。旅揖在庭，嘉客在堂。宋衛既臻，陳留山陽。[5]有賓有使，觀國之光。貢賢納計，獻璧奉璋。保祐命之，申錫無疆。

[1]溥將：廣大。

[2]臨燾八荒：降臨覆蓋到八方荒遠之地。

[3]叡喆欽明：神聖明智，敬肅明察。

[4]終然允臧：最終結果確實完美。

[5]陳留山陽：陳留王曹奂和山陽公劉協及他們的後人。

振鷺于飛，鴻漸其翼。京邑穆穆，四方是式。無競維人，王綱允敕。君子來朝，言觀其極。

廙廙大君，[1]民之攸暨。[2]信理天工，惠康不匱。將遠不仁，訓以醇粹。幽明有倫，俊乂在位。九族既睦，庶邦順比。開元布憲，四海鱗萃。協時正統，殊塗同致。厚德載物，靈心隆貴。敷奏讜言，[3]納以無諱。樹之典象，誨之義類。上教如風，下應如卉。一人有慶，群萌以遂。我后宴喜，令問不墜。[4]

[1]廙廙：恭敬貌。

[2]民之攸暨：民命之所寄。

[3]敷奏讜言：陳奏直言。

[4]令問不墜：不辱美好名聲。

既宴既喜，翕是萬邦。[1]禮儀卒度，物有其容。[2]晢晢庭燎，[3]喤喤鼓鐘。[4]笙磬咏德，[5]萬舞象功。八音克諧，俗易化從。其和如樂，庶品時邕。[6]

[1]翕是萬邦：聚合萬邦。

[2]物有其容：殿本作“物其有容”。

[3]晢晢庭燎：明晃晃的燎火。

[4]喤喤：象聲詞，鐘鼓的聲音。

[5]笙：古代吹奏樂器。《通典》卷一四四《樂》：“笙，《世本》云：‘隨作笙。’未知其何代人也。《禮記》曰：‘女媧之笙簧。’《説文》云：‘笙，正月之音。物生，故謂之笙。十三簧，象鳳之身。’列管匏内，施簧管端。宫管在中央。三十六簧曰竽，宫管在左旁。十九簧至十三簧曰笙。其他相似也。‘大笙謂之巢，小笙謂之和’。《詩傳》云‘吹笙則簧鼓矣’，蓋笙中之簧也。《周禮·春

官·大司樂》：'笙師掌教龡竽笙。'（鄭衆云：'竽三十六簧，笙十三簧。教，教視瞭也。'龡音吹。）《爾雅》曰：'笙十九簧者曰巢，十三簧者曰和。'漢章帝時，零陵文學奚景於舜祠得笙，白玉管。後代易之以竹耳。《釋名》曰：'笙，生也，象物貫地而生。竹之貫匏，以匏爲之，故曰匏。'"

［6］庶品時邕：百官和熙。

時邕斌斌，[1]六合同塵。[2]往我祖宣，威静殊鄰。首定荆楚，遂平燕秦。亹亹文皇，[3]邁德流仁。爰造草昧，應乾順民。靈瑞告符，休徵響震。[4]天地弗違，以和神人。既禽庸蜀，吴會是賓。肅慎率職，[5]楛矢來陳。[6]韓濊進樂，[7]宫徵清鈞。西旅獻獒，[8]扶南效珍。[9]蠻裔重譯，[10]玄齒文身。我皇撫之，景命惟新。

［1］時邕斌斌：百官和熙文質彬彬。

［2］六合同塵：天下統一。

［3］亹亹：有魅力和感染力。

［4］休徵響震：響，原本作"饗"，宋本作"享"，殿本作"響"，據殿本改。

［5］肅慎率職：肅慎朝貢。肅慎，古族名，亦作息慎、稷慎，分佈在今長白山北、東濱日本海、西近嫩江、北達黑龍江以北的廣大地區。

［6］楛矢：以楛木做杆的箭。

［7］韓：古國名，指馬韓、辰韓、弁韓。本書卷九七有傳。濊：古地名和民族名。《後漢書》卷八五《東夷傳·濊》："濊北與高句驪、沃沮，南與辰韓接，東窮大海，西至樂浪。濊及沃沮、句驪，本皆朝鮮之地也。"

［8］獒：凶猛的巨犬。

[9]扶南：意爲“山地之王”，在今柬埔寨王國，公元1世紀建國。

[10]蠻裔重譯：邊遠的蠻族通過輾轉翻譯覲見。

愔愔嘉會，[1]有聞無聲。清酤既奠，籩豆既升。[2]禮充樂備，簫韶九成。愷樂飲酒，酣而不盈。率土歡豫，邦國以寧。王猷允塞，萬載無傾。

[1]愔愔：和悦安舒貌。

[2]籩豆：籩和豆。古代祭祀及宴會時常用的兩種禮器。竹制爲籩，木制爲豆。

冬至初歲小會歌　張華

日月不留，四氣回周。節慶代序，萬國同休。庶尹群后，[1]奉壽升朝。我有壽禮，式宴百僚。繁肴綺錯，旨酒泉渟。[2]笙鏞和奏，[3]磬管流聲。上隆其愛，下盡其心。宣其壅滯，訓之德音。乃宣乃訓，配享交泰。永載仁風，長撫無外。

[1]庶尹群后：尹，殿本作“允”。

[2]旨酒泉渟：美酒像泉水一樣流聚。

[3]笙鏞：古樂器名。鏞，大鐘。

宴會歌　張華

亹亹我皇，配天垂光。留精日昃，[1]經覽無方。聽朝有暇，延命衆臣。冠蓋雲集，樽俎星陳。肴蒸多品，八珍代變。羽爵無算，究樂極宴。歌者流聲，舞者投袂。[2]動容有節，絲竹並設。宣揚四體，[3]繁手趣摯。[4]歡足發和，酣不忘禮。好樂無荒，翼翼濟濟。

[1]留精日昃：集中精力工作到太陽偏西。

[2]舞者投袂：袂，原本、宋本作“袂”，殿本作“袂”，據殿本改。

[3]宣揚四體：描寫舞者整個身體的舞動。

[4]繁手趣摯：描寫樂者演奏樂器的手法。

命將出征歌　張華

重華隆帝道，[1]戎蠻或不賓。徐夷興有周，[2]鬼方亦違殷。[3]今在盛明世，寇虐動四垠。豺狼染牙爪，群生號穹旻。[4]元帥統方夏，出車撫涼秦。衆貞必以律，臧否實在人。[5]威信加殊類，疏狄思自親。[6]單醪豈有味，[7]挾纊感至仁。[8]武功尚止戈，七德美安民。遠迹由斯舉，永世無風塵。

[1]重華：虞舜的美稱。《史記》卷一《五帝本紀》：“虞舜者，名曰重華。”張守節正義：“（舜）目重瞳子，故曰重華。”

[2]徐夷興有周：徐夷興起於周。徐夷，古徐國。《後漢書》卷八五《東夷列傳序》：“後徐夷僭號，乃率九夷以伐宗周，西至河上。穆王畏其方熾，乃分東方諸侯，命徐偃王主之。偃王處潢池東，地方五百里，行仁義，陸地而朝者三十有六國。”

[3]鬼方：上古種族名。殷商西北境强敵。《易·既濟》：“高宗伐鬼方，三年克之。”

[4]穹旻：蒼穹。

[5]臧否：善惡，得失。

[6]狄：殿本作“逖”。

[7]單醪：樽酒。

[8]挾纊：披着绵衣。比喻受人撫慰而感到温暖。

勞還師歌　張華

玁狁背天德，[1]構亂擾邦畿。戎車震朔野，群帥贊皇威。將士齊心旅，感義忘其私。積勢如鞹弩，[2]赴節如發機。囂聲動山谷，金光曜素暉。揮戟陵勁敵，[3]武步蹈横尸。鯨鯢皆授首，[4]北土永清夷。昔往冒隆暑，今來白雪霏。征夫信勤瘁，自古咏《采薇》。[5]收榮於舍爵，[6]燕喜在凱歸。

[1]玁狁：古代北方少數民族名，即後來的匈奴。

[2]鞹弩：張滿的弓弩。

[3]戟：殿本作“戈”。

[4]鯨鯢：比喻凶惡的敵人。《左傳·宣公十二年》：“古者明王伐不敬，取其鯨鯢而封之，以爲大戮。”杜預注：“鯨鯢，大魚名，以喻不義之人吞食小國。”

[5]《采薇》：《詩·小雅》篇名。《〈詩〉序》：“文王之時，西有昆夷之患，北有玁狁之難，以天子之命命將率，遣戍役，以守衛中國，故歌《采薇》以遣之。”後遂以“采薇”作調遣士卒的典故。

[6]舍爵：封爵。

中宫所歌　張華

先王統大業，玄化漸八維。[1]儀刑孚萬邦，[2]内訓隆壼闈。[3]皇英垂帝典，大雅咏三妃。執德宣隆教，正位理厥機。含章體柔順，[4]帥禮蹈謙祗。[5]《螽斯》弘慈惠，[6]《樛木》逮幽微。[7]徽音穆清風，[8]高義邈不追。遺榮參日月，百世仰餘暉。

[1]玄化漸八維：聖德教化傳到四面八方。玄化，聖德教化。漸，到。八維，四方四隅的合稱。

[2]儀刑孚萬邦：楷模爲天下信服。

[3]壼闈：宫闈，閨闈。

[4]含章體柔順：柔順體現了内含的美質。

[5]帥禮蹈謙祗：謙敬，做循禮的表率。

[6]《螽斯》：《詩·周南·螽斯序》："螽斯，后妃子孫衆多也，言若螽斯不妒忌，則子孫衆多也。"後爲多子典故。

[7]《樛木》：《詩·周南·樛木》："南有樛木，葛藟纍之。"鄭玄箋："木下曲曰樛。"

[8]徽音：德音，佳音。

宗親會歌　張華

族燕明禮順，[1]餟食序親親。[2]骨肉散不殊，昆弟豈他人。本枝篤同慶，《棠棣》著先民。[3]於皇聖明后，天覆弘且仁。降禮崇親戚，旁施協族姻。式宴盡酣娱，飲御備羞珍。和樂既宣洽，上下同歡欣。德教加四海，敦睦被無垠。

[1]族燕：宗族宴飲。

[2]餟食：吃飯飲酒。

[3]《棠棣》：《詩·小雅·常棣》篇，是一首申述兄弟應該互

相友愛的詩。

泰始九年，光禄大夫荀勖以杜夔所制律吕，校太樂、總章、鼓吹八音，[1]與律吕乖錯，乃制古尺，作新律吕，以調聲韵。事具《律曆志》。[2]律成，遂班下太常，[3]使太樂、總章、鼓吹、清商施用。[4]勖遂典知樂事，啓朝士解音律者共掌之。使郭夏、宋識等造《正德》《大豫》二舞，[5]其樂章亦張華所作之云。[6]

[1]總章：古樂名。　鼓吹：古樂名。《文獻通考》卷一四七《樂考》："鼓吹者，蓋短簫鐃歌。蔡邕曰：'軍樂也，黄帝岐伯所作，以揚德建武，勸士諷敵也。'《周官》曰：'師有功則凱樂。'《左傳》晋文公勝楚，振旅，凱而入。《司馬法》曰：'得意則凱歌。'雍門周説孟嘗君'鼓吹於不測之泉'。説者云，鼓自一物，吹自竽、籟之屬，非簫鼓合奏，别爲一樂之名也。然則短簫鐃歌，此時未名鼓吹矣。應劭《漢鹵簿圖》，惟有騎執菰。菰即笳，不云鼓吹。而漢代有黄門鼓吹。漢享宴食舉樂十三曲，與魏代鼓吹長簫同。長簫短簫，伎録並云絲竹合作，執節者歌。又《建初録》云，《務成》《黄爵》《玄雲》《遠期》皆騎吹曲，非鼓吹曲。此則列於殿庭者爲鼓吹，今之從行鼓吹爲騎吹，二曲異也。又孫權觀魏武軍，作鼓吹而還，應是此鼓吹。魏晋代給鼓吹甚輕，牙門督將五校，悉有鼓吹。晋江左初，臨川太守謝摛每寢，夢聞鼓吹。有人爲占之曰：'君不得生鼓吹，當得死鼓吹。'摛擊杜弢戰歿，追贈長水校尉，葬給鼓吹焉。謝尚爲江夏太守，詣安西將軍庾翼於武昌諮事，翼以鼓吹賞尚射，破便以其副鼓吹給之。齊、梁至陳則甚重矣，各製曲詞以頌功德焉。至隋，亡。"

《文獻通考》卷一四七《鼓吹》引陳暘《樂書》曰："隋大駕鼓吹有掆鼓，長三尺，朱髹其上，工人青地苣文。大業中，煬帝宴饗用之。唐《開元禮儀》羅曰：掆鼓，小鼓也。按圖，鼓上有蓋，常先作之，以引大鼓，亦猶雅樂之奏厭，與金鉦相應，皆有曲焉。《律書樂圖》云：掆鼓一曲十拽：一曰《驚雷震》，二曰《猛虎駭》，三曰《摯鳥擊》，四曰《龍媒蹀》，五曰《靈夔吼》，六曰《雕鶚争》，七曰《壯士奮怒》，八曰《熊羆哮吼》，九曰《石盪崖》，十曰《波盪壑》，並各有辭，其辭無傳焉。太常鼓吹前部用之。中宗時，欲自妃主及五品以上母妻昏葬之日，特給鼓吹。宮官亦然。是不知鼓吹之作，本爲軍容也。昔黄帝涿鹿有功，以爲警衛。鉦鼓有《靈夔》《孔雀》《雕鶚》《争石墜崖》《壯士怒》之類，自昔功臣備禮得用之矣。今夫郊祀天地，唯有宮縣而無案架，則知軍樂之用，尚不給於神祀，况可接於閨閫者哉！"

又曰："《隋書》鼓吹，車上施層樓，四角金龍，垂流蘇、羽葆。唐羽葆之制，縣於架上，其架飾以五采流蘇、植羽也。蓋鐃鼓、羽葆鼓皆飾以丹青，形制頗類掆鼓，今太常鼓吹後部用之。《律書樂圖》云：羽葆一部，五色十八曲：一《太和》，二《休和》，三《七德》，四《騶虞》，五《基王化》，六《纂唐風》，七《厭炎精》，八《肇皇運》，九《躍龍飛》，十《殄馬邑》，十一《興晋陽》，十二《濟渭陰》，十三《應聖期》，十四《御宸極》，十五《寧兆庶》，十六《服遐荒》，十七《龍池》，十八《破陣樂》。然則羽葆，其節奏如此而已，破陣終焉。豈後世賞軍功之樂邪？昔陶侃平蘇峻，除侍中、太尉，加羽葆鼓吹，則其爲賞功之樂可知矣。今鼓吹騎從者，自羽葆鼓等皆馬上擊之，其制與隋唐異也。唐文宗太和三年八月，太常禮院奏：'謹按凱樂，鼓吹之歌曲也。《周官·大司樂》："王師大獻，則奏凱樂。"注云："獻功之樂也。"又大司馬之職："師有功，則凱樂獻於社。"注云："兵樂曰凱。"司馬法曰："得意則凱樂，所以示喜也。"左氏傳載晋文公勝楚，振旅，凱以入。魏、晋以來，鼓吹曲章，多述當時戰功。是則歷代獻捷，必有凱歌。太宗平東都，破宋金剛，其後蘇定方執賀魯，李勣平高麗，皆備軍容凱歌入東都。謹檢貞觀、顯慶、開元禮書，並無儀注。今參酌古今，備其陳設及奏歌曲之儀如後。凡命將征討，有大功獻俘馘者，其日備神策兵衛於東門外，如獻俘常儀。其凱樂用鐃吹二部，（笛、篳篥、簫、笳、鐃、鼓，每色二人，歌工二十四人。）樂工等乘馬執樂器，次第陳列，如鹵簿之式。鼓吹令丞前導，分行於兵馬俘馘之前，將入都門，鼓吹振作，迭奏破陣樂、應聖期、賀朝歡、君臣同慶樂等四曲。《破陣樂詞》曰："受律辭元首，相將討叛臣。咸歌破陣樂，共賞太平人。"《應聖期》詞曰："聖德期昌運，雍熙萬宇清。乾坤資化育，海岳共休明。闢土欣耕稼，銷戈遂偃兵。殊方歌聖澤，執贄賀昇平。"《賀朝歡》詞曰："四海皇風被，千年德永清。戎衣更不著，今日告功成。"《君臣同慶樂》詞曰："主聖開昌曆，臣忠奉大猷。君看偃革後，便是太平秋。"候行至太社及太廟門，工人下馬，陳列於門外。據周禮大司樂注云："獻於祖。"大司馬云："先凱樂獻於社。"謹詳禮義，則社廟之中，似合奏樂。伏以尊嚴之地，鐃吹讙嘩，既無明文，或乖肅敬，今請並各於門外陳設，不奏歌曲，俟告獻禮畢，復導引奏曲如儀。至皇帝所御樓前兵仗旌門外二十步，樂工皆下馬徐行前進。兵部尚書介冑執鉞，於旌門内中路前導。《周禮》："師有功，則大司馬左執律，右秉鉞，以先凱樂。"注云："律所以聽軍聲，鉞所以爲將威。"今吹律聽聲，其術久廢，惟請秉鉞，以存禮文。次協律郎二人，公服執麾，亦於門外分導。鼓吹令丞引樂工等至位立定。太常卿於樂工之前跪，具官臣某奏事，請奏凱樂。協律郎舉麾，鼓吹大振作，遍奏破陣樂等四曲。樂闋，協律郎偃麾，太常卿又跪奏樂畢。兵部尚書、太常卿退，樂工等並旌門外立訖，然後引俘馘入獻及稱賀如别儀。别有獻俘儀注。俟俘囚引出方退，伏請宣付當司，編入新禮，乃令樂工教習。'依奏。"

又曰："《唐六典》曰：凡軍鼓之制有三：一曰銅鼓，二曰戰鼓，三曰鐃鼓。其制皆五采爲重蓋。究觀樂圖，鐃鼓鼓吹部用之，唐朝特設爲儀而不擊爾。然劉巘定軍禮，謂鼓吹未知其始，漢以雄朔野而有之，鳴笳以和簫，非八音也。隋大業中，鐃鼓十二曲供大駕，六曲供皇太子，三曲供王公宴饗所用也。觀漢有鼓吹鐃歌十八曲，晋有鼓吹鐃歌古辭十六篇，宋有鼓吹鐃歌十篇，然則鐃鼓豈非鼓吹鐃歌之鼓邪！（唐自鐃鼓以下，屬鐃鼓部。《律書樂圖》云：‘鐃，軍樂也，其部四色七曲：一曰破陣樂，二曰上車，三曰行車，四曰向城，五曰平安，六曰懽樂，七曰太平，各有詞也。’）”

［2］《律曆志》：曆，原本作“歷”，歷、曆古今字，今徑改。

［3］太常：官名，漢代稱奉常，本掌禮樂宗廟、社稷祭祀，魏晋時此職掌歸尚書裁定，太常成爲閑職。三品。

［4］清商：古樂名。亦作清樂。《通典》卷一四六《樂》：“清樂者，其始即清商三調是也，並漢氏以來舊曲。樂器形制，并歌章古調，與魏三祖所作者，皆備於史籍。屬晋朝遷播，夷羯竊據，其音分散。苻永固平張氏，於凉州得之。宋武平關中，因而入南，不復存於内地。及隋平陳後獲之。文帝聽之，善其節奏，曰：‘此華夏正聲也。昔因永嘉，流於江外，我受天明命，今復會同。雖賞逐時遷，而古致猶在。可以此爲本，微更損益，去其哀怨，考而補之。以新定吕律，更造樂器。’因置清商署，總謂之清樂。

“先遭梁、陳亡亂，而所存蓋尠。隋室以來，日益淪缺。大唐武太后之時，猶六十三曲。今其辭存者有：《白雪》《公莫》《巴渝》《明君》《明之君》《鐸舞》《白鳩》《白紵》《子夜》《吴聲四時歌》《前溪》《阿子歡聞》《團扇》《懊嘷》《長史變》《督護》《讀曲》《烏夜啼》《石城》《莫愁》《襄陽》《栖烏夜飛》《估客》《楊叛》《雅歌》《驍壺》《常林歡》《三洲采桑》《春江花月夜》《玉樹後庭花》《堂堂》《泛龍舟》等共三十二曲。《明之君》《雅歌》各二首，四時歌四首，合三十七曲。（其《吴聲四時歌》《雜歌》《春江花月夜》並未詳所起，餘具前歌舞雜曲之篇。）又七曲有聲無辭：《上林》《鳳雛》《平調》《清調》《瑟調》《平折》《命嘯》，通前爲四十四曲存焉。

“當江南之時，《巾舞》《白紵》《巴渝》等，衣服各異。梁以前，舞人並十二人，梁武省之，咸用八人而已。令工人平巾幘，緋褶。舞四人，碧輕紗衣，裙襦大袖，畫雲鳳之狀，漆鬟髻，飾以金銅雜花，狀如雀釵，錦履。舞容閑婉，曲有姿態。沈約《宋書》惡江左諸曲哇淫，至今其聲調猶然。觀其政已亂，其俗已淫，既怨且思矣，而從容雅緩，猶有古士君子之遺風，他樂則莫與爲比。樂用鐘一架，磬一架，琴一，一弦琴一，瑟一，秦琵琶一，卧箜篌一，筑一，箏一，節鼓一，笙二，笛二，簫二，篪二，葉一，歌二。

"自長安以後，朝廷不重古曲，工伎轉缺，能合於管弦者，唯《明君》《楊叛》《驍壺》《春歌》《秋歌》《白雪》《堂堂》《春江花月夜》等八曲。舊樂章多或數百言，武太后時明君尚能四十言，今所傳二十六言，就之訛失，與吴音轉遠。劉貺以爲宜取吴人使之傳習。開元中，有歌工李郎子。郎子北人，聲調已失，云學於俞才生。才生，江都人也。自郎子亡後，清樂之歌闕焉。又聞清樂唯《雅歌》一曲，辭典而音雅，閲舊記，其辭信典。

"自周、隋以來，管弦雜曲將數百曲，多用西凉樂，鼓舞曲多用龜兹樂，其曲度皆時俗所知也。唯彈琴家猶傳楚、漢舊聲及《清調》《琴調》，蔡邕《五弄》《楚調四弄調》，謂之'九弄'，雅聲獨存。非朝廷郊廟所用，故不載。

"昔唐虞訖三代，舞用國子，欲其早習於道也；樂用瞽師，謂其專一也。漢魏以來，皆以國之賤隸爲之，唯雅舞尚選用良家子。國家每歲閲司農户，容儀端正者歸太樂，與前代樂户總名'音聲人'。歷代滋多，至有萬數。"

[5]郭夏：夏，殿本作"瓊"。

[6]張華所作之：殿本作"張華之所作"。

正德舞歌　張華

曰皇上天，玄鑒惟光。神器周回，五德代章。祚命于晋，世有哲王。弘濟區夏，陶甄萬方。[1]大明垂曜，旁燭無疆。蚩蚩庶類，[2]風德永康。皇道惟清，禮樂斯經。金石在懸，萬舞在庭。象容表慶，協律被聲。軼《武》超《濩》，[3]取節《六英》。[4]同進退讓，化漸無形。大和宣洽，[5]通於幽冥。

[1]陶甄：陶冶，教化。

[2]蚩蚩庶類：使萬民敦厚。

[3]《濩》：原本、宋本作“護”，殿本作“濩”，據殿本改。

[4]《六英》：古樂名。相傳爲帝嚳（一説顓頊）之樂。《吕氏春秋·古樂》：“帝嚳令咸黑作爲聲歌：《九招》《六列》《六英》。”

[5]大和宣洽：大，殿本作“太”。

大豫舞歌　張華

惟天之命，符運有歸。赫赫大晋，三后重暉。繼明紹世，光撫九圍。我皇紹期，遂在琁璣。[1]群生屬命，奄有庶邦。慎徽五典，玄教遐通。萬方同軌，率土咸雍。爰制《大豫》，宣德舞功。醇化既穆，王道協隆。仁及草木，惠加昆蟲。億兆夷人，悦仰皇風。丕顯大業，永世彌崇。

[1]琁璣：帝位。

荀勖又作新律笛十二枚，[1]以調律吕，正雅樂，[2]正會殿庭作之，自謂宫商克諧，然論者猶謂勖暗解。[3]時阮咸妙達八音，[4]論者謂之神解。咸常心譏勖新律聲高，以爲高近哀思，不合中和。每公會樂作，勖意咸謂之不調，以爲異己，乃出咸爲始平相。[5]後有田父耕於野，得周時玉尺，勖以校己所治鐘鼓金石絲竹，皆短校一米，於此伏咸之妙，復徵咸歸。勖既以新律造二舞，次更修正鐘聲。[6]會勖薨，未竟其業。元康三年，詔其子藩修定金石，[7]以施郊廟。尋值喪亂，莫有記之者。

[1]笛：古代吹奏管樂器。《通典》卷一四四《樂》："笛，馬融《長笛賦》'此器起於近代，出於羌中，京房備其五音'，又稱'丘仲工其事'，不言所造。《風俗通》曰：'丘仲造笛，長尺四寸，七孔，武帝時人。後更有羌笛。'二説不同，未詳孰實。今横笛去觜。其加觜者，謂之義觜笛。"（按横笛，小篪也。漢靈帝好胡笛。《宋書》云"有胡篪出於胡吹"，即謂此。梁胡吹歌云："快馬不須鞭，拗折楊柳枝。下馬吹横笛，愁殺路旁兒。"此歌詞源出於北國，知横笛是北名也。）

[2]正雅樂：正，宋本作"而"。

[3]暗解：理解不透徹，不精。

[4]阮咸：西晋陳留尉氏（今河南省尉氏縣）人，字仲容，阮籍之侄。"竹林七賢"之一。放達不拘禮法，精通音樂，擅彈琵琶。

[5]始平：郡名，治所在槐里縣（今陝西省興平市）。　相：官名，郡國相，也稱内史。五品。

[6]次更修正鐘聲：中華本校勘記："《宋志》一、《通典》一四一及《御覽》五六六'聲'並作'磬'。"

[7]藩：荀藩，字大堅，本書卷三九有傳。

漢高祖自蜀漢將定三秦，[1]閬中范因率賨人以從帝，[2]爲前鋒。及定秦中，封因爲閬中侯，復賨人七姓。其俗喜舞，高祖樂其猛鋭，數觀其舞，後使樂人習之。閬中有渝水，因其所居，故名曰《巴渝舞》。舞曲有

《矛渝本歌曲》《安弩渝本歌曲》《安臺本歌曲》《行辭本歌曲》，[3]總四篇。其辭既古，莫能曉其句度。魏初，乃使軍謀祭酒王粲改創其詞。[4]粲問巴渝帥李管、种玉歌曲意，[5]試使歌，聽之，以考校歌曲，而爲之改爲《矛渝新福歌曲》《弩渝新福歌曲》《安臺新福歌曲》《行辭新福歌曲》，《行辭》以述魏德。黄初三年，又改《巴渝舞》曰《昭武舞》。至景初元年，尚書奏，考覽三代禮樂遺曲，據功象德，奏作《武始》《咸熙》《章斌》三舞，皆執羽籥。及晋又改《昭武舞》曰《宣武舞》，《羽籥舞》曰《宣文舞》。咸寧元年，詔定祖宗之號，而廟樂乃停《宣武》《宣文》二舞，而同用荀勖所使郭夏、宋識等所造《正德》《大豫》二舞云。[6]

[1]三秦：項羽三分關中，封章邯爲雍王、司馬欣爲塞王、董翳爲翟王，合稱三秦。其地相當於陝西省關中地區及甘肅省東部。

[2]閬中：縣名，治所在今四川省閬中市。　范因：中華本校勘記："《斠注》：《蜀典》'因'作'目'。按：《文選·蜀都賦注》引《風俗通》亦作'目'。"　賨人：古代西南地區的少數民族。其中心在四川省渠縣一帶。

[3]《安弩渝本歌曲》：中華本校勘記："'安'字疑衍。《樂府詩集》卷五三、《通典》卷一四五、陳暘《樂書》引並無'安'字。"

[4]改創其詞：詞，殿本作"辭"。

[5]种玉：原本、宋本作"种王"，殿本作"种玉"，據殿本改。

[6]郭夏：夏，原本、宋本、殿本作"瓊"，據中華本校勘記改。